KB269227

학생부종합전형
면접의 모든 것

| 교대·사범대 편 |

학생부종합전형 **면접의 모든 것**

| **교대 · 사범대** 편 |

초판 1쇄   찍은 날 2017년 8월 28일

초판 2쇄   펴낸 날 2019년 7월 8일

지은이   장광원 · 김건영 · 김은지 · 전경원

발행인   이원석

발행처   북캠퍼스

등 록   2010년 1월 18일(제313-2010-14호)

주 소   서울시 마포구 양화로 58 명지한강빌드웰 1208호

전화   070-8881-0037

팩스   02-322-0204

전자우편   bcampus@naver.com

편집   임은희

디자인   책은우주다

ISBN   979-11-88571-00-0 13370

이 도서의 국립중앙도서관 출판예정도서목록(CIP)은 서지정보유통지원시스템 홈페이지 (http://seoji.nl.go.kr)와

국가자료공동목록시스템(http://www.nl.go.kr/kolisnet)에서 이용하실 수 있습니다.(CIP제어번호: CIP2017021396)

학생부종합전형 면접의 모든 것

장광원·김건영·김은지·전경원 지음

교대·사범대 편

북캠퍼스

합격을 결정하는
면접 전략의 모든 것

최근 대학 입시에서 학생부종합전형의 비율은 갈수록 늘어나고 있습니다. 그리고 이에 따라 학생부종합전형의 최종 관문인 '면접'도 점점 더 주목받고 있지요. 이 책은 학생부종합전형 면접을 준비하는 학생들에게 구체적인 면접 준비 방법을 제시하기 위해 대학생들과 입학사정관들이 함께 쓴 특별한 안내서입니다. 누군가는 면접을 '10분의 미학' 또는 '신의 한 수'라고 표현하기도 합니다. 초·중·고등학교 총 12년의 공부와 노력을 거쳐 대학에 합격하기 위해 넘어야 하는 마지막 관문 중 하나이기 때문입니다. 그만큼 면접은 결코 가볍게 생각해서는 안 될 대입의 핵심 요소입니다.

이토록 중요한 면접은 그 방식도 여러 가지입니다. 개별 면접, 발표 면접, 토론 면접 등이 있으며, 최근 많은 대학이 학생부종합전형 면접을 개별 면접으로 실시하고 있습니다. 그리고 개별 면접은 고등학생이 답변하기 어려운 심층 면접이나 구술 면접의 형태가 아니라 학생이 제출한 서류(학교생활기록부, 자기소개서이하 자소서 등)의 사실 진위 여부를 확인하는 흐름으로 가고 있습니다. 학생이 제출한 서류 속 사실을 확인하고, 활동의 동기와 과정, 진로 계획 등에 대해 다양한 질문을 던지는 것입니다.

학생부종합전형은 무엇보다 평소 학업 능력과 진로 탐색 및 설계에 따른 학교생활을 바탕으로 평가합니다. 따라서 이를 준비하는 학생들은 학교생활에 충실히 임해야 합니다. 고등학교 3학년이 되면 그동안의 학업 및 활동 과정과 내용들을 잘 정리하고 숙지하는 시간이 필요합니다. 희망하는 대학의 학과에 학생부와 자소서를 제출하면, 1단계에서 서류 평가를 통해 일정 배수의 학생들이 선발되고, 그 학생들은 2단계에서 면접을 보게 됩니다. 대부분 이 면접에서 어떤 평가를 받느냐에 따라서 희망 대학에 최종 합격하기도 하고 불합격하기도 합니다.

마지막으로 합격을 결정짓는 단계임에도 불구하고, 많은 학생이 면접의 중요성을 잘 모르거나 간과합니다. 또 면접이 중요하다는 사실을 알고 있더라도 구체적으로 어떻게 어느 정도의 준비를 해야 하는지 모르는 경우도 많습니다.

그래서 이 책에서는 기본적인 면접 정보는 물론, 실제 학생부종합전형으로 합격한 대학생들의 면접 준비 및 합격 전략을 구체적으로 소개합니다. 뿐만 아니라 면접의 바탕이 되는 주요 자료 중 학생이 직접 쓴 자소서를 함께 실어 이해를 돕습니다. 이와 더불어 학생들의 면접을 평가하여 합격과 불합격을 심사하는 입학사정관들이 실제로 면접을 어떻게 바라보고 현장에서 어떠한 방식으로 평가하는지 실질적인 이야기와 조언을 들려줍니다.

이 책이 면접 합격 전략뿐만 아니라 학생부종합전형을 준비하는 학생들이 어떻게 학교생활을 해야 하는지 일깨워 주는 좋은 길잡이가 되기를 바랍니다.

장광원 · 김건영 · 김은지 · 전경원

학생부종합전형을 준비하는 학생들에게

학생부종합전형은 학교생활기록부^{약칭 학생부}로 학생을 선발하는 전형입니다. 학생부는 여러분이 한 공부와 활동을 기록하는 것이므로 공부와 활동을 열심히 하면 됩니다. 정말이냐고요? 정말이죠.

우리나라에서 학생부종합전형의 전신인 입학사정관제로 학생을 선발하기 시작한 것은 약 10년 전입니다. 왜 이런 전형을 만들었을까요? 우리 미래 때문입니다. 불확실하고 매우 빨리 변해 가는 흐름 속에서 길을 찾아가는 교육이 필요한데, 실제로 대부분의 학생들은 남이 만들어 놓은 길을 가고 있죠. 이미 만들어 놓은 길을 따라가다 보면 미래에 필요한 역량을 발휘하는 인재가 될 수 없습니다. 학교에서는 미래를 대비하는 인재가 되도록 학생을 가르치려고 해도 입시는 '보기' 중에서 답을 고르는 문제로 치러지고 학생, 학부모, 선생님 들은 발등의 불을 끄기 위해 문제집만 풀고 있습니다. 이 같은 상황에서 벗어나려면 학교가 원하는 '제대로 된 교육'을 해서 그 결과가 학생부에 정량 성적과 서술 기록으로 적절히 평가되어 나타난 것을 보고 선발하는 제도가 필요합니다. 그렇게 해서 만들어진 제도가 입학사정관제입니다.

입학사정관제 초기에는 학생들을 평가할 자료가 별로 없었습니다. 그때는 수능으로 선발하는 대학이 많아서 고등학교와 학생들이 정시 위주로 준비했습니다. 그러다 보니 입학사정관제는 스펙으로 선발하는 전형으로 비춰졌지요. 그러나 2014학년도부터 입학사정관제는 학생부종합전형으로 이름을 바꾸었고, 이미 2011학년도부터 교외 활동, 교외 수상 등을 반영하지 않기로 함에 따라 학생부 기록이 촘촘해져서 이때부터는 이전과는 다르게 학생을 선발하기 시작했습니다. 따라서 대학은 교과 공부와 창의적 체험 활동을 통해 얼마나 학업 역량이 발전했고 인성 역량이 자랐는지를 보고 학생을 선발했습니다.

학생부종합전형을 준비하는 학생이 물었습니다. "학생부는 어떻게 관리해야 하죠?" 이 말은 맞는 말이 아닙니다. 학생부는 관리하는 것이 아닙니다. 공부하고 활동하다 보면 학생부 기록이 따라오는 것입니다. 발표하고 토론하고 실험하고 보고서를 쓰면서 수업과 동아리에 적극 참여하다 보면 당연히 학생부 기록이 풍부해집니다. 입학사정관들은 그러한 기록을 보고 학생의 고등학교 생활을 판단합니다. 자기소개서를 참고하고요. 그래서 학생부종합전형에서 중요한 것은 학교생활 자체입니다.

스케이팅 실력이 뛰어난 김연아 선수도 안무 코치, 스케이팅 코치의 지도를 받습니다. 이처럼 노력만 한다고 실력이 향상되는 것은 아닙니다. 선생님의 가르침이 있어야 여러분의 노력이 실력으로 자랍니다. 그러므로 질문하고 또 질문하세요. 선생님의 조언을 비판적으로 받아들이고 생각하세요. 자신의 약점은 무엇인지를 말입니다. 무엇보다 독서가 중요하다는 사실을 잊지 마세요. 책은 입시에서뿐만 아니라 여러분의 삶을 더 나은 방향으로 안내합니다.

이 책은 학생부종합전형 면접을 준비하는 학생들에게 도움을 주기위해 대학생들과 전직 입학사정관들이 함께 쓴 책입니다. 이 책에 담긴내용들이 면접 준비뿐만 아니라 여러분의 고등학교 생활을 알차게 보내는 데도 많은 도움이 되리라 생각합니다. 여러분의 성장을 응원합니다.

전 서울대학교 입학사정관 **진동섭**

차례

1부 — 대입 면접의 이해와 준비 전략

2부 — 교육대학교 합격생 면접 이야기

3부 — 사범대학교 합격생 면접 이야기

4부 — 입학사정관이 들려주는 면접 준비 전략

대입 면접의 이해와 준비 전략

대입 면접이란 무엇인가?

2018 · 2019학년도 최상위권 대학의 면접 반영 확대 및 면접 비중 강화

1. 서울대학교

  1) 지역 균형: 서류 및 면접 점수 합산으로 선발

  2) 일반 전형: 1단계 서류 평가로 2배수 선발 후

      2단계 평가에서 1단계 성적 50%와 2단계 면접 및 구술고사 비중 50%

      면접 및 구술고사 답변 준비 시간을 기존 30분에서 45분으로 확대

2. 고려대학교

  1) 고교 추천 I 전형: 2단계 평가에서 면접 비중 100%

  2) 고교 추천 II 전형: 2단계 평가에서 면접 비중 50%

  3) 일반 전형: 2단계 평가에서 면접 비중 30%

3. 연세대학교

  1) 학생부종합전형(면접형): 2단계 평가에서 면접 비중 60%

  2) 학생부종합전형(활동우수형, 기회 균형): 2단계 평가에서 면접 비중 30%

매년 학생부종합전형으로 선발하는 대학들이 증가하고 그에 따라 면접을 반영하는 전형의 수와 면접의 비중이 늘어나고 있습니다.

학생부종합전형 방법은 대부분 1단계 서류, 2단계 면접으로 구성됩니다. 1단계 서류 평가를 통해 보통 3~5배수의 학생들이 2단계 면접 대상자로 선발되며, 최종 합격할 확률은 1/3~1/5입니다. 결과적으로

합격률이 20~33%로 합격하는 학생보다 불합격하는 학생이 더 많습니다.

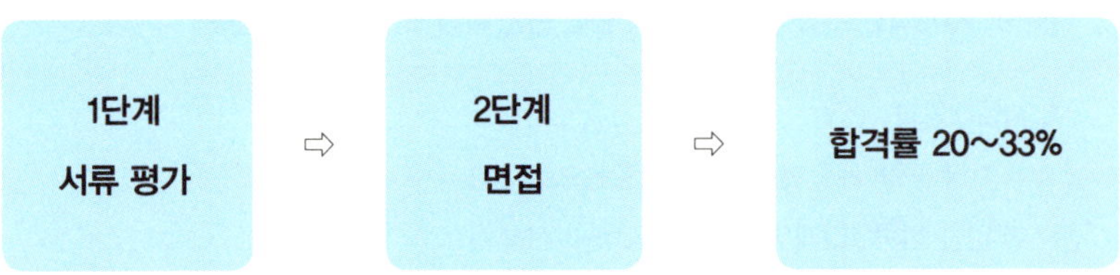

하지만 학생부종합전형을 준비하는 학생들은 보통 1단계의 서류 평가 요소인 학교생활기록부(이하 학생부)와 자기소개서(이하 자소서)는 신경 쓰는 반면, 2단계 면접은 미리 준비하지 않습니다. 2단계 면접을 합격하면 최종 합격할 확률이 매우 높은데도 말입니다.

이처럼 면접은 학생부종합전형의 최종 합격에 있어서 매우 중요한 요소이지만 교과, 비교과, 수능, 논술 등에 비해 체계적으로 미리 준비하지 않는 경우가 많습니다. 만약 평소에 면접을 차근차근 준비한다면 합격에 한층 더 다가갈 수 있습니다.

면접을 잘 준비하기 위해서는 먼저 면접의 개념과 면접을 보는 이유를 이해해야 합니다. 면접이란 '서로 대면하여 만나 봄'이란 뜻으로 서로 얼굴을 마주 보고 대하는 것을 의미합니다.

그렇다면 면접은 왜 보는 것일까요? 여러 가지 이유가 있지만 학생부종합전형에서는 주로 학생의 제출 서류에 대한 진위 여부 확인, 학생의 학업 역량과 전공 적합성, 인성을 검증하기 위함입니다.

면접 평가자는 누구일까?

면접은 누군가가 면접 대상자인 학생에게 질문을 던지고, 그 질문에 대한 학생의 답변 내용과 태도 등을 평가하는 것입니다. 이를 평가한 점수에 의해서 합격과 불합격이 결정됩니다. 따라서 평가자가 누구이고 무엇을 중요하게 여기는지 파악하여 면접에 임한다면 만족할 만한 결과를 얻을 수 있습니다.

그렇다면 평가자는 누구일까요? 보통 평가자를 입학사정관이라고 하는데 입학사정관은 크게 전임 입학사정관과 교수 입학사정관으로 구분할 수 있습니다. 전임 입학사정관은 평소 입학처에서 입학사정 관련 업무를 전담으로 하고, 교수 입학사정관은 평소 대학생들을 가르치고 평가 기간에 입학사정 관련 업무를 맡습니다. 서류 평가와 면접에는 대부분 교수 입학사정관들이 참여하며, 주로 지원하는 학과의 교수들로 구성되어 있기 때문에 면접에 임할 때 지원하는 전공을 미리 조사하고 가는 것이 바람직합니다. 열정적인 학생들은 학과 홈페이지에서 교수들의 사진, 연구 분야 및 주제, 발표 논문, 가르치는 과목을 미리 조사하고 가는 경우도 있습니다.

면접은 종류에 따라 그 평가 방법이 다양합니다. 면접의 종류는 크게 개인 면접, 집단(토론) 면접, 제시문(발표) 면접, 다중 미니 면접, 합숙 면접으로 구분할 수 있습니다. 각각의 특성을 알아보도록 하겠습니다. 단, 비슷한 형식의 면접이더라도 대학별로 사용하는 면접의 명칭은 다양합니다.

1. 개인 면접

일반적인 면접의 형태입니다.

1) 면접 유형

- 다대일(면접관 다수 2~3명, 응시자 1명)을 통해 응시자를 심층적으로 파악

- 면접관이 면접을 진행하며 응시자의 특성, 응답 내용 및 반응에 따라 질문

2) 평가 역량

- 학업 역량, 전공 적합성, 문제 해결 능력, 잠재력, 인성, 사회성 등

3) 면접 운영 시간(다대일 면접, 응시자 1인 기준)

- 면접 시간: 10~15분 내외

2. 집단(토론) 면접

교육대(이하 교대)와 사범대에서 주로 활용하는 면접의 형태입니다.

1) 면접 유형

- 다대다 면접 방식(면접관 다수 2~3명, 응시자 다수 3~5명)

- 공통 주제를 제시하여 응시자의 특성, 응답 내용 및 반응 파악

2) 평가 역량

- 학업 역량, 전공 적합성, 문제 해결 능력, 잠재력, 인성, 사회성 등

3) 면접 운영 시간(응시자 1인 기준)

- 과제 준비 시간: 10~30분

- 토론 시간: 20~30분

3. 제시문(발표) 면접

1) 면접 유형

- 다대일(면접관 다수 2~3명, 응시자 1명)을 통해 응시자를 심층적으로 파악

- 공통 제시문(공통 제시문 중 선택)을 제시하여 응시자의 특성, 응답 내용 및 반
  응 파악

2) 평가 역량

 – 학업 역량, 전공 적합성, 문제 해결 능력, 잠재력, 인성, 사회성 등

3) 면접 운영 시간(응시자 1인 기준)

 – 과제 확인 및 답변 준비 시간: 10~50분 내외

 – 발표 시간: 5~20분 내외

4. 다중 미니 면접 (MMI, Multiful Mini Interview)

의과대에서 주로 활용하는 면접의 형태입니다.

1) 면접 유형

 – 다대일(면접관 다수 2~3명, 응시자 1명)을 통해 응시자를 심층적으로 파악

 – 다양한 방식의 면접을 5~6회 진행(면접 1회당 10분 내외 진행)

 – 다양한 상황 제시, 제시문, 제출 서류 확인 등

2) 평가 역량

 – 학업 역량, 전공 적합성, 문제 해결 능력, 잠재력, 인성, 사회성 등

3) 면접 운영 시간(응시자 1인 기준)

 – 과제 확인 및 답변 준비 시간: 10~50분 내외

 – 면접 시간: 총 30~50분 내외(면접 1회당 10분 내외 진행)

5. 합숙 면접

사범대에서 주로 활용하는 면접의 형태입니다. 본 면접은 합숙을 통한 개인 면접, 집단(토론) 면접, 제시문(발표) 면접을 종합적으로 진행하며 응시자를 심층적으로 파악(인성, 공동체 의식 파악에 유리)합니다.

면접 질문 예시

면접 질문의 종류는 크게 학생이 제출한 서류 관련 질문, 지원 전공 관련 질문, 인성 관련 질문 등으로 나눌 수 있습니다. 제출 서류 관련 질문은 꼼꼼히 자신의 학생부와 자소서를 점검한 후 예상 문제 및 답변을 만들어 준비해야 합니다. 지원 전공 관련 질문은 평소 전공과 연계된 책·논문·신문 기사·영상 찾아보기나 현장 및 전문가 탐방 등을 통해 전공을 이해하며 대비하도록 합니다.

1. 제출 서류(학교생활기록부, 자기소개서) 관련 질문 예시

1) 학교생활기록부 관련 질문

- 지각이 0번 있는데 특별한 이유가 있나요?

- 장래 희망이 수의사에서 질병연구원으로 바뀐 이유는 무엇인가요?

- 학년별 장래 희망이 모두 다른 이유가 무엇인가요?

- 꿈이 PD(진로)임에도 사회학과(학과)에 지원한 이유는 무엇인가요?

- 탐구 대회에서 실험으로 상을 받았는데, 무엇에 대한 실험이었나요? 실험하면서 어려웠던 점은 없었나요?

- 교내 융합과학 탐구 대회에서 어떤 역할을 했는지? STEAM이 무엇인가요?

- 〈물리〉가 1~2등급인데 기계와 가장 관련이 많은 물리 공식은 뭐라고 생각하나요?

- 학생부상 성적이 점점 하락한 이유는 무엇인가요?

- 고등학교 때 가장 잘한 과목과 못한 과목은 무엇이며 그 이유는 무엇인가요?

- ○○○ 책을 읽었네요. 책에 대해 '무척 통쾌했습니다'라고 써 있어요. 왜 그랬는지 그 내용에 대해 말해 볼까요?

2) 자기소개서 관련 질문

- ○○○ 활동을 하면서 어려웠던 점은 없었나요?

- 본인의 멘토링 활동을 통해 멘티의 성적에 변화가 있었나요?

- ○○ 활동을 진행할 때 어려움이나 학생들의 반대는 없었나요?

- 자신을 소개(자랑)해 보세요.

- 자신의 장점과 단점을 말해 보세요.

- 우리 대학에 지원한 이유를 말해 보세요.

- 우리 대학에 대해 아는 것을 말해 보세요.

- 자신의 고등학교 생활에 대해 말해 보세요.

- 앞으로 30년 후의 자신의 모습을 말해 보세요.

− 자기주도적으로 무엇을 해 본 경험에 대해 말해 보세요.

2. 지원 전공(전공 지식, 시사) 관련 질문

− 전공을 선택한 이유를 말해 보세요.

− 부전공을 한다면 무엇을 하고 싶은가요?

− OO 과목이 무엇을 배우는 과목인지 알고 있나요?

− 대학 진학 후 공부를 어떻게 할 것이며 졸업 후의 계획은 무엇인지 말해 보세요.

− 전공과 관련하여 현재 우리 사회에서 가장 중요하다고 생각하는 이슈를 말해 보세요.

− 합격한다면 대학 생활을 어떻게 할 것인지 말해 보세요.

− 내신을 반영하는 현 입시 제도의 문제점은 무엇이라고 생각하나요?

− 세계 무역 분쟁이 더욱 심화되어 가고 있는 현상에 대한 학생의 의견은 무엇인가요?

− 경제 위기와 관련해서 대학이나 학자들이 책임져야 할 몫이 있다면 어떤 것이 있을까요?

− 정보 경제학이 무엇인가요?

− OO 이론이 현실에 적용되는 사례에는 무엇이 있을까요?

− OO학과 관련된 교수가 되기 위해서 무엇을 해야할까요?

− 게임 이론에 대해 말해 볼래요?

- 프리즈너스 딜레마(prisoner's dilemma)의 문제를 해결할 수 있을까요?

- 핵융합 발전과 핵분열 발전을 비교해 보세요.

- 인간이 질병에 감염되는 과정에 대해 알고 있는 대로 말해 보세요

- 식품에서 가장 중요한 요소에는 어떤 것들이 있나요?

3. 인성 관련 질문

- 학생회 활동을 한 경험이 있나요? 경험중에 느낀 점은 무엇인가요?

- 사회봉사 활동을 한 경험이 있나요? 있다면 그 과정에서 느낀 점을 구체적
  으로 말해 보세요.

- 자신의 생활신조나 신념을 말해 보세요.

- 자신이 읽은 책의 내용과 느낀 점을 말해 보세요.

- 가장 존경하는 인물이 누구인지 말해 보세요.

- 자신이 세상에 필요한 사람이라고 생각하나요? 그 이유는 무엇인가요?

- 인생에서 가장 소중하다고 생각하는 것 두세 가지를 말해 보세요.

면접 평가 시트

면접관은 일반적으로 학업 역량, 전공 적합성, 문제 해결 능력, 잠재
력, 인성, 사회성 등을 평가하며, 응시자에 대한 평가 결과를 평가 시트

에 표시합니다. 그리고 이를 수치화하여 합격생을 선발합니다. 대학별 특성을 반영한 다양한 평가 시트가 존재합니다.

● 면접 평가 시트 예시 1

구분		평가 요소	평가 점수				
			1	2	3	4	5
내용	지원 동기	구체적인 진로 목표에 대한 준비와 계획					
	자기 주도성	자기주도적 학습 및 활동 능력과 역경 극복 과정에서의 자기주도성					
	인성	나눔과 배려, 성실성(공동체 의식)					
	내용 요소	사고가 논리적인가?					
		사고가 창의적인가?					
	전공 적합성	전공과 관련해 수학할 수 있는 학업 수행 능력이 있는가?					
		전공 학문에 대해 구체적, 정확한 파악이 되어 있는가?					
		진로와 연계하여 학업 계획이 분명하게 설정되었는가?					
		전공 분야에 대한 주관이 뚜렷하며 일관성이 있는가?					
형식	음성/ 태도	음성적 요소(속도, 성량, 발음, 어조)는 적절한가?					
		체언적 요소(표정, 몸짓, 시선)는 적절한가?					

● 면접 평가 시트 예시 2

면접 문항 번호		면접관 번호		면접관 성명	(인)
구분	평정 항목	평정 점수 (각 항목당 60~100점 범위 내)		결시	
전공 선택의 열의 (열정, 동기, 기초 지식)					
문항 이해도					
문제 해결 능력 (사고력, 논리력, 창의력)					
의사소통 능력 (언어 구사력, 표현력)					
행동 특성 (침착성, 예의, 단정성)					

면접 진행 절차

　면접의 종류에 따라 진행 절차와 내용에 조금씩 차이가 있으나 보통 다음과 같이 진행됩니다. 진행 절차별 내용과 준비 사항을 미리 숙지해 두면 당황하지 않고 면접에 임할 수 있습니다.

1. 진행 절차

1) 제시문이 없는 경우

대기 및 호명 → 면접장 입실 → 질문 및 답변 → 퇴실

2) 제시문이 있는 경우

대기 및 호명 → 면접 준비실에서 제시문 확인 및 면접 준비 → 면접장 입실 →

질문 및 답변 → 퇴실

2. 진행 절차별 내용과 준비 사항

1) 대기 및 호명

- 면접시험은 이미 대기실에서부터 시작된다.

- 조용한 태도로 자기 차례를 기다리는 동안 예상되는 질문에 대한 대답을 최

　종적으로 정리하면서 마음을 가다듬는다.

- 차례가 가까워지면 다시 한 번 복장을 살핀다.

- 먼저 강의실이나 강당 등 정해진 장소에 응시자 전원이 모여 있다가 진행 상황과 감독관의 호명에 따라 조를 이루거나 개별적으로 이동해 면접실 앞으로 옮긴다.

2) 면접 준비실(제시문 면접)

- 제시문과 질문을 정확히 분석한다.

- 정확히 아는 제시문 중심으로 답변 내용을 작성한다. 모르는 문제에 너무 많은 시간을 투자하면 아는 문제에 대한 답변도 제대로 못하는 경우가 발생하므로, 아는 문제에 대한 답변을 작성 후 모르는 질문에 대한 답변을 고민하도록 하자.

- 질문에 따른 답변 내용 순서와 순서별 핵심 내용을 작성한다.

- 핵심 내용 아래에 세부 근거나 부연 답변을 작성한다.

3) 면접장 입실

- 가볍게 노크를 한 뒤, 문을 열고 안으로 들어간다.

- 문을 닫고 면접관을 향해 똑바로 서서 가볍게 목례한다.

- 엉덩이를 의자에 붙이고 앉으며, 두 손은 양 무릎 위에 가지런히 올린다.

- 다리는 벌리거나 꼬지 말고 곧게 펴서 앉는다.

- 정면을 응시하다가 질문이 시작되면 면접위원의 눈을 단정하게 응시한다.

4) 질문 및 답변

- 면접위원의 질문은 끝까지 귀담아 듣는다.

- 질문이 정확하게 이해되지 않으면 한 번쯤 다시 물어보아도 좋다.

- 질문이 끝난 후 생각을 가다듬은 뒤 조리 있게 답변을 시작하도록 한다.

- 말의 속도가 너무 빠르거나 느려서는 안 되며, 특히 목소리 크기를 적당히
  조절하자.

- 적절하면서도 명료하게 자신의 생각을 밝힌다.

5) 면접장 퇴실

- 끝까지 침착하게 행동해야 한다.

- 만족할 만한 대답을 못했다고 해서 고개를 푹 숙이거나 인상을 쓰는 일이 있
  어서는 안 된다.

- 끝났다는 지시가 있으면 일어나서 정중하게 인사를 하고 침착하게 퇴실한다.

- 면접 평가는 나가는 순간에서도 진행되고 있음을 유의한다.

면접 실전 준비 및 답변 전략

1. 사전 준비 전략

1) 기출문제(동일 또는 유사 전공 관련 타 대학 자료 모두)를 분석한다.

2) 예상 문제(학생부, 자소서, 전공, 시사) 및 답안 작성을 한다.

3) 지원 전공 관련 교과목 및 전공 관련 공부를 한다.

4) 실전과 같은 모의 면접(5회 이상)을 체험해 본다.

5) 면접일 며칠 전 면접장에 미리 가 본다.

2. 면접 당일 점검 사항

1) 일정과 장소를 확인한다.

2) 수험표 및 신분증을 지참한다.

3) 단정한 옷차림(대학별 면접 복장 안내문 참고)을 준비한다.

4) 자신이 제출한 서류(학생부, 자소서, 기타) 최종본을 읽고 간다.

3. 답변 태도 및 방법

1) 면접관을 똑바로 바라본다.

2) 결론을 먼저 말하여 자신의 입장을 분명히 밝힌 후 부연 설명을 한다.

3) 답변은 질문의 의도에 맞도록 1~2분 내외로 간단명료하게 대답한다.

4) 구체적(사례나 일화, 경험 등)이며 깊이 있는 답변을 한다.

5) 유행어 및 은어는 사용하지 않는다.

6) 겸손하며 당당한 자세로 말한다.

7) 자신의 전공에 열정과 애정을 보인다.

8) 나가는 순간도 평가는 끝나지 않는다. 가끔 문을 꽝 닫고 나가거나 인사를 하지 않는 학생도 있다. 이 같은 경우 좋은 평가를 받기 어렵다.

4. 난처한 질문 시 답변 예시

1) 질문에 대해 답을 모르거나 충분히 생각해도 잘 모르는 경우 "잘 모르겠습니다. 앞으로 더 열심히 공부하겠습니다"라고 진솔하게 말하면 된다.

2) 정답은 알지만 긴장해서 몸이 굳어 버린 경우 "잠깐만 시간을 주십시오"라고 부탁한 다음, 심호흡을 한번 하고 마음을 가라앉힌 후 차분한 태도로 답변한다.

3) 질문의 핵심을 알 수 없을 때나 묻는 말을 잘 이해하지 못한 경우 "죄송하지만 다시 한 번 부탁드리겠습니다" 또는 "잘 알아듣지 못했습니다. ～라는 것입니까?"라고 물어 정확한 내용을 이해하고 나서 답변한다.

5. 면접 유의 사항

면접을 잘 준비하고 제대로 치르는 것도 중요하지만 유의 사항을 잘 지켜 면접에서 피해를 입거나 감점을 받는 일이 없도록 해야 합니다.

1) 면접 시간에 늦지 않는다.

2) 문을 열 때 반드시 노크하고, 시끄러운 소리가 나지 않도록 한다(장신구 착용, 신발 끌기, 구두 굽 소리 등).

3) 예의 바르지 못한 행동은 감점 대상이다.

4) 다리를 벌리거나 떠는 등 산만한 태도는 금물이다.

5) 머리를 자주 긁적이면 자신감이 없어 보인다.

6) (집단·토론 면접 시) 다른 사람이 말할 때 끼어들거나 가로막는 일은 없어야

   한다.

7) 단순히 외워 온 암기식 답변은 피한다.

2부

교육대학교 합격생 면접 이야기

서울교육대학교 초등교육과

서윤정

"다섯 묶음의 면접 자료와 함께"

출신 고등학교명	서울 신서고등학교	고등학교 유형	평준화 일반
합격 교육대학교			
대학	학과		전형
서울교육대학교	초등교육과		교직인성우수자
경인교육대학교	초등교육과		교직적성잠재능력우수자
한국교원대학교	초등교육과		학생부종합우수자

자기소개서, 나는 이렇게 준비했다

1. 고등학교 재학 기간 중 학업에 기울인 노력과 학습 경험에 대해, 배우고 느낀 점을 중심으로 기술해 주시기 바랍니다. (1,000자 이내)

가장 좋아했던 과목인 〈영어〉는 내신과 수능 위주의 문제 풀이 공부 방식에 점점 지쳤고, 결국 흥미마저 잃게 되었습니다. 저는 조금이라도 더 즐기면서 공부할 수 있도록 관심 있는 분야의 활동을 공부에 연결 지어 보았습니다. 다양한 문화가 서로 소통하고 교류하는 것에 관심이 있었기에 '다국어 지식 나눔 온라인 봉사 활동'을 시작하게 되었습니다. 이 봉사 활동은 '왜 한국인은 이름을 빨간색으로 쓰지 않는가?'라는 문화적인 궁금증이나, '서울 시내 관광 코스'를 추천받고 싶다는 등의 외국인들의 질문에 영어로 답을 해 주는 활동이었습니다. 가장 기억에 남는 것은 '한류 스타가 청소년들에게 미치는 영향은 무엇인가?'라는 질문이었습니다. 저는 외국인들이 쉽게 이해하고 알아볼 수 있도록 '첫째, 둘째'와 같은 표지를 활용하여 긍정적인 영향과 부정적인 영향, 비판적인 수용 자세 등을 자세히 조사하여 답변했습니다. 영어로 문장을 작성하면서 특정한 어구나 단어의 쓰임이 적합한지 궁금할 때마다 학교 선생님께 도움을 구하며 의미를 명확하게 전달하려고 노력했습니다. 이 과정에서 유의어를 찾고 단어를 신중하게 고르면서 어휘와 표현력을 향상시킬 수 있었습니다. 다양한 표현을 활용하여 응집성 있게 글을 쓰니 답변의 채택률도 높아졌습니다. 평소에 외국인들과 소통하는 것을 좋아했기에 자료 조사를 하며 답변하는 과정이 유익했고 재미있었습니다. 또 책이나 문제 풀이라는 형식에 얽매이지 않고 관심 분야와 교과 과목을 접목시켜 공부하다 보니, 영어 공부의 효율을 높이며 즐겁게 공부할 수 있게 되었습니다.

이런 활동은 후에 영자 신문부 동아리에서 사회, 문화, 교육 등 다양한 분야의 영문 기사를 작성하는 데에도 큰 도움을 주었습니다. 내신과 교내 영어 말하기 및 에세이 대회에서도 꾸준히 좋은 성적을 거둘 수 있었습니다. 누군가에게 정확한 정보를 설명해 주기 위해 더욱 꼼꼼히 공부하는 과정에서 도움을 받는 사람뿐만 아니라 가르쳐 주는 입장에 있는 저도 끊임없이 공부하며 성장할 수 있다는 것을 알게 되었습니다.

2. 고등학교 재학 기간 중 본인이 의미를 두고 노력했던 교내 활동을 배우고 느낀 점을 중심으로 3개 이내로 기술해 주시기 바랍니다. 단, 교외 활동 중 학교장의 허락을 받고 참여한 활동은 포함됩니다. (1,500자 이내)

고등학교에 올라와 처음으로 참여하게 된 교내 활동은 영재 학급입니다. 주로 선후배가 함께하는 조별 발표와 토론으로 진행되는 영재 수업은 제게 무척 의미 있었기에 2년간 꾸준히 참여했습니다. 1학년 때 저희 조는 '사회적 약자를 위한 인간관계의 심리학'이라는 주제로 발표 대회를 준비했습니다. 사회적 약자 중에서도 '위안부' 할머니들의 재사회화 과정을 자세히 살펴보기로 했습니다. 수요 시위에서의 자유 발언과 '위안부' 사과 촉구 서명운동 활동을 하며 약자들의 원만한 사회 복귀를 도우려면 편견 없는 태도로 그들의 환경에 관심을 가져야 한다는 것을 배웠습니다. 조에서 최종 보고서를 담당한 저는 조원들이 더 효율적으로 대회를 준비하도록 도우면서 저희 조만의 특징을 담은 보고서를 작성하고 싶었습니다. 그래서 각자 담당한 '기획' '외교' '물음' '촬영', '보고서' 역할에 대한 '자신만의 수행 원칙'을 세워 볼 것을 제안해 보았습니다. 이 원칙들은 후에 얼마나 효율적으로 역할을 분담했고, 맡은 일을 얼마나 책임감 있게 수행했는지를 알게 해 주어 부족했던 부분을 보완하는 데 큰 도움이 되었습니다. 저는 이 부분을 반영하여 다른 조와 차별화된 보고서를 작성할 수 있었고, 조원들의 끊임없는 격려와 발표 연습을 통해 최우수상도 받았습니다. 앞으로 영재 학급에서 배운 주위 약자들의 환경까지 이해하는 배려의 태도를 발전시켜, 초등학교 교실에서도 소외되어 힘들어하는 아이들이 없도록 학생들을 잘 이끌어 주고 싶습니다. 또 아이들이 다양한 활동 속에서 서로의 일을 돕는 협동심, 모둠이나 학급의 계획에 차질이 생기지 않도록 최선을 다하는 책임감을 키울 수 있도록 지도하는 선생님이 되고 싶습니다.

 2학년 때에는 한국학 학습 동아리 '혜윰'에서 교육, 심리, 외교 등 자신이 관심을 가지고 조사한 한국학 분야를 친구들에게 소개하는 '개인 프로젝트' 활동을 진행했습니다. 저는 고전문학 작품을 소개하는 수업을 시도해 보았습니다. 처음에는 칠판을 활용하여 작품의 개관 위주로 설명했더니, 일방적인 지식 전달로만 수업이 이루어져 친구들의 집중과 흥미가 떨어지는 것을 느꼈습니다. 이를 개선하는 방법을 고민하던 중, 친구들이 스스로 작품을 알아 갈 기회가 없었다는 생각에 국어 선생님께서 사용하시는 '소통 노트'를 활용해 보았습니다. 배운 내용을 정리하고 수업을 평가할 수 있는 이 노트를 사용해 보니, 실제 친구들은 함께 내용을 되짚어 보는 시간이 있었으면 좋겠다는 피드백을 해 주었습니다. 저는 이를 참고하여 수업 중 간단한 퀴즈나 《양반전》을 새롭

게 표현해 보는 이야기 각색하기, 《최고운전》 속 〈토황소격문〉을 시 장르로 바꾸어 표
현해 보기 등의 활동을 추가적으로 병행했습니다. 다 함께 나누며 공부하니 친구들이
작품을 더 오래 기억할 수 있었고, 참여율도 높아져 더 재미있는 분위기 속에서 지식
을 확장시킬 수 있었습니다. 이 활동을 계기로 좋은 선생님은 어떻게 수업하실까에 대
해 고민해 보았고, 아이들과 소통하며 그들의 의견에 귀 기울이는 선생님의 역할에 대
해서도 생각해 볼 수 있었습니다.

3. 학교생활 중 배려, 나눔, 협력, 갈등 관리 등을 실천한 사례를 들고, 그 과정을 통해
배우고 느낀 점을 기술해 주시기 바랍니다. (1,000자 이내)

1학년 어느 여름, 교실 한편에서 악취가 나기 시작했습니다. 옆 반 친구에게서 '너희
반에서 걸레 냄새 나'라는 말도 들었습니다. 저는 이를 해결해야 한다는 생각에 다음
날부터 남들보다 일찍 등교하여 환기를 시켰고 방향제도 비치했습니다. 또 악취의 원
인을 찾아 방과 후에 쓰레기통을 비우고 걸레를 빨면서 청소를 도왔습니다. 제가 교
실 청소를 돕는 모습을 보면서 학급 친구들은 분리수거를 하기 시작했고, 쉬는 시간에
도 환기를 도와주었습니다. 결국 악취는 점점 줄어들어 선생님들께서도 반 냄새가 많
이 좋아졌다며 칭찬해 주셨습니다. 저의 작은 배려와 실천을 시작으로 구성원들과 함
께 깨끗한 환경을 만들게 되어 뿌듯했고, 2학기 때에는 쾌적한 교실을 만들 것을 공약
으로 하여 학급 회장에도 당선되었습니다. 솔선수범하여 먼저 행동으로 보여 주는 것
이 리더의 자질임을 깨달았습니다.
2학년 때는 시험 기간에 새벽까지 전화하며 질문하는 친구가 있었습니다. 바쁜 와중
에 친구를 돕는 게 부담스럽기도 했지만, 싫은 소리를 잘 못하는 성격으로 인해 부탁
을 외면할 수 없어 마지못해 설명을 해 주었습니다. 그러나 시험이 끝나고 공부한 만
큼 성적이 나오지 않았다며 실망하는 친구의 모습을 보고 '내가 더 친절히 답해 주었

다면 친구가 이렇게 낙심하지 않았을 텐데'라는 생각에 저 자신이 부끄러웠습니다. 다음에는 평소에도 자습서와 정리한 노트 등을 빌려주고, 30분 일찍 등교해 도서실에서 가르쳐 주며 최선을 다해 도왔습니다. 처음에는 저의 공부 시간을 뺏기는 것 같아 조급해하기도 했지만, 설명해 주면서 기존의 지식을 더 확실히 할 수 있었고 모르는 부분은 함께 선생님께 도움을 구하며 보완하니 저의 시간도 관리할 수 있었습니다. 그러자 다음 시험에서 친구는 성적이 많이 올랐다고 고마워하며 작은 선물도 주었습니다. 상대의 입장에서 진정한 마음으로 도울 때 저와 친구 모두에게 도움이 되는 것을 느꼈고 이를 바탕으로 공부를 어려워하는 아이들의 입장을 이해하며 진심으로 가르치는 선생님이 되고 싶다고 생각했습니다.

4. 초등 교사에게 필요한 자질이 무엇이라고 생각하는지 쓰고, 그 자질을 갖추기 위해 어떤 노력을 해 왔는지를 구체적으로 기술하시오. (1,500자 이내)

교실에서의 다양한 문제를 다루어야 하는 초등 교사에게는 지도력, 포용력, 문제 해결력, 교과 지식 전문성 등의 여러 자질이 필요하다고 생각합니다. 저는 3년간의 '학습 멘토링' 봉사 활동을 통해 성실하고 책임감 있는 자세로 가르치는 소명 의식, 따뜻한 마음으로 개인의 환경에 관심을 가져 주는 개별화 능력이 초등 교사에게 꼭 필요한 자질이라고 믿게 되었습니다.

저는 매주 가정 형편이 어려운 중학교 2학년 여학생 멘티를 만나 주요 과목 공부, 수행평가와 진학 상담을 도왔습니다. 영어는 독해 지문에 대한 요약문을 영작하는 연습을 하면서 단어와 문법, 나아가 개요를 작성하여 자연스럽게 글을 쓰는 법을 가르쳐 주었습니다. 얼마 후 멘티는 〈국어〉 작문 수행평가에 이를 적용하여 스스로 개요를 작성해 완성한 글을 보여 주었습니다. 하나를 가르쳐 주면 더 많은 것을 알아 가는 멘티를 보며 가르치는 일의 보람을 느꼈고, 이런 멘티에게 제가 부족함이 없도록 수업을 더 성실히 준비하는 책임감을 키웠습니다. 특히 경제 신문을 스크랩하는 사회 수행평가를 함께 하면서 보충 설명을 통해 이해를 도왔습니다. 이 과정에서 정보를 정확히 전달하기 위해 학교 경제 시간에 배운 내용을 꼼꼼하게 복습하고 정리했습니다.

처음에는 어색했지만 친언니처럼 친근한 마음으로 다가갔더니, 어느 날 멘티는 진학할 고등학교와 진로에 대한 조언을 부탁했습니다. 경제적 상황이 어려워 장학금을 받을 수 있는 고등학교를 위주로 찾고 있다는 말도 조심스럽게 꺼냈습니다. 마음을 열고 어려운 이야기까지 꺼내 준 그가 고마웠고, 이런 상황에서도 진학에 대해 고민하고 노력하는 모습이 대견스러웠습니다. 저는 이런 멘티가 경제적 환경으로 인해 주눅 들지 않고 당당히 꿈을 찾도록 돕고 싶었습니다. 같은 학생이었기에 적극적으로 돕기에는 한계가 있었지만 그의 입장을 헤아려 고민을 들어 주는 것부터 시작했습니다. 상의 끝에 멘티는 인근의 한 일반 고등학교에 진학했고, 지금도 만족스러운 학교생활을 하고 있다는 근황을 들을 때면 함께한 시간이 뿌듯하게 느껴집니다. 이를 통해 누군가를 진정으로 돕기 위해서는 상대방이 처한 입장에서 생각해 보는 배려와 공감이 필요함을 알게 되었습니다. 제한된 조건으로 진학을 고민해야 하는 멘티의 입장을 충분히 이해해야 진심으로 도울 수 있다는 것을 깨달았고, 이를 바탕으로 개별 학생들의 입장에 공감하고 친근한 소통을 통해 아이들을 지지해 주는 선생님이 되고 싶다고 다짐했습니다.

앞으로는 아직 미숙한 자질을 보완하기 위해 다문화 학습 동아리 '호박꽃'에서의 활동을 실전에 적용해 보려 합니다. 시대가 변하면서 다문화 가정이 증가함에 따라 미래의 교사는 다양한 학생들을 포용하는 능력도 갖춰야 한다고 생각합니다. '호박꽃'에서는 일반 학생과 다문화 학생의 화합을 도모할 수 있는 다문화 교육 매뉴얼과 프로그램을 구상하여 학교에 제안해 보면서 어려운 환경에 처한 소수를 돕는 일을 구체화할 수 있었습니다. 앞으로 서울교대에 진학하여 직접 다문화 아이들을 위한 교육 봉사를 하며 다양한 학생을 포용하는 자질을 더욱 계발하고 싶습니다.

면접, 이것만은 기억하라

완벽한 면접을 위한 다섯 가지 전략

저는 평소 제 의견을 전달하는 데 자신감이 없는 편이라 비교적 오랜 시간 면접을 연습하고 준비했습니다. 언제 어디서나 틈틈이 면접 준비 자료를 손에 쥐고 답변하는 연습을 했습니다. 총 다섯 묶음의 면접 자료를 가지고 다니며 버스를 기다리면서, 이동하면서, 밥을 먹으면서도 혼자 질문하고 답하는 연습을 반복했습니다.

첫째는 자기소개, 지원 동기, 자신의 장단점, 인상 깊은 책, 마지막으로 하고 싶은 말 등의 질문으로 구성된 '인성 질문' 자료였습니다. 이는 교대뿐만 아니라 다른 대학에서도 빈출 순위가 높은 질문들입니다. 면접 준비에 있어서 가장 기본이 되는 질문이기도 해서 이에 대한 답변을 적고 익숙해질 때까지 읽어 보고는 했습니다.

둘째는 '학생부 예상 질문'입니다. 학생부를 꼼꼼히 읽다 보면 사소한 것들까지도 질문으로 바꿀 수 있는데, 저는 제 학생부를 읽고 총 50개의 예상 질문을 만들 수 있었습니다. 예를 들면 '왜, 어떻게 이 활동을 시작했는지' '여기서 담당한 역할은 무엇인지' '이 상은 어떤 상인지' '글쓰기나 말하기 대회에서 어떤 주제를 다뤘는지' 등과 같은 질문 말이지요. 이러한 예상 질문에 대한 답을 달고 여러 번 읽음으로써 질문이 변형되더라도 당황하지 않고 원래 생각한 내용들을 조금씩 변형시켜 대답할 수 있도록 연습했습니다.

셋째는 '독후감' 자료였습니다. 면접에서 독서 활동에 관한 질문에 "책을 읽은 지 오래되어 기억이 잘 나지 않는다"라고 답변하는 경우가 종종 있는데, 이는 학생이 정말 그 책을 읽은 것인지 면접관들이 의심하게 만들 수 있습니다. 따라서 평소 줄거리와 느낀 점을 간략하게 정리해 둔 독후감 자료를 시간이 날 때마다 보면 그 책을 다시 읽지 않아도 자신이 중요하다고 생각하는 핵심을 기억할 수 있었습니다.

다음은 '교직 적성 질문'입니다. 이는 주로 교대에서 출제하는 교직과 관련된 질문들입니다. '왕따 문제', '코딩 교육', '4차 산업혁명' 등과 같은 다양한 교육 이슈를 주제로 한 질문과 교육 현장에서 발생할 수 있는 여러 상황에서 나라면 어떻게 대처할지에 대한 상황 질문들이 대부분이었습니다. 이런 분야의 질문에 답할 때는 교육과 관련된 전문 지식이 필요하기 때문에 책이나 온라인 강의를 통해 조금씩 채워 나갔습니다. 또 인터넷에서 전국 교대의 5개년 수시 기출문제를 찾아 답변을 써 보고 이를 모범 답안과 비교하는 과정을 반복했습니다. 때로는 저의 답변을 녹음해서 들어 보기도 했는데 이를 통해 제 발음, 목소리의 크기와 밝기, 속도 등을 객관적으로 파악할 수 있어 부족한 부분을 교정하는 데 큰 도움이 되었습니다.

마지막은 그해에 가장 뜨거웠던 이슈들을 다룬 '시사 질문' 자료였습니다. 사실 고3 때는 수능 공부에 몰두하느라 많은 학생이 시사 문제를 소홀히 여깁니다. 저는 면접을 대비하기 위해 서점에서 시사 문제를 쉽게 정리해 놓은 책을 구해 읽으며 배경지식을 쌓았습니다. 그러나 한

정된 시간 안에 수많은 시사 문제를 모두 다루기에는 한계가 있었습니다. 그래서 교육적으로 관련되어 있거나 그해 가장 많이 회자된 분야에서 약 열 가지 이슈를 선정해 관련된 기사, 예상 질문과 답변을 반복해서 읽고 점검했습니다.

집단 면접, 무조건 많이 말하는 것은 자제하라

집단 면접에서 발언 횟수가 너무 잦거나 발언 시간이 긴 것은 좋지 않습니다. 자칫하면 독단적으로 혼자 토론을 이끌어 나가는 학생으로 보일 수 있으니까요. 그렇다고 해서 발언 기회가 너무 적으면 면접관이 제대로 평가할 수 없을뿐더러 말을 조리 있게 하는 능력이나 아이디어를 떠올리는 창의성, 타인과 상호작용하는 협동심이 부족한 학생으로 인식할 수 있습니다. 또 말할 때는 주제와 관련 있는 내용의 핵심을 정확히 전달해야 하고, 채택될 수 있을 만한 좋은 아이디어를 제시하는 것도 중요합니다. 기본적으로 발언하는 학생들의 눈을 쳐다보면서 경청해야 토론에 집중하고 있다는 것을 드러낼 수 있습니다. 그 밖에도 고개를 끄덕이거나 앞사람의 발언이 끝나면 "O번 학생의 OOOO한 말 잘 들었습니다" "저 역시 O번 학생의 OOO한 생각에는 동의하는 바입니다"와 같은 말로 공감한다는 것을 표현해도 좋습니다.

서울교육대학교 초등교육과(서윤정) ▸ 다섯 묶음의 면접 자료와 함께

서울교육대학교 초등교육과 교직인성우수자전형

면접 유형	면접 시간	면접관 수	면접 절차
심층(제시문) 면접	10분 (준비 시간 10분)	2명	필수 문제와 3가지 주제 중 한 가지 문제 선택 → 면접실 앞에서 10분간 답안 준비 → 필기한 종이는 면접실에 지참하여 말할 때 참고할 수 있음 → 면접실 입실

▶ **제시문 1: 묵자(a)와 순자(b)의 음악에 대한 견해**

Q 1-1 · 각 성인들이 말한 음악의 기능에 대해 설명하시오.

a는 음악의 힘과 기능이 크다고 봅니다. 음악은 인격을 수양하는 데도 기여하고 사회 문제를 해결하거나 질서를 유지하는 수단으로 보는 입장입니다. b는 음악은 사람이나 사회에 미치는 영향이 미미하다고 보고 있습니다. 현실적 문제를 해결하는 데 큰 도움이 되지 않는다고 생각하는 입장이라고 할 수 있습니다.

Q 1-2 · 제시문을 바탕으로 학교 음악 교육의 필요성에 대해 심리적 · 정서적 효과와 감정 표현을 더하여 논하시오.

음악은 사람의 내면을 표현할 수 있는 수단이며, 학생의 전인적인 성장을 돕는

다는 점에서 필요합니다. 또 우리는 음악을 통해 자신의 내면과 감정을 표현하고 이를 타인과 나누며 소통할 수 있습니다. 따라서 학교에서 음악을 교육하는 것은 매우 중요하다고 할 수 있습니다. 저는 이러한 음악의 특성과 기능을 잘 활용하는 수업 방식의 예를 두 가지 생각해 보았습니다. 첫째는 교내에서나 학급 내에서 합창 대회를 개최하는 것입니다. 이를 통해 학생들은 음악으로 소통하며 협동심을 기를 수 있을 것입니다. 둘째는 동요와 같은 노래의 속도를 다르게 연주하는 활동을 할 수 있습니다. 음악을 느리게 표현해 '나는 지금 슬프고 힘들다' 등의 감정을 전달하거나 빠르고 경쾌하게 연주해 '나는 지금 활기차고 기쁘다'는 감정을 표현하며 음악의 기능을 느낄 수 있도록 하는 것입니다.

Q · 내면 표현, 감정 전달, 전인적인 성장 등 다 좋은데 학생의 답변에는 '음악'이 빠져 있어요. 음악을 배우는 이유가 진짜 이것일까요?

음악은 그 역사가 오래되었습니다. 옛날부터 음악이 지닌 장점들이 많이 있었기 때문에 지금까지 전달되어 왔을 것입니다. 그러나 오늘날에는 자신의 내면을 표현하고, 감정을 전달하는 것과 개인의 전인적인 성장을 이루는 것이 중요시되고 있기 때문에 이 역시 음악을 배우는 하나의 이유가 된다고 생각합니다.

Q · 그것 말고 다른 이유는 없을까요?

〈음악〉 시간에는 학생이 직접 목소리를 내고 자신의 손으로 악기를 연주해야 하기 때문에 주체적으로 배울 수 있다는 장점이 있습니다. 배우면서 주체성을 기르는 것 역시 음악을 배우는 또 다른 이유가 될 수 있다고 생각합니다.

Q · 그럼 음악만의 특징은 무엇일까요? 우리는 음악을 왜 듣는 걸까요?

어떤 장르의 음악을 듣느냐에 따라 다르겠지만 주로 음악을 들으면 스트레스를 해소할 수 있고 평온함을 얻어 마음을 정리할 수 있기 때문에 음악을 듣는다고 생각합니다.

▶ **제시문 2: TED와 같은 OER의 장단점을 말해 보시오.**

첫 번째 장점으로는 평등한 교육의 기회가 주어진다는 것입니다. 교육에서 소외 계층이 줄어들면 더 많은 사람이 지적 성장을 이루고 이는 사회적·경제적 발전으로 이어질 수 있습니다. 두 번째 장점으로는 디지털 매체를 활용한 교육 프로그램의 발전에 기여한다는 점입니다. 단순한 강의 동영상에서 시작해 수용자가 영상을 보는 것과 동시에 중간에 문제를 풀어 보거나 그 영상을 보고 있는 다른 학생들과도 소통하며 직접 참여할 수 있는 시스템으로 발전시켜 나갈 수 있습니다. 하지만 단점도 있습니다. 무료 제공으로 인해 교수가 경제적 부담을 안아야 하고, 동영상용 강의를 따로 찍어야 하는 번거로움을 감수해야 합니다. 학교라는 공간에서 단체로 강의를 듣는 것이 아니라 혼자 동영상을 보고 공부하는 것이기 때문에 배운 것을 타인과 나누고 직접 활용할 수 있는 기회가 적습니다.

Q · **공부는 혼자 할 수 있는 것이라고 생각하나요?**

자기주도 학습을 통해 혼자 공부할 수도 있다고 생각합니다. 그러나 조력자의 역할을 하는 교사와 같은 사람이 옆에서 도와주면 더 효율적일 것입니다.

Q · **학생이 혼자 공부할 수 있다는 입장인데 그럼 교사의 역할은 무엇인가요?**

교사는 학생이 스스로 공부할 수 있는 환경을 만들어 주고 학생이 혼자서도 할 수 있다는 성취감을 키워 주어야 합니다. 또 공부하는 과정에서 칭찬과 격려로 지지한다면 학생에게 학습 동기도 부여할 수 있을 것입니다. 학생이 스스로 공부해 성취감을 느낄 수 있도록 칭찬하고 격려하는 것이 교사의 역할이라고 생각합니다.

다른 합격 대학교의 면접 질문

● **경인교육대학교 초등교육과 교직적성잠재능력우수자전형**

1) 개별 면접

    Q. 영어를 잘하나 봐요?

    Q. 영어 말하기 대회 TED에 해외파는 무슨 의미인가요?

    Q. 교사가 되기 위해 특별히 노력한 점이 있나요?

    Q. 기억에 남는 책은 무엇인가요?

    Q. 대학교에 와서 하고 싶은 일이 있어요?

2) 집단 면접

▶ **제시문**: 독감 예방접종을 정부가 해야 하는가, 시장 원리에 맡겨야 하는가?
    근거 3가지와 비용 문제에 대한 해결 방안을 제시하시오.

- **한국교원대학교 초등교육과 학생부종합우수자전형**

▶ **제시문:** 현실 사회 이슈를 학교에서 교육해야 하는가, 말아야 하는가?

> Q. 이야기한 기사에 실린 노인의 입장에서 생각해 볼 때 오늘날 많은 학생이 노인들에게 욕하고 대드는 문제는 어떻게 생각하나요?
>
> Q. 이러한 문제 예방을 교육하고 학생들에게 알려 주기 위해서 한국교원대에서 뭘 배워야 할 것 같나요?
>
> Q. 교사에게 필요한 자질 2가지와 나에게 부족한 점은 무엇인가요?

서울교육대학교 초등교육과

박지수

"기출문제 파악은 필수!"

출신 고등학교명	서울 선사고등학교	고등학교 유형	평준화 일반
합격 교육대학교			
대학교		학과	전형
서울교육대학교		초등교육과	학교장추천
전주교육대학교		초등교육과	고교성적우수자

자기소개서, 나는 이렇게 준비했다

1. 고등학교 재학 기간 중 학업에 기울인 노력과 학습 경험에 대해, 배우고 느낀 점을 중심으로 기술해 주시기 바랍니다. (1,000자 이내)

초등학교 교사라는 꿈을 가지게 되면서 다양하고 많은 지식을 갖추어야 되겠다는 생각으로 학업에 매진했습니다. 그러나 어느 순간 공부 시간을 늘려도 목표한 분량을 해내지 못하는 한계에 봉착했습니다. 그래서 공부 시간보다는 공부 방법에 문제가 있지 않을까 하는 의구심이 들었습니다. 그때부터 효율적인 공부 방법을 찾기 위해 선배에게 조언을 구하기도 하며 여러 방법을 시도하게 되었습니다. 마인드맵, 가르치듯이 말로 설명하기, 앞 글자 따서 노래 만들기 등을 시도하였는데, 그중 효율성이 큰 방법들은 과목에 따라 변형하며 저에게 맞춰 사용하였습니다.

특히 고등학교 1학년 때부터 과목별로 두 가지 노트를 사용했던 방법이 기억에 남습니다. 첫 번째 노트에는 교과서 단원별 중요 내용을, 두 번째 노트에는 잘 암기가 되지 않거나 헷갈릴 수 있는 개념만을 적었습니다. 첫 번째 노트는 여러 번 반복해 말하면서 기본 개념을 암기하는 데 사용하고, 두 번째 노트는 2주일에 한 번씩 복습하면서 취약점을 보완하는 데 사용했습니다. 제 나름대로 고민을 거듭하며 개발한 학습법을 사용하니 교과서 내용을 필사하다시피 했던 과거에 비해 더 짧은 시간 안에, 정확하게 교과 내용을 이해할 수 있었습니다.

이렇게 하면서 제가 알게 된 노하우를 공부 때문에 고민하는 다른 친구에게도 알려주었습니다. 제가 열심히 노력한 경험을 통해 다른 친구에게도 도움을 줄 수 있다는 것이 매우 뿌듯하였습니다. 또 같은 내용이라도 어떤 학습 방법을 사용했는지에 따라 이해의 정도가 달라질 수 있다는 사실을 깨달았고, 수업 역시 방법에 따라 학생들의 수용 정도가 달라질 수 있겠다는 생각을 하였습니다. 그래서 교사가 된다면 어떠한 수업 방법이 학생에게 가장 도움이 되는지를 항상 고민하면서 수업에 적극적으로 반영해야겠다는 다짐을 하였습니다.

2. 고등학교 재학 기간 중 본인이 의미를 두고 노력했던 교내 활동을 배우고 느낀 점을 중심으로 3개 이내로 기술해 주시기 바랍니다. 단, 교외 활동 중 학교장의 허락을 받고 참여한 활동은 포함됩니다. (1,500자 이내)

첫 번째는 학생회 총무부장으로서의 활동입니다. 저는 학생회의 가장 중요한 역할은 학생들의 의견을 충분히 수렴하고, 그 의견을 행사와 학생회 운영에 반영해 학생들이 만족하는 학교를 만드는 것이라고 생각했습니다. 그래서 학생들과의 소통 기회를 확대하기 위해 학생회 설문 조사를 연 2회에서 4회로 늘리자는 의견을 내어 실행했습니다. 설문 조사 횟수를 늘리자 학생들의 요구 사항을 더 구체적으로 알게 되었고, 질 높은 의견을 받을 수 있었습니다. 의견을 받은 후, 평가가 좋았던 행사는 유지하고 좋지 않았던 행사는 폐지하거나 보완하였습니다. 또 자유롭게 의견을 적을 수 있는 낙서장을 학교 곳곳에 설치하고, SNS를 적극적으로 활용하면서 건의 사항을 즉시 수렴해 학생회 운영에 반영하였습니다. 그 결과, 학생회에 대한 만족도 평가에서 만족하는 학생의 비율이 32퍼센트에서 41퍼센트로 높아졌습니다.

이런 학생회 활동은 소통의 중요성을 깨닫게 해 주었습니다. 또 단순히 '소통'이라는 구호에서 그치는 것이 아니라, 구체적이며 다양한 통로를 만드는 것이 중요하다는 것을 느끼게 되었습니다. 교사가 되어서도 학생들이 만족하는 학교를 만들기 위해 항상 다양한 통로로 학생들의 세세한 이야기에 귀를 기울일 것을 다짐하였습니다.

두 번째는 선사 연구 과제 활동입니다. 제 주변 대부분의 학생들은 〈수학〉 시간에 책상 위에 엎드려 자며 〈수학〉 공부를 포기하고 있었습니다. 이러한 상황을 개선하고 싶다는 생각이 들어 친구들과 팀을 구성하여 '우리나라 학생들은 왜 〈수학〉을 포기하는가?'를 주제로 연구를 진행하였습니다. 먼저 핀란드와 미국 초등학교 〈수학〉 교과서를 우리나라 초등학교 〈수학〉 교과서와 비교하며 우리나라 〈수학〉 교육의 문제점이 무엇인지 알아보았습니다.

첫 번째 문제로, 미국의 교과서는 작은 개념조차도 소단원 전체를 차지할 만큼 개념 학습 시간이 많지만, 우리나라 교과서는 개념을 충분히 익힐 수 있는 시간의 비중이 훨씬 적었습니다. 두 번째 문제로, 핀란드의 교과서는 6학년 1년 동안 분수에 대한 대부분의 과정을 가르치지만, 우리나라 교과서는 학년 단위로 분수 개념을 나누고 있어서 다음 학년에 진급하면 배웠던 내용을 쉽게 잊어버린다는 단점이 있었습니다. 분수뿐만 아니라 소수, 도형에 대한 내용도 해당됩니다. 이런 우리나라 교과서의 문제를 해결하기 위해 학생들이 같은 개념을 충분한 시간 동안 다양하게 접할 수 있게 하고, 관련 내용은 연속적으로 배우게 해야 한다는 방안을 도출하였습니다.

이렇게 교과서의 문제점을 찾고 해결하려는 노력으로 학생에게 더 만족스러운 교육을 실행할 수 있다는 것이 보람차게 느껴졌습니다. 그리고 많은 학생이 배움의 즐거움을 느낄 수 있도록 교사가 되어서도 교육을 개선하기 위해 끊임없이 연구해야 한다는 것을 깨달았습니다.

3. 학교생활 중 배려, 나눔, 협력, 갈등 관리 등을 실천한 사례를 들고, 그 과정을 통해 배우고 느낀 점을 기술해 주시기 바랍니다. (1,000자 이내)

학교 축제 기간 중, 특별한 사연을 모집하여 익명으로 학생들에게 꽃을 배달하는 '꽃 배달' 행사의 총감독을 담당하였습니다. 열심히 준비를 했음에도 불구하고 꽃 배달을 신청하였는데 배달이 안 되었거나, 똑같은 사연이 두 번 배달되는 사고들이 발생하게 되었습니다. 그래서 축제가 끝나고 꽃 배달 행사에서 문제가 생긴 원인을 파악하였습니다. 원인은 배달 준비를 담당하는 학생회와 배달을 맡은 또래 상담 동아리 간의 소통이 거의 없어 우왕좌왕한 데 있었습니다. 게다가 문제의 책임을 서로에게 떠넘기며 팀 사이의 마찰이 일어나게 되었습니다.

 축제가 끝난 이후 예전까지는 항상 따로 소집하여 회의했던 또래 상담 동아리와 총무부원들을 함께 소집해 어떻게 사태를 바로잡을지에 대한 회의를 진행했습니다. 회의 결과, 배달되지 않은 꽃들은 다시 배달하고, 환불을 원하는 학생에게는 선사고 SNS를 이용해 환불을 해 주자는 결론이 나왔습니다. 그래서 이번에는 꽃 재배달, 환불 요구자 명단 작성 등 정확히 구성원마다 역할을 지정하고 할 일을 알려 주었습니다. 그리고 매일 지속적으로 팀별 진행 상황을 점검하고 회의를 하여 빠르게 문제를 해결해 나갔습니다.

이런 경험을 통해 리더는 세부적인 일뿐만 아니라 일이 진행되는 전체적인 흐름을 파악해야 한다는 것과 구성원들과 대화하여 의견을 수렴하고 결론을 다시 구성원 모두에게 정확히 전달해 협력을 이끌어 내야 한다는 사실을 깨달았습니다. 이 경험은 제가

초등 교사가 되어서 학생들과 소통하고 중요한 사항을 결정하는 데 큰 도움을 줄 것
이라 생각합니다. 그리고 모둠 수업을 할 때 한 명의 학생이 모든 일을 혼자 해결하려
해서 힘들어하거나, 대화가 거의 단절된 팀이 생기는 등의 문제가 발생하면 협동심에
대해 가르치는 데 도움이 될 것입니다.

서울교대 자율 문항

4. 초등 교사에게 필요한 자질이 무엇이라고 생각하는지 쓰고, 그 자질을 갖추기 위해
어떤 노력을 해 왔는지를 구체적으로 기술하시오. (1,500자 이내)

학생들이 이해하기 쉬우면서 즐거운 수업을 만드는 엔터테이너형 교수 능력이 초등
교사에게 필요한 자질이라고 생각합니다. 몇 달 전, 우연히 교구를 이용해 〈수학〉을
쉽게 가르치는 수업이 있다는 신문 기사를 읽게 되었습니다. 교구를 통해 학생들이 어
려워하는 〈수학〉을 쉽게 가르칠 수 있다는 사실에 흥미가 생겨서 기사의 주인공이었
던 초등교육과 교수님께 인터뷰를 부탁드렸습니다. 교수님은 중요한 내용을 흥미롭게
전달하는 방법을 강조하셨습니다. 스토리텔링 교수법, 실험 수업과 같은 다양한 방법
으로 학생들의 능동적 참여를 유도하면 학생들이 수업 내용을 저절로 이해할 수 있다
는 사실도 알려 주셨습니다. 그리고 초등 교사가 되면 고정관념에 갇혀 있지 말고, 수
업 방법을 적극적으로 연구해 다양한 시도를 해 보라는 당부를 해 주셨습니다. 교수님
과의 인터뷰를 통해 저도 수업에 대해 연구하여 학생들에게 배움의 즐거움을 주는 수
업을 만들고 싶어졌습니다. 그래서 수업에 대한 책을 읽으며 다양한 수업 모습에 대해
알아보려 노력했습니다. 그리고 직접 수업을 하게 된다면 그것을 어떻게 적용할지 상
상해 보게 되었습니다.

 그러던 저에게 〈한국지리〉 발표 수업 시간에 수업 경험을 해 볼 수 있는 기회가 찾아
왔습니다. 목표는 전라북도 전주시를 홍보하는 것이었습니다. 저는 학생들이 많이 알

서울교육대학교 초등교육과(박지수) ▶ 기출문제 파악은 필수!

고 있는 전주비빔밥, 한옥마을 외에도 전주의 다양한 매력을 학생들에게 생생하게 전달하고 싶었습니다. 그래서 고민 끝에 '가상 여행'을 테마로 전주를 소개하기로 했습니다. 슬라이드 오른쪽에 시간을 표시해 놓고 '한옥마을이 한눈에 보이는 오목대에서 여유를 만끽했다면, 이제 옆길을 통해 자만벽화마을로 산책을 가 볼까요?' '해가 졌으니 남부시장에서 전주의 명물들을 먹어 볼 차례입니다'와 같이 순차적으로 경로를 따라 여행하듯이 소개하는 방식이었습니다. 그러면서도 자연경관, 역사적 사건 등을 곁들이며 학생들이 잘 몰랐을 법한 사실까지 흥미롭게 담아내려 했습니다. 이렇게 하자 지리 정보를 나열하는 발표보다 훨씬 더 학생들의 집중도가 높아졌다는 것을 느낄 수 있었고, 발표가 끝난 후에는 추가 질문도 많이 받았습니다. 〈한국지리〉 선생님께서도 정말 전주에 가고 싶게 만들었다는 칭찬을 해 주셨습니다.

이에 자신감을 얻어 화법이나 〈영어〉 시간에 한 발표 수업 등에서도 어떤 방식으로 내용을 전달하는 것이 가장 효과적인지를 고민하여 발표에 적용했습니다. 그때마다 학생들이 전에 발표했을 때보다 제 말에 더 집중하고 내용을 잘 이해하는 것을 느꼈습니다. 이를 통해 새로운 수업 방법을 적용해 보려는 작은 시도만으로도, 수업 내용을 학생들에게 더 흥미롭게 전달할 수 있다는 것을 깨닫게 되었습니다. 앞으로 좀 더 다양한 교수법에 대해 배우고 연구하고 싶어 한국교원대에 입학해 '교육과정 기반 초등 수업 설계' 과목을 수강하고 싶습니다. 특히, 제가 관심을 가지고 있는 수업 방식인 토론 수업, 거꾸로 교실 수업 등을 어떻게 현장에 적용하는지에 대해 중점적으로 공부하고 싶습니다.

면접, 이것만은 기억하라

면접 준비는 기출문제 중심으로

　면접은 문제에 대한 자신의 생각을 밖으로 꺼내 말하는 연습도 중요하지만 실전 대비보다는 많은 유형을 미리 접해 당황하지 않는 것이 더 중요하다고 생각했습니다. 전주교대 면접 문제는 짧은 준비 시간 안에 짧은 대답을 요하므로 다양한 유형을 접하는 것이 특히 효과적이었습니다. 먼저 전주교대 기출문제를 인터넷을 통해 최대한 모았습니다. 그다음에는 문제에 대한 대답을 생각하며, 문제 옆에 제 대답을 짧게 적고 넘어갔습니다. 기출문제에는 학교 현장에서 벌어질 수 있는 일에 대한 대처 방안을 묻는 질문과 시사에 대한 찬반론을 묻는 질문이 많았습니다. 그래서 인터넷을 통해 최근 사회 이슈, 5년 내의 교육 이슈를 모두 적어 찬반론을 파악하고 제 입장을 정했습니다. 또 인터넷에서 교육대 공통 출제 예상 키워드를 찾아 제 생각을 정리했습니다. '학교 폭력, 따돌림, 다문화, 교수법, 아침 시간 이용' 등이 있었습니다.

　면접 전날 새벽에 전주로 이동했습니다. 자동차 안에서도 틈틈이 기출문제를 반복해서 보았더니 멀미가 나고 컨디션이 좋지 않았습니다. (면접 전 컨디션도 매우 중요한 요소이니 무리하지 마세요.) 면접 2시간 전에 도착해 컨디션을 점검하고, 말하는 연습을 했습니다. 불안한 마음도 있지만 다른 친구들도 마찬가지로 긴장할 거라고 생각했습니다. 전주교대는 두 문제를 3분 동안 보고 3분 안에 답하는 빠른 면접을 진행했습니다. 두

서울교육대학교 초등교육과(박지수) ▸ 기출문제 파악은 필수!

문제 모두 장단점을 말하라는 형태였습니다. 한쪽으로 치우치지 않도록 장단점을 균형 있게 답했습니다. 각 문제에 대한 답을 구상하는 데약 1분 15초를 썼습니다. 굉장히 짧은 시간이지만 차근차근 생각하려고 노력했습니다.

전형별 중요한 역량을 확인하라

서울교대 면접까지는 일주일의 준비 기간을 가질 수 있었습니다. 그동안 시사 지식을 보충했습니다. 그리고 서울교대 기출문제를 모은 뒤대답을 정리하며 실제로 말하는 연습을 했습니다. 학교 선생님들과 매일 모의 면접을 해서 떨지 않고 제 의견을 말하는 법을 익혔습니다. 교육대 공통 키워드에 대한 부분은 전주교대 면접 때 준비했으므로 가볍게 복습만 했습니다.

다음은 서울교대 학교장추천전형 면접에서 중요하게 여기는 부분입니다. 첫 번째로 지문 해독력입니다. 수능 지문처럼 해독하기 난해한긴 지문을 제시하고 그에 대한 생각을 묻습니다. 수능 〈국어〉를 준비하는 겸 비문학 지문을 정확히 독해하는 연습이 도움이 되었습니다. 특히키워드를 찾아내서 키워드 간 관계성을 파악하는 것이 중요합니다. 두번째로는 〈윤리와 사상〉 공부입니다. 칸트나 순자 등 〈윤리와 사상〉에나오는 철학가들과 관련된 문제가 출제된 적이 있습니다. 무엇보다도이런 내용은 면접실에서 처음 접하면 당황할 수 있어 미리 학습하는 것이 좋습니다. 하지만 이 면접 때문에 일부러 이 과목을 선택할 필요는 없습니다. 다만 공부할 일이 있다면 평소 좀 더 꼼꼼히 알아보는 것이 좋습니다. 세 번째로 시사에 대한 주요 찬반론입니다. 면접 준비 기간이 되면 최근 시사 이슈와 5년 동안의 교육 이슈를 모두 정리하여 논란이 되는 부분이 무엇인지, 어떤 찬반 근거가 있는지, 본인은 어떻게 생각하는지 준비해야 합니다.

서울교대 면접에서는 문제를 주고 10분간의 준비 시간과 메모지를 주었습니다. 처음 3분은 문제를 가볍게 훑었습니다. 그리고 제가 답할 질문을 선정했습니다.

면접, 내가 받은 질문

서울교육대학교 초등교육과 학교장추천전형

면접 유형	면접 시간	면접관 수	면접 절차
심층(제시문) 면접	10분 (준비 시간 10분)	2명	3문제 중 선택 1문제와 필수 1문제 → 면접실 밖에서 10분 준비(메모지 줌) → 면접실 입실

▶ **제시문 1:** '기본소득제'는 소득의 유무, 노동 의지 및 현재 노동 여부와 관계없이 모든 개인에게 일정 금액을 동일하게 지원하는 제도이다. 기본소득세 도입에 대한 찬성과 반대 근거를 각각 제시하고, 이에 대한 자신의 견해를 논하

시오.

Q • **기본소득제의 찬성과 반대 입장의 근거를 들어 보세요.**

네, 기본소득제의 찬성 근거와 반대 근거에 대해 말씀드리겠습니다. 찬성 근거 첫 번째는 복지 수혜자에 대한 낙인을 방지한다는 것입니다. 소득이 부족한 몇몇 사람에게 선별적으로 돈을 지급하게 되면 수혜를 받으러 관공서에 갈 때마다 눈치를 보게 된다고 합니다. 그것을 미연에 방지할 수 있습니다. 두 번째는 헌법에 있는 국민의 사회권을 보장합니다. 사회권이란 최소한의 인간다운 삶을 살 수 있는 권리입니다. 기본소득제를 실행한다면 보편적 복지가 실현됨으로써 많은 사람이 훨씬 인간다운 삶을 살게 될 것입니다. 반면 반대의 이유로 첫 번째, 복지가 필요 없는 상류층에게도 불필요한 자본이 투여된다는 것입니다. 몇몇 사람은 이미 인간다운 삶을 누리고 있습니다. 오히려 여유롭기까지 합니다. 이런 사람에게 국가의 재산을 주는 것보다 소득이 부족한 사람에게 더 주는 것이 효율적일 것입니다. 두 번째, 사람들이 비생산적인 일에 돈을 낭비할 가능성이 있습니다. 저는 찬성 측의 입장입니다. 실제로 빈곤한 가정의 학생이 학교에서 급식을 지원받지만, 그 사실이 밝혀져 따돌림을 받았다는 사례가 많습니다. 선별적인 복지도 마찬가지입니다. 그런데 기본소득제를 시행하면 이런 사람들이 눈치 보지 않고 수혜를 받게 할 수 있습니다. 물론 기본소득제를 시행하면 유흥 등에 그 소득을 낭비하는 문제가 생길 수 있습니다. 그러나 그 소득을 전통시장 상품권 등으로 한정하면 경제도 살리고 낭비를 막는 효과가 있을 것입니다.

▶ **제시문 2:** 다음은 칸트의 《도덕 형이상학 원론》의 일부이다. "도덕법칙의 기초를 세우는 데 경험적 원리들은 아무런 쓸모가 없다. 도덕법칙이 경험적 원리에 기초한다면, 모든 이성적 존재자에게 차별 없이 적용되어야 할 보편타당성, 즉 도덕법칙들에 부과되는 무조건적인 실천적 필연성이 사라져 버리기 때문이다. 더욱이 자기 행복의 원리는 가장 배척되어야 할 것이다. (중략) 행복한 사람을 만드는 것과 선한 사람을 만드는 것은 전혀 다른 일이며, 사람을 영리하게 만들어 자기 이익에 밝게 하는 것과 덕 있게 만드는 일은 전혀 다르기 때문이다. 그러므로 행복의 원리는 윤리성의 기초를 확립하는 데 아무런 기여도 하지 못한다. 나아가 자기 행복의 원리는 오히려 윤리성을 매장시키고 윤리성의 전체적인 숭고함을 파괴하기도 한다."

Q 1 · 위의 글에 나타난 행복과 도덕의 특성을 각각 설명하시오.

Q 2 · 행복과 도덕의 관계에 대한 자신의 견해를 위의 글에 나타난 칸트의 견해와 비교하여 논하시오.

Q · 두 번째 질문에 답해 보세요.

두 번째 질문에 답하겠습니다. 이 지문에서 행복과 도덕은 완전히 상반된 가치입니다. 도덕은 보편타당한 법칙에 의해 지켜집니다. 그러나 자신의 행복을 추구하는 사람은 도덕을 지키지 않습니다. 자신의 이익만을 챙기고 타인의 것을 빼앗습니다. 이에 대해 제 생각을 밝히겠습니다. 제가 생각하기에는 도덕은 반드시 행복과 상반되지도, 혹은 행복에 비례하지도 않습니다. 즉 도덕과 행복은 독립적 가치이며 사람에 따라 다르게 적용될 것입니다. 다만 도덕과 행복은 양립할 수 있습니다. 저는 2학년 때 교육 봉사를 한 적이 있습니다. 그 때문에 학생의 성적이 올랐고 학생이 기뻐하는 모습을 보며 저도 행복했습니다. 이렇게 아무런 대가를 바라지 않은 선한 행동을 한 것이지만 이로 인해 행복을 얻을 수 있습니다.

서울교육대학교 초등교육과

윤세영

"교내 활동을 활용해 연습하라"

출신 고등학교명	경기 저현고등학교	고등학교 유형	자율
합격 교육대학교			
대학교		학과	전형
서울교육대학교		초등교육과	교직인성우수자
경인교육대학교		초등교육과	교직적성잠재능력우수자
서울대학교		영어교육과	지역균형선발

자기소개서, 나는 이렇게 준비했다

1. 고등학교 재학 기간 중 학업에 기울인 노력과 학습 경험에 대해, 배우고 느낀 점을 중심으로 기술해 주시기 바랍니다. (1,000자 이내)

<철학> 시간에 '행복'이라는 주제로 이야기를 나눈 적이 있습니다. 많은 의견이 있었지만 결국 깨달은 것은 '인간의 궁극적 목적은 행복'이라는 것이었습니다. 여기서 '왜 나는 공부를 할 때 행복하지 않을까'라는 의문이 생겼습니다. 성적과 교내 활동에 치중했던 저를 돌아보면서 즐거운 공부를 하고 싶었기 때문입니다. 이런 제게 <철학> 선생님께서 교내 HUMANITAS SCHOOL에 참여해 보라고 권유해 주셨습니다. '어떻게 살 것인가'를 주제로 다양한 관점에서 삶을 바라보았습니다. '삶은 인문학 레시피'라

는 인문학 강연에서 삶의 궁극적인 목적은 자신을 잘 돌본 후 다른 이들의 삶도 윤택하게 하는 것이라는 글을 접했습니다. 자신을 바르게 세우고, 가르치는 아이들의 삶도 윤택하게 할 수 있다면 그보다 더 보람찬 일은 없으리라 생각했고, 초등 교사가 되고 싶은 명확한 이유가 되었습니다.

새로운 마음으로 '초등 교사가 되기 위한 공부'를 시작했습니다. 초등 교사가 되려면 다양한 분야를 접하고 많은 소재를 활용해 보아야 한다고 생각했습니다. 1학년 때 교과서 위주로 공부했다면 2학년 때는 교과서 밖까지 확장시켜, 영화나 다큐멘터리, 토론, 발표를 적극적으로 활용했습니다. 그 예로, 〈문학〉 시간에 〈님아, 그 강을 건너지 마오〉라는 영화와 〈공무도하가〉를 비교하며 죽음에 대해 고민했습니다. '죽음'은 두렵지만 죽음으로 인한 삶의 유한성이 삶을 가치 있게 하고 더 사랑하게 만드는 요소라고 생각했습니다. 교사가 되면 아이들에게 다소 어려운 '죽음'이라는 소재를 '삶을 아름답게 하는 요소'라는 새로운 시각으로 가르칠 수 있을 것입니다. 더하여, 3학년 때는 고전 인물 탐구 대회에서 《논어》의 '삼인행필유아사'라는 글이 제가 닮고 싶은 구절이라고 소개했습니다. 누구에게든 배울 점이 있고 그로 인해 함께 성장할 수 있음을 아이들에게 알려 주는 교사가 되고 싶었기 때문입니다.

'행복한 공부'에 대한 고민은 저를 많이 성장시켰고, 앞으로도 아이들에게 행복을 전해 주는 교사가 되기 위해 노력하고 싶습니다.

2. 고등학교 재학 기간 중 본인이 의미를 두고 노력했던 교내 활동을 배우고 느낀 점을 중심으로 3개 이내로 기술해 주시기 바랍니다. 단, 교외 활동 중 학교장의 허락을 받고 참여한 활동은 포함됩니다. (1,500자 이내)

▸ **"크로마토그래피가 뭐예요?"**

또래 교사 활동이란 멘토가 되어 효율적인 학습법을 공유하는 활동입니다. 처음 접한 멘토 역할이 두렵기도 했지만 멘티의 개성에 맞는 학습법이 가장 효율적이라는 것을 깨닫고 이 활동이 즐거워졌습니다. 기억에 남는 두 멘티가 있습니다. 활동적인 멘티에게 〈과학〉의 크로마토그래피에 대해서 가르칠 때 잉크의 색을 분리하는 미니 실험을 계획하고 실행했던 것이 기억에 남습니다. "학교에서도 이렇게 수업하면 좋겠어요"라는 멘티의 말은 큰 보람을 안겨 주었습니다. 또 〈국어〉가 부진한 후배에게 〈국어〉를 가르칠 땐 멘티의 흥미 분야인 〈수학〉의 특성을 이용해서 저와 멘티만의 '〈국어〉 공식'을 만들었습니다. 멘티는 공식을 활용하며 답을 찾는 것을 흥미로워했습니다. 이 경험을 통해 가르치는 즐거움을 느꼈고 조금씩 향상되어 가는 멘티들의 모습에 뿌듯했습니다. 쉽게 이해시키기 위한 방법을 고민하며 저 또한 맞춤식 교육에 대해 생각할 수 있었던 값진 경험입니다. 이 경험을 통해 아이들 각자에 맞는 교육법에 대해 지속적으로 고민하며 성장하는 교사가 되고 싶습니다.

▶ 일일 교사가 되다

2학년 여름방학 Summer School에 참여했을 때 교사가 되어 직접 진행했던 〈영어〉 수업입니다. 지문을 요약하고 중심 소재를 설명해 주는 수업인데 '각각의 장면이 모여 다른 특성을 가지게 되는 것이 영상이다'라는 문장이 이해하기 어려웠습니다. 이 문장을 쉽게 설명하기 위해 플립북 애니메이션을 이용했습니다. 그 결과 선생님과 친구들에게 수업이 재미있었다는 평가를 받았고 저도 만족스러웠습니다. 비록 한 시간 수업이었지만 오랜 기간 준비하며 저는 다른 이에게 무언가를 가르칠 때는 가르치는 양보다 훨씬 많이 공부해야 한다는 것을 배웠습니다. 또 〈미술〉 시간에 배운 플립북 애니메이션을 〈영어〉에 이용하면서 교사는 평소에도 다양한 분야에 관심을 가져야 한다는 것도 깨달았습니다. 이 경험으로 교과목 간 경계를 넘는 수업을 통해 아이들이 다양한 분야를 배우고 넓은 시각을 가질 수 있도록 돕는 교사가 될 수 있을 것입니다.

▸ **독도는 내가 지킨다**

〈한국사〉 시간에 독도 팸플릿을 만들며 독도에 대해 아는 것과 표현하는 것은 다르다
는 것을 깨달았습니다. 이를 계기로 독도에 관심이 생겨 독도 기자단에 가입했습니다.
독도 기자단은 각국 웹사이트의 동해, 독도 오류 표기 시정을 요청하는 메일을 보내
는 활동을 합니다. 열심히 오류 시정 메일을 보냈고 오류를 시정하겠다는 회신 메일을
받았습니다. 대부분 회신 메일을 받지 못하는데 메일을 받아 뿌듯했습니다. 또 독도의
날 행사를 주도적으로 준비했습니다. 특히 친구들이 독도에 관심을 갖도록 독도 수비
대에 엽서 쓰기, 독도 퀴즈 등을 마련했는데, 전달 방법을 조금만 바꿔도 독도에 대한
관심이 커진다는 것을 알게 되었습니다. 독도 기자단을 통해 나와 국가에 대한 생각을
새롭게 정립했고, 나라 사랑의 방법은 다양하다는 것을 체험했습니다. 이 경험을 통해
아이들이 작은 실천으로 나라 사랑을 배우고 보람을 느끼도록 돕는 교사가 될 수 있
을 것입니다.

3. 학교생활 중 배려, 나눔, 협력, 갈등 관리 등을 실천한 사례를 들고, 그 과정을 통해
배우고 느낀 점을 기술해 주시기 바랍니다. (1,000자 이내)

교사를 꿈꾸는 학생으로서 제겐 큰 단점이 있었습니다. 발표에 대한 두려움을 가지고
있었다는 것입니다. 고등학교에 진학한 후에 이 단점을 꼭 극복하고 싶었습니다. 그
래서 진로 발표 대회에 참가했고 많은 사람들 앞에서 제 꿈에 대한 소개를 한 후 상도
받은 특별한 경험을 했습니다. 그 후 발표에 대한 두려움을 극복하고 자신감을 갖게
된 후 토론 대회에 적극적으로 참여했습니다. 특히 꾸준히 참여했던 '영어 토론 대회'
가 기억에 남습니다. 회복적 서클 대화법으로 팀 구성원의 갈등을 해결하고 공동의 목
표를 이루었던 경험이 저에게는 '건강한 갈등 해결'이라는 역량을 키울 수 있었던 경
험입니다.

저희 팀 중에 영어 토론 대회의 결과를 매우 중요시하던 친구가 있었습니다. 〈영어〉와 관련된 학과 진학을 목표로 했기 때문인데 이로 인해 토론 대회 시간 투자 문제로 충돌이 발생했습니다. 결과를 중요시하던 친구는 많은 시간을 투자하길 원했고 다른 친구는 결과보다 참여하는 것 자체를 의미 있게 생각했기 때문입니다. 팀 구성원의 협력이 중요한 활동이기에 저는 또래중조 동아리에서 배운 회복적 서클 대화법을 이용하기로 했습니다. 팀 구성원들이 한자리에 모여 서클을 열고 자신의 의사를 정확히 드러냈고, 절충할 수 있는 방법을 찾아 나갔습니다. 회복적 서클 대화법의 특징이 서로가 추구하는 가치를 명확히 해야 한다는 것인 만큼 감정적이지 않은 상태로 서로의 의견을 나눴습니다. 결국 결과를 중요시하던 친구의 입장을 이해하고 활동 참여에 사용할 수 있는 최대의 시간을 정했습니다. 그리고 최선을 다해 참여하고 꼭 좋은 성과를 거두자는 다짐을 했습니다. 갈등을 해결한 후에는 서로 배려하면서 열심히 참여할 수 있었고 그 때문인지 좋은 결과도 얻을 수 있었습니다.

이 경험을 통해 회복적 서클을 실제로 적용해 보며 갈등을 건강하게 해결할 수 있는 방법을 연습할 수 있었습니다. 이렇게 '동반 성장'이 얼마든지 가능하다는 깨달음을 얻었던 경험은 다양한 갈등 상황을 유능하게 풀어내는 교사로 성장하는 밑바탕이 될 것이라고 믿습니다.

4. 초등 교사에게 필요한 자질이 무엇이라고 생각하는지 쓰고, 그 자질을 갖추기 위해 어떤 노력을 해 왔는지를 구체적으로 기술하시오. (1,500자 이내)

교사에게는 '가르치는 역할' 외에도 다양한 역할이 있다고 생각합니다. 그 역할 중 '퍼실리테이터', '전기수', '엔터테이너', '얼리어답터'로서의 역할에 대해 말씀드리고 싶습니다.

'퍼실리테이터'로서의 교사의 자질은 아이에 맞게 교육하는 능력이라고 생각합니다. 팀 구성원을 독려하고 기다리면서 구성원 스스로 성장하도록 돕는 퍼실리테이터처럼 교사는 알맞은 교육법을 통해 아이들이 스스로 공부의 즐거움을 터득하도록 도와야 한다고 생각합니다. 《핀란드 교육혁명》이라는 책을 읽고 아이 각자에게 필요한 요소를 찾아 주는 교육 환경과 그런 교육 환경이 아이들에게 미치는 영향에 대해 배웠습니다. 그래서 또래 교사 활동, 영어 스피치 활동을 통해 친구들의 재능을 파악하고 적절한 방법으로 가르치고자 했습니다. 또 학교 진로 선생님에게서 학생들을 상담, 멘토링하는 방법, 특히 다중지능을 활용한 개별 멘토링 방법을 배웠는데 독려하고 기다리는 능력, 관찰과 상담을 통해 공감하는 능력의 중요성도 깨달았습니다.

'전기수'로서의 교사의 자질은 독서를 통해 공감하는 능력을 키워 주는 것이라고 생각합니다. 〈역사〉 시간에 조선의 낭독가인 전기수에 대해 배운 경험이 있습니다. 독서에 흥미가 없는 아이들에게 공감의 즐거움을 알려 주는 교사의 역할이 그 시대의 전기수와 닮았다고 생각했습니다. 독서 내용을 포트폴리오에 정리하는 활동과 '윤독' 활동에 적극적으로 참여했습니다. 이 활동을 통해 어느 책이든 작중인물의 입장에서 생각해 보는 습관이 생겼고 독서가 공감 능력을 위한 과정이 됨을 깨달았습니다. 공감 능력은 관계 맺음의 첫 단추가 된다고 생각합니다.

'엔터테이너'로서의 교사의 자질은 인성 교육을 위한 예체능 지도 능력이라고 생각합니다. 엔터테이너가 즐거움을 주기 위해 노력하는 것처럼 교사는 아이들이 예체능 과목 속에서 즐거움을 느낄 수 있도록 해 주어야 한다고 생각합니다. 특히 그 과정에서 친구들과의 협동과 나눔을 경험할 수 있게 하고 싶습니다. 저는 최선을 다해도 한계가 느껴지는 체육에 자신이 없었습니다. 체육대회 중 제가 실수를 했을 때 친구들의 격려와 응원을 받은 적이 있습니다. 그때 저는 능력보다 '함께'라는 사실이 중요하다는 것을 깨달았습니다. 이후 실력이 향상된 것은 아니었지만 저는 즐겁게 체육 활동에 참여했습니다. 또 검도, 국토 순례, 연극, 합창 등 학교 특성화 프로그램에도 적극적으로 임했습니다. 이 경험을 통해 아이들에게 예체능을 통한 인성 교육의 참의미를 가르칠 수 있을 것입니다.

'얼리어답터'로서의 교사의 자질은 다매체 활용 능력이라고 생각합니다. 얼리어답터가 신기술을 이용하고 사용 방법을 터득하듯이 다양한 매체를 먼저 이용하고, 아이들에게 매체의 적절한 이용 방법과 범위를 제시하는 것이 교사의 역할이라고 생각해 왔습니다. 영어 스피치 시간에 인공지능과 교육의 관계에 대해 발표했습니다. 준비를 하며 인공지능이 학생의 학습 능력에 미치는 영향에 관한 논문 등을 읽고 긍정적 영향을 미친다는 것을 알게 되었습니다. 빠르게 발달하는 기술이 교육의 패러다임을 바꿀 수 있음을 깨달았습니다.

면접, 이것만은 기억하라

교내 활동을 적극 활용하라

말을 명확하게 하는 능력은 단기간에 만들어 낼 수 없습니다. 일찍부터 정확하게 말하는 연습을 해야 합니다. 교내 활동 중에서 발표를 한다거나 토론을 하는 활동에 적극적으로 참여하는 것이 좋습니다. 저는 1학년 때 토론 수업 시간이 있었는데 이 시간을 통해 사람들 앞에서 떨지 않고 명확하게 말하는 연습을 할 수 있었습니다. 이외에 발표 활동에도 참여하면서 말하는 연습을 꾸준히 했습니다. 그 덕분에 3학년이 되고 면접을 준비할 때 말하는 연습을 따로 할 필요가 없었습니다. 면접을 준비할 때는 학교 수업 시간과 교내 활동을 활용하세요.

모의 면접에서 구체적으로 연습하라

다양한 모의 면접을 통해서도 말하기 실력을 향상시킬 수 있습니다. 저는 면접 직전에 학교 선생님들과 여러 번의 모의 면접을 했습니다. 모의 면접에 임할 때는 단순히 연습이라고 생각하지 말고 실전이라고 생각하는 것이 가장 중요합니다. 면접실에 들어가는 자세부터 인사하는 방법, 앉는 자세, 말하는 모습과 표정, 퇴실하는 자세까지 구체적으로 연습했습니다. 모의 면접을 하는 모습을 직접 동영상으로 촬영해서 확인하는 것도 좋습니다. 그리고 잘 모르는 선생님과 모의 면접을 하는 것도 좋은 방법입니다. 익숙한 사람과 연습하면 몸이 편한 상태가 되어서 실전처럼 임하기 어렵기 때문입니다. 저는 고등학교 3학년 여름에 다른 고등학교 선생님들과 모의 면접을 하는 프로그램에도 참여했는데 낯선 환경과 처음 보는 면접관 덕분에 유익한 경험이 되었습니다. 모의 면접을 진행하는 대학교도 있으니 희망하는 대학교에서 모의 면접을 하는지 알아보세요.

예상 문제를 만들어라

면접을 준비할 때(모의 면접을 준비할 때도)는 예상 문제를 만들고 그 문제에 대한 답변을 준비하도록 합니다. 물론 이 방법은 자소서와 학생부를 기반으로 하는 면접에만 해당됩니다. 자신의 자소서와 학생부를 출력한 후에 핵심 부분을 표시하고 천천히 읽으면서 예상 질문을 만듭니다. 예상 질문을 만든 후에는 그에 대한 답변을 작성하는 데 시간이 꽤 걸립니다. 하지만 미처 생각하지 못한 부분까지도 꼼꼼히 준비하기 때문에 설령 예상한 질문이 나오지 않더라도 그와 관련된 질문에 훨씬 더 잘 대답할 수 있는 밑거름이 됩니다. 자신의 활동을 더 꼼꼼하게 파악할 수 있는 과정으로 여기면 됩니다.

제시문 면접이라면 반드시 해당 학교 면접 기출문제를 미리 살펴봐야 합니다. 기출문제의 특징을 분석하고 가볍게 풀어 보면서 다양한 생각을 해 보도록 합니다. 해당 학교 면접을 치른 선배들의 후기를 찾아보는 것도 좋습니다. 또 면접은 생각이 입을 통해 밖으로 나오는 것이기 때문에 평소에 다양한 지식을 쌓아야 합니다. 특히 제시문 면접에는

서울교육대학교 초등교육과(윤세영) ▸ 교내 활동을 활용해 연습하라

시사 내용이 자주 등장하니 평소에 사회 이슈에 관심을 기울이는 것이 중요합니다.

면접, 내가 받은 질문

서울교육대학교 초등교육과 교직인성우수자전형

면접 유형	면접 시간	면접관 수	면접 절차
심층(제시문) 면접	10분 (준비 시간 10분)	2명	주어진 제시문과 질문을 보며 10분간 준비(종이에 메모할 수 있고 메모한 종이를 들고 면접실에 들어갈 수 있음) → 면접실 입실

▶ **제시문:** OER(Open Educational Resources)은 교수자와 학습자에게 온라인상에서 공개적으로 제공되는 무료 교수–학습 자료이다. 대표적인 예로는 MOOC(Massive Open Online Course)와 TED(Technology, Entertainment, Design) 등이 있다. 이러한 OER의 장점과 단점에 대해 논하시오.

Q • **제시문에 대해 말해 볼래요?**

저는 《논어》에 대한 MOOC 강의를 접해 본 경험이 있었기에 두 번째 글을 선택했습니다. 먼저 OER의 장점으로는 누구나에게 심층적인 강의 내용을 전달할 수 있기 때문에 교육 기회의 평등을 보장한다는 것이 있습니다. 또 저와 같은 경우처럼 어떤 특정한 분야에 관심이 있을 때 심도 있게 그 내용에 대해 탐구할 수 있는 좋은 수단이 될 수 있다는 것도 장점이라고 생각합니다. 단점은 인터넷 상의 강의이기 때문에 의문점이 생겼을 때 상호작용을 통해 그 의문점을 해결할 수 없다는 것이라고 봅니다.

Q ・ 그렇다면 응시자가 《논어》를 OER 강의를 통해 배울 때의 단점은 무엇이라고 생각해요?

저는 처음에 《논어》를 책으로 접했습니다. 《논어》라는 책이 많은 생각을 요하는 책이다 보니 아주 천천히 곱씹으면서 읽어야 했습니다. 어려운 부분은 오랫동안 생각해야 했기 때문입니다. 하지만 강의를 들을 때는 순간순간 이야기가 넘어가다 보니 계속 곱씹으면서 생각해 보는 것이 어려웠습니다. 이 부분이 단점이라고 생각합니다.

Q ・ 그럼 아까 학생이 말한 단점과 다르지 않나요?

그렇다면 OER의 단점을 두 가지로 이야기할 수 있을 것 같습니다. 첫 번째는 처음에 말씀드린 교수자와 학습자의 상호작용이 부족하다는 점이고, 두 번째는 공부는 스스로 오랫동안 생각하면서 해야 하는 것인데 OER은 스스로 생각하는 시간이 많이 부족할 수 있다는 점입니다.

서울교육대학교 초등교육과(윤세영) ▸ 교내 활동을 활용해 연습하라

광주교육대학교 초등교육과

박상원

"학생부와 자소서부터 꼼꼼히 읽어라"

출신 고등학교명	광주 광주고등학교	고등학교 유형	자율
합격 교육대학교			
대학교		학과	전형
광주교육대학교		초등교육과	교직적성우수자
경인교육대학교		초등교육과	교직적성잠재능력우수자
전남대학교		영어교육과	학생부교과

자기소개서, 나는 이렇게 준비했다

1. 고등학교 재학 기간 중 학업에 기울인 노력과 학습 경험에 대해, 배우고 느낀 점을 중심으로 기술해 주시기 바랍니다. (1,000자 이내)

"노예가 아닌 주인으로 살아라." 〈윤리와 사상〉 첫 시간에 선생님께서 하신 말씀입니다. 수업 시간에 알게 된 것들을 자습 시간에 저만의 방법으로 응용했던 경험은 학습에 대한 지속적인 흥미 유지를 가능하게 했습니다.

〈영어〉 수업과 주위 친구들의 〈영어〉 학습에서의 주안점은 대부분 문법과 문장 구조의 분석이었습니다. 하지만 문법에 초점을 두고 해석하니 전체적인 글이 무슨 내용인지 모르겠다는 느낌을 받았습니다. 그래서 저는 글이 전달하는 내용에 초점을 맞춰 읽었습니다. 이러한 content-based 방식으로 내용을 음미하는 습관이 생겼고, 지문의 다양한 내용에 흥미를 느끼게 되었습니다. '스터디 플랜 도우미' 활동을 하면서 〈영어〉가 재미없다고 호소하는 친구들에게 저만의 content-based 방식으로 읽는 방법을 추천했습니다. 그런데 유용하다고 생각되는 방법만을 골라서 자신에게 맞는 방향으로 나아가는 모습을 보며 개개인의 특성을 파악하고 이에 맞는 학습법 발견을 돕는 것이 진정한 멘토의 역할이라 생각하게 됐습니다. 또 주체적으로 시도해 본 학습 방법으로 〈영어〉 과목에서의 실력 향상을 느껴 학습에 즐거움을 얻게 됐습니다.

〈윤리〉 과목 서양학자들의 사상을 이해하는 데 어려움을 겪었습니다. 깊은 이해를 위한 고민 끝에 석식 시간에 모여 각자 맡은 사상가의 이론으로 응용 활동을 하는 윤리 심화 탐구 동아리 AGORA를 만들었습니다. 저는 학교 폭력 문제에 대해 칸트의 입장이 되어 발표했습니다. 폭력 행위를 '정언명법'에 적용해 가해 학생의 행위는 어떤 경우에도 정당화되지 않으며, 피해 학생을 그 자체의 목적으로 대우해야 한다는 결론 도출 과정을 설명했습니다. 이러한 동아리 활동을 통해 오늘날 마주하는 문제를 해결하는 과정에서 책 속의 내용이 현재와 무관한 게 아니라 연결된 것임을 깨달았습니다. 교과서 내용을 응용해 실생활에 적용해 보는 학습은 폭넓은 사고를 할 수 있는 기회를 제공했습니다. 또 암기보다는 적용 학습을 통한 이해로 내용이 저절로 내면화됨을 경험해 자연스러운 학습법을 긍정하게 됐습니다.

2. 고등학교 재학 기간 중 본인이 의미를 두고 노력했던 교내 활동을 배우고 느낀 점을 중심으로 3개 이내로 기술해 주시기 바랍니다. 단, 교외 활동 중 학교장의 허락을 받고 참여한 활동은 포함됩니다. (1,500자 이내)

3년간 학교생활을 하면서 가장 중시한 것은 타인과의 '소통'입니다. '어떻게 하면 〈영어〉 수업을 쉽고 재밌게 할 수 있을까?' 고민을 품고 교육 관련 동아리 G-EBS에서 모의 수업을 진행했습니다. 1학년 때는 화기애애하게 웃고 소통하는 수업을 진행하고 자 '재미있고 유용한 영어 표현'을 주제로 수업을 했습니다. 학생들을 수업에 능동적 이고 적극적으로 참여시키는 데 어려움을 겪었고, 수업에도 구체적인 계획이 필요하 다는 것을 느꼈습니다. 또 '일방적인 지식 전달의 방식이라 지루했다'는 피드백을 받 고 소통을 활발히 하기 위한 수업 방식에 대해 고민하게 되었습니다. 그러던 중 담임 선생님의 추천으로 《거꾸로 교실》 책을 읽게 되었습니다. 수업에서 학생들은 주체적 으로 배움에 이르고, 교사는 학생이 스스로 깨달을 수 있도록 방향을 제시하는 '등대' 같은 역할을 해야 함을 알게 됐습니다. 그래서 2학년이 되어 모의 수업을 진행할 때 는 2명씩 짝을 이뤄 일상생활에서의 대화를 서로 주고받으며 익히는 활동을 진행했 고, 저는 발음이나 내용에 어려움을 겪거나 궁금증이 생기는 학생에게 다가가 알려 주 는 역할을 했습니다. 활동 중심의 수업이 진행되니 학생들은 적극적으로 참여하게 됐 고, 서먹했던 선후배끼리 활동을 하면서 관계가 더욱 돈독해짐을 확인했습니다. '유익 한 내용을 익힘과 동시에 서로 친해진 것 같아 좋았다'는 피드백을 받고 수업 목표를 이뤄 냈다는 생각에 뿌듯했고, 스스로 성장할 기회를 주는 학생 중심 수업이 좋은 수 업임을 깨달았습니다.

2학년 1학기 때 반 친구들이 학업에 대한 의지가 약한 모습을 봤습니다. 함께 잘됐으 면 하는 마음에 반장이 되어 반을 좋은 방향으로 이끌겠다고 다짐했습니다. 2학기 때 반장이 되어 긍정적 사고의 전파 방법에 대한 고민 끝에 '칠판에 명언 적기'를 떠올렸 습니다. 첫날에는 저의 좌우명인 '청바지(청춘은 바로 지금부터)'를 적었습니다. 저의 의 도가 궁금한 친구들이 와서 물어봤고 '다시 돌아오지 않을 한 번뿐인 청춘이니 매순간 최선을 다하자'라는 의미라고 설명해 줬습니다. 그러자 몇몇의 태도에 변화가 보이기 시작했고, 말의 힘을 느꼈습니다. 그래서 야간 자율 학습 시간마다 시의적절한 명언을 칠판에 적었습니다. 각자 할 일에 열중하는 모습으로 변화한 친구들을 보며 칠판을 통 해서 모든 구성원과 쉽게 소통할 수 있음을 느꼈습니다. 점차 몇몇은 자신이 좋아하는 문구를 칠판에 적어 자신의 생각을 드러냈고, 이를 통해 누구나 자유롭게 원하는 말을 쓸 수 있도록 기회를 열어 두면 서로에 대해 이해하고 친해질 수 있겠다고 생각했습니다. 그래서 칠판 여백을 비워 뒀고, 칠판을 통해 생각을 자유롭게 주고받으며 학급 분위기가 개선됨을 느꼈습니다. 선생님들께서도 저희 반이 '수업이 즐거운 반'이라며 칭찬해 주셨고, 이를 통해 비록 사소한 노력이라도 꾸준히 반복하면 큰 변화를 이뤄 낼 수 있다는 걸 배웠습니다. 또 매일 아침 기분 좋은 문구를 칠판에 적고, 아이들이 자신의 생각을 표현할 수 있는 공간을 마련함으로써 소통하는 교사가 되리라 다짐했습니다.

3. 학교생활 중 배려, 나눔, 협력, 갈등 관리 등을 실천한 사례를 들고, 그 과정을 통해 배우고 느낀 점을 기술해 주시기 바랍니다. (1,000자 이내)

미리 초등학생들을 만나 친해져서 어떤 선생님이 좋은지, 학교에서의 활동 중 어떤 게 재미있는지, 요즘 고민은 무엇인지 알아보고, 이를 통해 제가 되고자 하는 교사상을 정립하고 싶었습니다. 그래서 학교 근처에 있는 '행복한 지역아동센터'에 봉사 활동을 신청했습니다.

어떤 아이들을 만날까 기대에 부풀어 간 첫날은 정말 잊지 못할 것입니다. 아이들이 밝고 명랑하게 반겨 줘서 너무 고맙고 반가웠습니다. 그런데 자기들끼리 무의식적으로 사용하는 비속어에 초등학생 저학년이 맞나 의심이 될 정도였습니다. 거친 언어는 거친 행동으로 이어졌고 결국 다른 대학생 봉사자분이 아이들을 혼냈습니다. 사용하는 언어가 사고와 행동에 미치는 영향을 절실히 깨닫게 되었고, 어떻게 하면 혼내는 것이 아니라 소통을 통한 교감으로 아이들이 바른 언어생활을 할 수 있도록 도울까 고민했습니다. 그러다가 학생회 활동 중 '바른 언어 사용하기' 캠페인에서 제시했던 아이디어가 떠올랐습니다. 눈에 잘 보이는 곳마다 바른 언어의 사용을 강조하는 문구를 게시해 두면 무의식적으로라도 되뇌어 효과가 있다는 것이었습니다. 그래서 다음에 만날 때부터는 아이들이 욕을 하면 포스트잇에 '바르고 고운 말을 사용하자'라고 적어 손에 쥐어 주기도 하고 문제집 표지에 적어 주기도 했습니다.

효과가 곧바로 눈에 보이지는 않았습니다. 그래서 일시적인 교육을 통해 아이들의 생각과 행동을 올바른 방향으로 이끄는 것은 한계가 있음을 느꼈습니다. 그렇지만 포기하지 않고 꾸준히 인식하도록 실천한 결과 적어도 봉사자 선생님들 앞에서는 참아 보려고 노력하는 모습을 보여 줘 매우 뿌듯했습니다. 또 '작은 행동이라도 꾸준한 반복을 통해 타인의 행동을 변화시키는 게 가능하구나!' 생각했고, 올바른 환경이 마련되면 무의식 속에서도 발전이 일어나는 것을 확인해 바람직한 환경 조성의 중요성을 느꼈습니다. 그리고 나이가 어릴수록 빠르게 변화하는 모습을 보며 초등교육에 매료되었고, 미래에 아이들을 바른길로 인도하는 초등 교사가 되고 싶다는 강한 의지가 생겼습니다.

면접, 이것만은 기억하라

학생부와 자소서부터 꼼꼼히 읽어라

학생부종합전형 면접은 대부분 면접관들이 학생부와 자소서를 미리 읽고 궁금한 부분을 확인해 두었다가 질문하는 방식으로 이루어집니다. 학생의 답변을 듣고 더 궁금하거나 구체적으로 알고 싶은 내용이 생길 때는 추가 질문을 합니다. 따라서 면접 준비를 할 때는 무엇보다 자신의 학생부와 자소서에 어떤 내용과 활동이 기록되어 있는지 세세하게 아는 것이 중요합니다. 만약 면접관이 보는 서류에 적힌 내용과 학생의 답변 내용이 다르다면 좋은 평가를 받을 수 없겠죠.

일단 저는 학생부를 꼼꼼하게 살펴보면서 어떤 활동이 어떻게 쓰여 있고, 나는 무엇을 했고, 거기서 느낀 점은 무엇인지 노트에 써 내려갔습니다. 특히 교대는 자신이 생각하는 이상적인 교사상을 머릿속에 그려 놓고 준비해야 합니다. 그래야만 답변에 일관성이 생기니까요. 일단 학생부를 혼자 여러 번 검토한 뒤에 친구들과 서로 모의 면접을 해 보는 것도 좋은 방법입니다. 물론 학교 선생님들이 모의 면접을 도와주신다고 할 때는 적극적으로 참여하세요.

면접장을 나가서도 방심하지 말 것

면접 당일에는 교복을 단정하게 입는 것을 추천합니다. 가장 학생다워 보이고 무난합니다. 면접장에 입장할 때는 공손한 자세로 들어가 의

자 옆에 선 후, 웃으며 면접관들과 차례로 눈을 마주치세요. 정확한 목소리로 고개 숙여 45도 인사를 하고 바른 자세로 자리에 착석합니다. 면접관이 질문할 때는 질문하는 면접관에게 시선을 고정한 채 경청하고, 자신 있는 목소리로 눈을 마주치며 답변합니다. 질문의 의도를 우선 파악한 후 답변은 구체적으로 하는 것이 좋습니다. 단답형으로 말하면 면접관은 더 이상 학생에 대해 궁금증을 느끼지 않습니다. 자세는 의식해서 바르게 하고 자연스럽게 미소를 짓습니다. 나갈 때도 조용히 자리에서 일어나 들어올 때와 같이 인사하고 면접장을 빠져나와서도 자세를 유지해야 합니다. 면접장을 나가자마자 요란한 소리를 냈다가 면접관이 듣고 평가에 부정적인 영향을 준 사례도 있기 때문입니다.

집단 면접을 유튜브로 준비하라

학교마다 도움을 얻을 수 있는 자료는 미리 확인하도록 합니다. 예를 들어 경인교대는 유튜브에 모의 집단 면접 영상이 올라와 있습니다. 여기서 집단 면접이 어떤 순서로 진행되는지 확인할 수 있습니다. 여섯 명이 한 조가 되어 40분 동안 같은 지문을 읽은 후 토의를 통해 주어진 문제를 해결하는 방식인데 여기서 꼭 주도하는 역할을 할 필요는 없습니다. 가장 중요한 것은 다른 팀원이 이야기할 때 시선을 고정하며 잘 들어 주고, 필요할 때 자신의 의견을 명백하게 밝히는 태도입니다.

면접, 내가 받은 질문

광주교육대학교 초등교육과 교직적성우수자전형

면접 유형	면접 시간	면접관 수	면접 절차
다대일 면접	15분 내외	3명	대기 → 면접실 입실

Q • **입학 후 계획은 무엇입니까?**

OO과에 들어가려고 합니다(교대는 입학 후 과 선택). 힙합 음악을 좋아해서 OO 동아리에 들어갈 것이고 학생회에도 들어가서 학생 자치적인 활동을 많이 하고 싶습니다.

Q • **선행상을 많이 받았는데 어떻게 받았나요?**

학기 말이 되면 선행상을 받을 만한 학생을 투표하는데 친구들이 뽑아 줘서 받을 수 있었습니다. 청소 시간에 친구들이 피곤해서 청소를 잘 안 하는 편이었는데 저는 학급 임원이라 청소 구역이 없었음에도 불구하고 청소를 했습니다. 그래서 친구들의 표를 받을 수 있었던 것 같습니다.

Q • **테마형 체험 학습 소감문 쓰기 대회에서 상을 받았는데 어떤 활동인가요?**

(테마형 체험 학습이 수학여행을 의미하는데 알아듣지 못했습니다.) 무슨 활동인지 잘 기억이 나지 않는데 혹시 몇 학년 때 받은 건지 알 수 있을까요? (공손히 다시 묻

자 다른 면접관님이 "활동이 너무 많아서 기억 못할 수도 있지" 하고 넘어갔습니다.)

Q • **마지막으로 하고 싶은 말이 있나요?**

초등 교사의 꿈을 품고 정말 열심히 준비해 왔는데 지금 이 면접실에서 면접을 보고 있다는 사실이 정말 기쁩니다. 꼭 입학해서 멋진 교사가 되고 싶습니다.

다른 합격 대학교의 면접 질문

● **경인교육대학교 초등교육과 교직적성잠재능력우수자전형**

1) 개별 면접

　Q. 봉사 활동에서 어떤 역할을 했나요?

　Q. GEBS는 어떤 동아리인가요?

　Q. 책《철학이 필요한 시간》은 어떤 내용인가요?

2) 집단 면접

▶ 제시문: 4차 산업혁명에 관련된 내용

　Q. 4차 산업혁명이 발달하는데 앞으로 생길 직업과 사라질 직업 그리고 우리 나라의 교육이 나아가야 할 방향은?

춘천교육대학교 초등교육과

윤수연

"자신만의 교육 가치관이 있는가?"

출신 고등학교명	세종 세종국제고등학교	고등학교 유형	특목
합격 교육대학교			
대학교	학과		전형
춘천교육대학교	초등교육과		석우인재

자기소개서, 나는 이렇게 준비했다

1. 고등학교 재학 기간 중 학업에 기울인 노력과 학습 경험에 대해, 배우고 느낀 점을 중심으로 기술해 주시기 바랍니다. (1,000자 이내)

1학년 초 〈수학〉에 대한 자신감이 없었으나, 친구들의 질문을 받으면서 〈수학〉이 재밌어진 저는 2학년 때 〈수학〉 멘토를 맡았습니다. 그런데 미분가능성 문제를 줄곧 제 풀이로 설명하다가 나중에 더 좋은 풀이가 있다는 것을 알게 되었습니다. 이때 제 답변이 완벽하지 않을 수 있단 생각이 들어, 공개적으로 질문을 받을 수 있는 〈수학〉 질문 칠판을 만들었습니다. 이 과정에서 친구들은 칠판에 모여 공부하는 것을 흥미로워했고, 저는 친구들의 조언으로 제 풀이를 보충할 수 있었습니다. 여기서 질문 받은 '로피탈의 정리'와 같은 심화 내용도 증명하고, 방과 후 심화 프로그램에도 참여하며 어려운 문제도 도전했습니다. 그 결과 안정적인 고득점을 유지할 수 있었고, 이듬해 수학 동아리 부원으로서 매일 아침 칠판에 해설할 때도 자세한 설명으로 호평을 받았습니다. 제 멘토 활동은 저와 친구들에게 모두 도움이 되었고, 저는 이후에도 멘토 활동을 즐기게 되었습니다.

수학 멘토 활동을 기반으로 3학년 때 국제경제 멘토를 맡았을 때도, 승수 이론을 무한 등비급수로 설명하는 등 친구들에게 경제와 수학을 연결해 설명하곤 했습니다. 그러던 중 친구와 애덤 스미스가 이기심을 강조한 것에 의문이 들어, 논문, 강연, 책을 찾아보며 그 실마리를 풀어 갔습니다. 이 과정에서 그가 《도덕감정론》에서 '공정한 관찰자'라는 개념도 제시하며 이타심도 강조했다는 것을 알게 되었습니다. 새로 발견한 그의 철학적 면모를 친구들과 공유하고 싶어 수업 시간에 이에 대한 세미나를 구성했고, 이는 제게 경제를 수학이 아닌 철학으로 접근해 본 새로운 경험이었습니다. 이후 경제학원서 강독 동아리에서 여러 경제 문제들에 대해 토론하고 발표하며 지식을 확장해 나갔습니다.

이렇게 수학과 경제를 친구들에게 가르치는 저에게도 어려운 부분이 많았지만, 친구에게 알려 주겠다는 마음에 탐구하는 것을 포기하지 않았습니다. 배우는 입장을 넘어 이를 가르쳐 본 경험을 통해 진짜 공부의 즐거움을 느꼈고, 미래에 아이들에게도 이러한 즐거운 경험을 주는 교사를 꿈꾸게 되었습니다.

2. 고등학교 재학 기간 중 본인이 의미를 두고 노력했던 교내 활동을 배우고 느낀 점을 중심으로 3개 이내로 기술해 주시기 바랍니다. 단, 교외 활동 중 학교장의 허락을 받고 참여한 활동은 포함됩니다. (1,500자 이내)

1학년 때 다문화 가정 자녀의 한국어 능력이 부족하다는 기사를 읽고 그들에 대한 교육 부족 문제에 비판 의식을 갖게 되었습니다. 그래서 과제연구 교과에서 '다문화 학교의 현황 및 방안 연구'를 진행했으나, 이는 거의 문헌 연구로만 진행돼 다문화 가정의 실제 삶에 공감하긴 어려웠습니다. 그런데 이후 〈국어〉 시간에 읽은 다문화 소설에서 탈색제로 세수하는 주인공을 보며, 다문화 문제의 심각성이 와닿았습니다. 이 주인공의 문제를 해결하기 위해 가사일 교육, 출신 국가 문화 교육, 제도 알림 서비스 등을 포함한 'SUS(Support US) 정책'을 고안해, 이 정책으로 주인공 가족이 행복해지는 결말을 만들어 보았습니다. 하지만 현실 속 다문화 가정 자녀가 그렇게 행복해지기 위해선, 먼저 '소통'이 필요하다고 생각했습니다. 그래서 저는 다문화 가정에 대한 광고 포스터를 제작해 학교 곳곳에 붙여 두고 이를 공모전에 출품해, 사람들이 그들과 간접적으로 소통할 기회를 마련하였습니다. 저도 실제 다문화 가족을 만난 것은 아니지만, 소설 속 주인공을 통해 그들과 소통하며 다문화 가정의 어려움을 이해할 수 있었습니다. 이러한 이해를 바탕으로 미래에 교사로서 다문화 가정 자녀를 만났을 때, 다른 사회적 소수자를 만났을 때도 그들과의 진정한 소통으로 따듯한 손길을 내미는 교사가 되고 싶습니다.

2학년 땐 이러한 '소통'을 인근 초등학교 교육 봉사에서 실천할 수 있었습니다. 영어 동화를 읽어 주던 수업은 아이들의 흥미를 유발하기에 한계가 있었습니다. 이를 아이들이 즐길 수 있는 수업으로 바꾸고 싶었던 저는 영어 동요 수업을 준비했습니다. 그런데 막상 수업 땐 아이들이 장난을 치고 집중하지 않아 수업이 제대로 진행되지 않았습니다. 수업이 끝난 후 아이들로부터 수업이 재미없다는 이야기를 들었고, 그때야 제가 아이들의 흥미를 제 기준으로 판단했음을 깨달았습니다. 다시 흥미로운 수업 방식을 고민하다가 제가 English Talking Club에서 진행하던 퀴즈, 보물찾기와 같은 활동에 친구들이 흥미롭게 참여했던 것이 떠올랐습니다. 이 활동들처럼 '놀이'를 이용한 수업이라면 아이들의 흥미를 끌어낼 수 있겠다는 생각이 들어, 제가 어렸을 때 좋아했던 Hang Man 게임을 수업에 적용하기로 했습니다. 그래서 다음 수업에선 칠판에 나와 지시봉으로 알파벳을 가리키며 함께 배운 단어의 철자를 맞추는 게임을 진행했습니다. 놀랍게도 아이들은 단어를 맞출 때마다 매우 기뻐했고, 제가 단어를 말하면

우렁차게 따라 말하는 모습까지 보였습니다. 이렇게 수업을 즐기는 아이들을 보며, 아이들의 관점에서 흥미를 이해해 능동적 참여를 끌어내는 것이 중요하다는 생각이 들었습니다. 원래 다른 교사가 꿈이었던 저는, 이렇게 '이해를 통한 소통'으로 변화한 아이들의 순수한 열정을 보며 초등 교사가 되어야겠다고 마음먹었습니다. 초등 교사가 되었을 때도 마음에 '소통'이란 단어를 새기고, 교육 봉사를 할 때 제가 가졌던 열정과 그들이 보냈던 눈빛을 잊지 않으리라 다짐했습니다.

3. 학교생활 중 배려, 나눔, 협력, 갈등 관리 등을 실천한 사례를 들고, 그 과정을 통해 배우고 느낀 점을 기술해 주시기 바랍니다. (1,000자 이내)

저는 3년간 열정 가득한 반장이었습니다. 긍정적 수업 분위기를 형성하고자 선생님 수업 시간에 질문하기 등의 임무를 주는 선생님 마니또제를 도입했고, 공동체 학습 분위기를 만들기 위해 과목별 멘토-멘티제를 시행했습니다. 축제나 체육대회에서도 좋은 성적을 얻기 위해 틈틈이 친구들을 모아 연습했습니다. 이 때문에 친구들은 저를 항상 모범 학생으로 추천해 주었고, 저도 제가 좋은 반장인 줄 알았습니다.

하지만 2학년 겨울 아동센터에서의 교육 봉사 중 독서 지도를 한 뒤, 제 생각은 바뀌었습니다. 아이들에게 책을 읽고 그림을 그리도록 하는 것이었는데, 책을 넘기는 척만 하던 한 아이가 있었습니다. 이에 약간 기분이 상한 저는 꾀부리지 말라며 쏘아붙이듯 말해 버렸습니다. 그랬더니 그때부터 그 아이는 절 피하기 시작했습니다. 알고 보니 그 아이는 책을 잘 읽는 편이 아니라 도움이 필요한 아이였습니다. 제가 지도할 것만 생각하다가 아이의 상황을 헤아리지 못한 것 같아 후회되었습니다. 말하기 전 아이에게 그렇게 행동한 이유를 따뜻하게 물어봤다면, 아이와 그렇게 멀어지진 않았을 것입니다.

이후 학교에서 축제 때 모든 아이의 의견을 반영하지 않고 밀어붙였던 것, 무리하게 체육대회 연습을 시켰던 것이 떠올랐습니다. 제가 학급 운영을 위해 추진했던 일이 누군가를 힘들게 했을지도 모른다는 생각이 들었습니다. 그래서 3학년 때는 모든 아이의 상황을 고려할 수 있도록 학급 회의를 활성화하는 방법을 택했습니다. 학급 회의에서 학급 부서를 내실 있게 운영하자는 의견이 나왔고, 친구들은 부서별 회의를 통해 오늘의 응원 작성, 학급 앨범 제작 등 각 부서가 하고 싶은 일을 자유롭게 정했습니다. 이후 친구들이 자신이 생각해 낸 임무를 수행하며 학급 분위기가 좋아진 것을 보고, 학급은 반장이 혼자 이끌 때가 아니라 모두의 의견이 함께 모일 때 더 빛난다는 것을 느꼈습니다. 이를 통해 미래에 교사로서 한 학급을 이끌 때도, 혼자 학급을 운영하는 것이 아니라 학생들의 의견을 들어 주고 함께해야겠다고 생각했습니다.

4. 초등 교사에게 필요한 자질이 무엇이라고 생각하는지 쓰고, 그 자질을 갖추기 위해 어떤 노력을 해 왔는지를 구체적으로 기술하시오. (1,500자 이내)

초등 교사는 학생들에게 다양한 경험을 선물할 수 있어야 합니다. 저는 루소의 《에밀》을 읽으며 경험주의 교육에 관심을 두게 되었고, 이후 존 듀이의 교육철학도 찾아보며 경험의 중요성에 공감하게 되었습니다. 특히 아이들의 전인적 성장을 도와야 하는 초등 교사에게는 단순한 지식을 주입하는 것보다 유의미한 경험을 제시하는 것이 더 중요하다고 생각합니다.

아이들에게 평소 학교에서 만나기 힘든 경험을 주기 위해, 2학년 때 봉사 동아리 '그린나래' 부원들과 인근 중학교에서 약 5개월간의 특별한 멘토링을 계획했습니다. 저는 단체 멘토링에서 토론 수업 진행을 맡아, 아이들이 조원들과 협력하며 토론하도록 최소한으로 개입하고 피드백을 해 주는 방식으로 수업을 진행하였습니다. 이 수업이 토론 예절도 익히고 논리적 사고력과 협동심도 기를 수 있는 수업이었지만, 아이들에게 크게 와닿은 것 같지는 않았습니다. 그런데 단체 멘토링이 끝나고 시작되는 1:1 멘토링은 조금 달랐습니다. 제 멘티에게 좀 더 뜻깊은 경험을 주고 싶었던 저는 멘티가 법조인이 되고 싶다는 이야기를 듣곤, 함께 법원에 가 보면 좋겠다는 생각이 들었습니다. 그래서 저희는 여름방학에 개인적으로 만나 함께 재판을 방청했습니다. 멘티는 법조인의 모습을 보고 꿈이 확고해졌다며, 이후 자신이 운영하는 동아리 부원들과 법원 견학을 기획하는 모습을 보였습니다. 제가 선물한 경험이 또 다른 경험을 만들었다는 것이 뿌듯했고, 비로소 듀이가 말한 '경험을 통한 성장'이 와닿았습니다. 이는 멘티에게도, 저에게도 뜻깊은 경험이었습니다. 이렇게 저는 미래의 교육자로서 한 걸음 다가갔습니다.

이후 경험 중심 교육이 실제 학업 성취도에 좋은 영향을 끼칠지 의문이 들어, 2학년 겨울방학에 교육에 관심 있는 친구들과 후배들을 모아 창의적 수업 프로젝트를 진행했습니다. 교수법에 대한 전문 지식이 부족했던 저희는, 먼저 교육학과 대학생과 혁신 교육 전문가를 찾아가 수업 방식에 대해 자문했습니다. 그리고 '독서 퀴즈'로 내용을 확인한 뒤, '푸드 아트'를 통해 음식으로 생각을 표현하고, 마지막에 '연극'으로 재구성하는 3단계 문학 수업을 구상했습니다. 이를 위해선 아동센터에 허락을 구하고, 도서관에서 여러 책을 직접 읽어 보고, 수업 준비물 및 자료를 준비하는 등 꽤 긴 준비 과정이 필요했습니다. 수업 중에도 아이들을 이끄는 데 어려움을 겪었으나, 아이들과 대화를 통해 극복해 수업을 잘 마무리할 수 있었습니다. 수업 후 설문 조사를 통해 아이들로부터 수업이 좋았다는 평을 받았지만, 학업 성취도에 대한 적합한 평가 방법을 찾지 못해 처음 가졌던 의문을 풀진 못했습니다. 하지만 이내 아이들에겐 소설을 평소와 다르게 접근해 보는 경험 자체가 뜻깊다는 것을 깨달았고, 수업의 효과가 꼭 성취도로 검증되어야 하는 것은 아니라고 결론 내렸습니다. 이는 저에게 직접 수업을 계획하고, 수업의 의미에 대해 생각해 보게 한 특별한 경험이었습니다. 이를 통해 저는 아이들에게 경험을 선물해 시험 점수가 아닌 역량을 높여 주는, 울림을 주는 교사를 꿈꾸게 되었습니다.

면접, 이것만은 기억하라

면접 준비도 페이스 조절이 필요하다

제가 면접 준비를 본격적으로 한 것은 1차 발표 결과가 나온 후부터 약 2주 정도였습니다. 면접도 감이 중요하기 때문에 오래전부터 무리해서 준비할 필요는 없습니다. 면접 준비를 미리 했지만 1차에서 떨어져서 면접까지 가지 못하는 친구들도 봤어요. 그래도 미리 면접 준비를 하고 싶다면 무리한 예행연습보다는 해당 학교 면접 기출문제와 본인의 자소서를 읽어 보고 말할 거리를 생각하는 정도로만 준비하는 것이 좋습니다.

수능과 면접 날짜가 비슷하다면 대비하는 게 꽤 힘들 수도 있습니다. 어느 하나에 집중할 수 없는 상황이니까요. 수능 공부와 면접 준비 어느 것을 하더라도 심적으로 불안할 거예요. 자소서를 쓸 때와 마찬가지로 수능 공부 시간과 면접 준비 시간을 확실히 구분해야 합니다. 면접을 준비하다 보면 이후에도 면접과 관련된 것들이 자꾸 떠오르기 때문에 낮에 수능 공부를 한 뒤 저녁에 면접 준비를 하는 것이 좋아요. 실제 수능 시험을 보는 것도 아침과 낮 시간대이니까요.

사교육보다 학교 선생님들과 함께하라

저는 주로 학교에서 선생님들과 모의 면접을 하면서 면접을 준비했습니다. 면접 때문에 사교육을 받는 학생도 많지만, 학교 선생님들과도 충분히 준비할 수 있어요. 물론 평소 가까운 선생님들과 연습하니 민망하고 부끄러워서 생각보다 어려웠습니다. 그래서 상대적으로 처음 보는 면접관 앞에서 말하는 것이 오히려 덜 부끄럽고 쉽게 느껴졌습니다. 예행연습 후 피드백을 받으면서 말할 때는 미처 몰랐던 자신의 안 좋은 습관을 알 수 있습니다. 저는 손가락을 꼼지락거리거나 말하는 중간에 '어……' 하는 버릇이 있었는데 선생님께서 짚어 주셨어요. 그뿐만 아니라 선생님과 함께 제 답변에 대해 이야기하면서 더 깊이 생각해 볼 수 있었습니다. 저 자신이 어떤 사람인지 찾아갈 수 있었어요.

자신만의 교육 가치관을 세워라

혼자서는 일단 인터넷에서 면접 기출문제를 찾아보고, 제 자소서를 보면서 예상 문제를 가능한 한 많이 만든 뒤 답변을 충분히 생각했습니다. 질문을 만드는 것보다 답변을 생각하는 것이 중요합니다. 같은 문제가 아니더라도 생각했던 답변을 활용할 수 있기 때문입니다. 인성과 관련된 사례 몇 가지, 교직과 관련된 사례 몇 가지를 생각해 두는 편이 좋습니다. 또 자신만의 교육 가치관을 제대로 세워 두는 것이 바람직합니다. 저는 '교육이란 무엇인가'라는 본질적인 문제부터 시작했습니다. 이 문제에 대해서만 3~4일은 고민했습니다. 교육의 정의를 명확히 내리고 나면 현 교육의 문제점이 무엇인지, 어떤 방향으로 나아가야 하는지, 내가 어떤 교사가 되어야 하는지도 쉽게 생각할 수 있습니다.

적성 면접과 인성 면접

춘천교대 면접은 적성 면접과 인성 면접으로 나뉘어 있습니다. 적성 면접은 15줄 내외의 제시문에 두 가지 문제가 출제되었습니다. 적성 면접은 학교 홈페이지에 지난 기출문제가 올라와 있으니 참고하면 됩니다. 적성 면접은 교육과 교직에 관한 문제가 나오기 때문에 다른 교대나 사범대의 기출문제를 참고해도 좋습니다. 다양한 주제에 대해 장점 또는 문제점을 생각하고, 앞으로 나아가야 할 방향을 고민해 봅니다. 어떤 문제가 나올지 모르니 다양한 문제를 접해야 합니다. 자신만의 답변을 만드는 연습도 중요합니다. 실제 면접에서는 제시문을 읽고 답변을 준비하는 시간이 정해져 있기 때문에 일정 시간을 두고 하는 예행연습이 꼭 필요합니다. 인성 면접은 자신에 대해 잘 알고 당당하게 대답하는 것이 중요해요. 자신이 고등학교 3년간 어떻게 생활했는지 보여 주면 됩니다.

면접, 내가 받은 질문

춘천교육대학교 초등교육과 석우인재전형

면접 유형	면접 시간	면접관 수	면접 절차
교직 적성 면접	5분 (준비 시간 4분)	3명	대기 → 복도에서 4분간 제시문 읽고 준비(메모지 있음) → 면접실 입실
교직 인성 면접	5분	3명	다른 면접실에서 면접 진행

1. 교직 적성 면접

▶ **제시문:** A국은 학생들의 소질과 적성을 고려한 교육제도를 시행하고 있다. 첫째, 학생들의 능력에 맞춘 교육제도를 시행한다. 기초학력 기준에 도달하지 못하면 기초 학습 프로그램을 운영한다. 둘째, 아이들의 소질과 능력에 맞춘 진로·진학 지도를 하고 있다. 초등학교 교사가 아이들의 소질과 능력을 판단해 중등학교를 결정한다. 중등학교는 기술 중심, 학업 중심인 곳으로 나뉜다. (하략)

Q · **A국의 교육제도의 긍정적인 측면과 부정적인 측면을 말해 보시오.**

A국의 교육제도 중 긍정적인 측면을 말씀드리겠습니다. 먼저 첫 번째 학생들의 능력에 맞춘 교육제도에서는 학습 부진아에게 기초 학습 프로그램을 제공함으로써 교육 결과의 평등을 이룰 수 있다고 봅니다. 그리고 두 번째 제도에서

는 아이들에게 맞추어 진로·진학 지도를 하는 것이 긍정적이라고 생각합니다. 학생들의 적성과 소질에 맞게, 그들에게 적합한 지도를 할 수 있으니 말입니다. 그렇지만 부정적인 측면도 몇 가지 보였습니다. 첫 번째 제도에서는 아이들이 기초학력 수준에 도달하기 위해 학업 성취도에 매몰되어 자신의 소질을 계발할 기회를 잃을 수 있습니다. 뿐만 아니라 학습 부진아에게 기초 학습 프로그램을 제공하는 과정에서 아이들에게 낙인 효과를 일으켜 자신이 부진한 학생이라는 부정적 자아를 형성시킬 수도 있습니다. 두 번째 제도에서는 선생님이 아이들의 학교를 결정하면서 학생들의 선택권을 제한해 자율성을 침해한다고 생각합니다. 이렇게 결정된 것들이 앞으로 거의 평생을 좌우한다는 측면에서 부정적입니다.

Q · **A국의 교육제도 중 우리나라에서 수용할 만한 것이 무엇이고, 그 이유는 무엇인지 말해 보시오.**

첫 번째 제도에서는 부진한 학생들에게 관심을 두는 것이 수용할 만한 점입니다. 우리나라에서는 우수한 학생들을 중심으로 이루어지고 있는 경향이 있는데 학습이 부진한 아이들에게 관심을 두는 것이 필요하다고 생각합니다. 두 번째 제도는 아이들의 소질과 적성에 맞게 진로·진학 지도를 한다는 점이 좋습니다. 그렇지만 이러한 지도가 초등학교보다는 아이들이 자신의 소질과 적성을 깊이 고민해 볼 수 있는 시기가 지난 후에 이루어지는 것이 좋을 것 같습니다.

2. 교직 인성 면접

Q • **국제고등학교에 다니네요? 학교 특성 좀 말해 볼래요?**

국제고등학교는 글로벌 리더를 양성하기 위해 설립되었고, 국제법이나 국제정치와 같은 국제 교과를 이수합니다. 뿐만 아니라 다양한 비교과 활동을 통해 여러 소질을 기를 수 있습니다.

Q • **국제고등학교의 교육과정은 교사를 준비하는 데 안 맞지 않나요?**

그렇게 생각하실 수도 있겠지만, 저는 국제고등학교 교육과정이 초등 교사 업무를 하는 데 긍정적으로 작용할 것이라고 생각합니다. 세 가지 이유가 있는데 첫 번째로는 국제법, 국제 문제, 국제정치와 같은 국제 교과를 이수해 안목을 넓힌다는 점입니다. 국지적 차원이 아닌 세계적 차원에서 문제를 이해하면서 넓은 시야를 가질 수 있었고, 나중에 아이들이 넓은 시야를 갖는 데에도 좋은 영향을 줄 수 있다고 생각합니다. 두 번째로는 다양한 비교과 활동을 통해 열정을 길렀다는 것입니다. 교육뿐만 아니라 경제, 영어 등의 비교과 활동을 통해 열정을 기르고 초등 교사로서의 꿈도 키울 수 있었습니다. 이것이 나중에 학생들에게도 좋은 영향을 줄 수 있을 것이라고 생각합니다. 세 번째로는 저희 학교 선생님들은 도전적인 분들이 많으십니다. 때문에 토론이나 발표 수업, ㄷ자 수업 모델, 원형 수업 모델 등 다양한 수업 방식을 경험했습니다. 따라서 이러한 수업 방식들의 장점을 잘 알고 있습니다. 교사가 되었을 때 이러한 수업을 잘 실현할 수 있을 것입니다.

Q • **주변 친구들에게 긍정적인 영향을 준 경험이 있다면 말해 보세요.**

네, 저는 3학년 때 반장 활동을 하면서 주변 친구들에게 긍정적인 영향을 끼쳤습니다. 3학년 때 학급 부서를 활성화시켜서 아이들이 자신의 진로와 적성에 맞게 역할을 정해 활동을 수행할 수 있도록 했습니다. 예를 들어 봉사 부원은 오늘의 응원을 작성하고, 국제 부원은 오늘의 영단어를 칠판에 적어 학급 친구들에게 도움을 주도록 했습니다. 아이들이 학급의 주인이라는 의식을 가지도록 해서 학급 분위기를 좋게 유지했습니다.

Q • **학교 특성인 것 같지만 봉사 시간이 100시간 정도밖에 안 되는데 봉사상을 받았네요?**

네, 학교 기숙사 특성상 개인적으로 봉사할 수 있는 시간이 여의치 않았습니다. 그렇지만 3년 동안 반장을 하면서 저의 열정적인 모습을 보고 친구들이 준 상이라고 생각합니다. 반장을 하면서 반 아이들이 학습 공동체를 형성했으면 좋겠다고 생각할 때는 멘토–멘티제를 시행했고, 수업 분위기가 좋았으면 좋겠다고 생각할 때는 마니또제를 시행했습니다. 이렇게 반장으로서 헌신적으로 실천하는 모습을 보고 친구들이 봉사상을 준 것이라고 생각합니다.

춘천교육대학교 초등교육과(윤수연) ▸ 자신만의 교육 가치관이 있는가?

경인교육대학교 초등교육과

최형욱

"독서와 생각 정리로 준비하다"

출신 고등학교명	서울 대성고등학교	고등학교 유형	자율형 사립
합격 교육대학교			
대학교	학과		전형
경인교육대학교	초등교육과		교직적성잠재능력우수자
부산교육대학교	초등교육과		초등교직적성자

자기소개서, 나는 이렇게 준비했다

1. 고등학교 재학 기간 중 학업에 기울인 노력과 학습 경험에 대해, 배우고 느낀 점을 중심으로 기술해 주시기 바랍니다. (1,000자 이내)

"세상에 쓸모없는 과목이 어디 있어?" 3년간 여러 번 친구들에게 해 왔던 말입니다. 저는 처음부터 모든 과목에 관심을 가진 것은 아니었지만 고등학교에 입학하여 많은 과목을 접해 보면서 관심의 영역을 넓혀 갔습니다. 특히 〈과학〉에 대한 관심은 독서로 이어졌습니다. 인상 깊었던 《다윈, 당신 실수한 거야!》라는 책은 진화론을 옹호하고 있던 저에게 새로운 시각으로 생태계를 바라보게 해 주었으며 《빗물 탐구생활》이란 책은 과학의 실생활 활용에 대해 생각하게 해 주었습니다. 이를 통해 세상에 쓸모

없는 과목은 없다고 생각하게 되었고 이러한 경험을 주변에 나누고 싶었습니다. 그래서 많은 친구가 어려워하고 포기하는 〈경제〉〈생활과 윤리〉 과목을 요점 정리하여 반에 배포했는데 생각보다 반응이 좋았습니다. 정리한 내용에 대해 함께 이야기하는 경우도 있었고 힘들어하던 과목에 재미를 느껴 열심히 공부하는 친구들도 있었습니다. 이를 통해 재미와 흥미가 학업에 관심을 갖게 하는 중요한 요소임을 알게 되었고 다양한 교육 방식을 활용하여 학생들이 재미있게 과목을 배울 수 있게 하는 교사를 꿈꾸게 되었습니다.

〈사회〉 과목의 요점 정리는 사회 분야에 큰 관심을 불러왔고 저는 수업 내용에 호기심을 갖고 스스로 심화 학습을 하였습니다. 〈경제〉 수업 중 교육 양극화가 계층의 세습으로 이어진다는 것을 배워 교육 양극화 현상을 자세히 알아보고 싶었습니다. 그래서 〈경제〉 선생님을 찾아갔고 선생님의 추천으로 인문 R&E 수업에 참여하여 보고서 작성법에 대해 배웠습니다. 수업 내용을 활용하여 〈개천에서 용이 나올 수 없는가?〉라는 보고서를 작성했습니다. 보고서를 통해 관심 있던 교육에 대해 깊게 생각할 수 있었습니다. 특히 교육 양극화를 해결하기 위해서는 사회 구조적인 부분도 중요하지만 개별 교사들의 사명감과 능동성이 필수적이라 느꼈습니다. 그리하여 반드시 초등 교사가 되어 방과 후 수업, 멘토링 등 다양한 교육 프로그램을 활성화하여 열악한 환경의 학생들에게도 충분한 기회를 줄 수 있는 교육 환경을 만들 것을 다짐했습니다.

2. 고등학교 재학 기간 중 본인이 의미를 두고 노력했던 교내 활동을 배우고 느낀 점을 중심으로 3개 이내로 기술해 주시기 바랍니다. 단, 교외 활동 중 학교장의 허락을 받고 참여한 활동은 포함됩니다. (1,500자 이내)

▶ EDU CORE, 교육학적 사고를 확장하다

'교육이 핵심이다'는 교육 동아리 EDU CORE의 우리말 뜻입니다. 평소 교육에 대해

관심이 많아 친구들과 교육에 관해 이야기해 보고 싶었지만 기회가 충분하지 않아서
교육 동아리를 만들었습니다. 우선 교육 관련 기사를 스크랩하고 각자의 생각을 나누
었습니다. 그중 가장 인상 깊었던 '9시 등교'에 대한 기사에서는 서로의 생각을 공유하
여 교육 이슈에 대해 바라보는 다양한 관점을 확인해 볼 수 있었습니다. 또 모의고사
가 끝날 때마다 문제 해설 강의를 촬영하는 활동을 하기도 했습니다. 교사처럼 강의를
하고 피드백을 받아 각자의 교수법에 대해 생각해 보는 시간을 가졌습니다. 각자의 교
수법을 공유했고 저는 학생들이 웃으면서 공부할 수 있는 유쾌한 교수법을 만들었습
니다. 이를 활용하여 축제 때는 '학교 다녀오겠습니다'라는 프로그램을 만들었습니다.
다른 학교 학생들을 초청하여 각자의 특색을 살린 수업을 진행하는 프로그램이었습니
다. 저는 고등학교 생활에 대한 수업을 하면서 학습자 중심의 교육 방식인 안드라고지
의 효율성에 대해 느끼게 되었고 교사와 학생이 동등한 눈높이에 있어야 함을 깨달았
습니다.

▸ 대성 아카데미, 활발한 수업을 꿈꾸다

대성 아카데미를 통해 함께 떠들며 소통하는 양방향 수업의 이점에 대해 느꼈습니다.
대성 아카데미란 학생 강연자들이 학생 청중들에게 강의를 하는 프로그램입니다. 저
는 1학년 때는 한국 교육에 대해, 2학년 때는 저출산에 대해 강의했습니다. 1학년 때는
혼자 이야기하는 방식의 강의를 진행했고 몇몇 청중들은 강의에 집중하기는커녕 졸고
있었습니다. 그래서 2학년 때는 같이 소통하는 강의를 하기로 결심했습니다. 잦은 질
문과 퀴즈 시간을 구성하였으며 혼자 이야기하는 시간을 줄이고 서로의 생각을 공유
하는 시간을 늘렸습니다. 그러자 청중들의 반응은 좋아졌고 조는 친구도 찾아볼 수 없
었습니다. 뿐만 아니라 다른 청중들의 생각에 대해 듣고 다른 사람의 생각을 존중하는
법에 대해 배웠습니다. 이처럼 양방향 수업은 학생과 교사 모두에게 큰 도움을 주는 수
업 방식이며 교사는 단지 지식 전달자의 역할이 아닌 학생의 호기심을 유발시켜 줘야
하는 자리임을 알게 되었습니다. 그래서 반드시 경인교육대학교에 입학하여 '교내 학

생 수업 탐구 대회'를 통해 학생에게 도움이 되는 수업 방식에 대해 탐구할 것입니다.

▸ 인문 캠프, 학생들이 자유로운 교육 환경을 생각하다

인문 캠프는 친구들에게 고전 도서에 대해 소개하는 프로그램입니다. 저는 루소의 《에밀》과 알렉산더 닐의 《서머힐》에 대해 소개하였습니다. 발표 준비를 통해 《에밀》에서는 아이가 스스로 발전할 수 있는 자유주의적 교육의 이점을 느꼈으며 《서머힐》에서는 자유로운 학생 활동, 학생 자치에 대해 생각해 보았습니다. 발표 후에는 친구들과 자유로운 방식의 교육의 이점과 이로 일어날 수 있는 부작용에 대한 개선책을 이야기하게 되었습니다. 이를 통해 학생들이 자유롭게 교육받을 수 있는 교육 환경을 꿈꾸게 되었으며 적절한 교사의 개입 또한 필요함을 느꼈습니다.

3. 학교생활 중 배려, 나눔, 협력, 갈등 관리 등을 실천한 사례를 들고, 그 과정을 통해 배우고 느낀 점을 기술해 주시기 바랍니다. (1,000자 이내)

1학년 때 선배와의 멘토링 프로그램에 멘티를 모집한다는 공고를 보고 신청하여 멘토 선배와의 만남을 시작하게 되었습니다. 매주 한 번씩 만나 멘토링을 하면서 선생님으로부터 받는 배움과는 다른 부드러운 성격의 배움을 경험하였습니다. 이를 통해 또래 집단도 교육의 중요한 자원이 될 수 있다는 것을 깨달았고, 동네에 또래 멘토링을 적용시켜 열악한 상황에 처한 학생들에게 교육 접근 기회를 조금이나마 늘려 주고 싶었습니다. 그래서 뜻이 맞는 친구들과 주변 교육 복지 센터를 찾아가 멘토링 프로그램을 기획하기 시작했습니다. 많은 회의 끝에 비슷한 연령대의 취약 계층 학생과 멘토링을 진행하는 프로그램인 '또래 학습 멘토링'을 진행할 수 있게 되었습니다. 일을 추진하면서 포기하고 싶을 때도 많았으나 친구들과 함께 하는 것이기에 힘을 낼 수 있었으며 나의 재능을 다른 사람을 위해 사용할 수 있을 것이라는 설렘에 포기라는 생각을 지울 수 있었습니다. 그리하여 앞으로도 쉽게 포기할 생각을 가지기보다는 주변 사람들과 함께 일을 해결해 나가는 태도를 다짐했습니다.

멘토링의 첫 만남은 중학교 2학년 학생과 고등학교 1학년 학생이었습니다. 두 학생은 학습에 의욕이 적고 반항심이 넘치는 학생이었습니다. 그래서 처음부터 수업을 진행하기보다는 친해지는 것이 우선이라 판단하여 멘티와 놀이공원에 가서 신나게 놀았습니다. 그 후 지속적인 멘토링으로 다가가자 아이들은 마음을 열고 고민에 대해서도 털어놨습니다. 비록 멘티들에게 고민의 답을 제시해 줄 수는 없었지만 최대한 아이들의 이야기를 들어 주었고 단지 경청만으로도 아이들이 적극적인 태도로 변화하는 것을 지켜볼 수 있었습니다. 이를 통해 지속적으로 관심을 주는 것과 타인의 말을 잘 들어 주는 것으로부터 관계가 시작될 수 있으며 교육도 관계로부터 시작됨을 느꼈습니다. 또 센터에 봉사를 다니며 불리한 상황에 놓인 학생들을 보면서 반드시 초등 교사가 되어서 최대한 모든 학생이 동등한 환경에서 교육받을 수 있도록 함께 걸어가는 교육을 할 것이라 다짐했습니다.

4. 초등 교사에게 필요한 자질이 무엇이라고 생각하는지 쓰고, 그 자질을 갖추기 위해 어떤 노력을 해 왔는지를 구체적으로 기술하시오. (1,500자 이내)

진정한 깨달음은 과연 어디서 나올까요? 저는 학교의 영향력이 가장 크다고 생각합니다. 깨달음은 거창한 어학연수나 캠프에서 나오기보다는 학교에서 하는 수업, 교내 활동 등의 체험을 통해 나오는 경우가 많음을 몸소 느꼈습니다. 특히 호기심이 많은 초등학생은 어렸을 때부터 학교에서 다양한 체험을 할수록 발전 가능성이 커진다고 생각합니다. 그래서 초등 교사가 되어 아이들이 다양한 체험 활동을 할 수 있는 환경을 만들고 싶습니다. 그러기 위해서 교사는 행사를 기획할 수 있는 '추진력'과 '능동성'을 갖춰야 합니다. 저는 다양한 교내 활동을 통해 추진력과 능동성을 길러 왔으며 인상 깊은 활동인 멘토링 캠프는 경험주의적 교육에 대해 깨닫게 해 주었습니다. 멘토링 캠프는 사회적 취약 계층을 중심으로 예비 고등학생들을 모집하여 고등학교 생활에 대해 하루 동안 체험시켜 주는 프로그램입니다. 저는 멘토링 캠프의 기획을 맡아 참여 학생들이 많은 체험을 할 수 있도록 하고 싶었으나 문과 동아리에서 개최한 프로그램이라 한계가 드러났습니다. 그래서 교내의 항공, 천문, 로봇 동아리를 섭외하여 다양한 분야의 체험 시간을 만들었습니다. 프로그램을 진행하면서 다양한 체험을 하고 새로운 분야에 흥미가 생겼다며 좋아하는 학생들의 모습을 보았습니다. 이를 통해 반드시 추진력과 능동성을 갖춘 초등 교사가 되어 아이들이 다양한 체험을 할 수 있도록 도울 것을 다짐했습니다.

교육은 자신을 발전시킬 수 있는 가장 효율적인 방법입니다. 하지만 환경에 의해 동등한 교육을 받지 못하는 학생이 있다는 것에 마음이 아팠습니다. 그래서 초등 교사가 되어 함께 걸어가는 교육을 할 것이라 다짐했습니다. 이를 위해서는 열악한 상황에 놓인 학생에게 관심을 가지고 먼저 다가가 줄 수 있는 세심한 '배려심'이 필요합니다. 배려를 실천하기 위해 사회적 소수자 분들에게 먼저 다가갔습니다. 다문화 가정 한글 교육 봉사를 하면서 초등학교 입학을 앞둔 아이의 적응을 돕기도 하였고, 독거노인 분들이 가시는 급식소에 가서 안마를 해 드리기도 하였습니다. 다양한 봉사를 하면서 항상 들어왔던 것은 감사 인사였습니다. 저에게는 소소할 수 있는 노력이 다른 사람들에게는 큰 힘이 될 수 있음을 느꼈습니다. 그래서 자신을 먼저 생각하는 사람이 아닌 어떻게 하면 아이들에게 도움을 줄 수 있는지에 대해 고민하고 먼저 다가가 줄 수 있는 교사가 되어 낙오자 없는 교육을 하고 싶습니다.

초등 교사에게 '의사소통 능력'은 필수적이라 생각합니다. 아이들의 말을 들어 주는 것부터 공감하는 것 그리고 자신의 의견을 또렷하게 전달하는 것은 수업의 진행에 있어서도 매우 중요합니다. 저는 진로 · 진학 발표 대회, 대성 아카데미 등의 발표 활동을 통해 의견 전달 능력을 키워 왔습니다. 또 DTD 독서 토론 동아리 활동을 하면서 다른 사람의 의견이 틀린 것이 아니라 다른 것임을 깨닫고 타인의 의견을 존중해 주는 법을 배웠습니다. 그리하여 저는 이를 활용하여 아이들의 말을 먼저 들어 줄 수 있는 초등 교사가 되어 함께 소통하는 양방향식 수업을 진행할 것입니다.

면접, 이것만은 기억하라

평소 시사 이슈에 관심을 기울여라

면접을 준비하는 데 있어서 가장 중요한 점은 평소의 태도입니다. 저는 평소 사회 이슈에 관심이 많아서 신문을 꾸준히 읽었습니다. 이러한 습관이 면접 스터디를 할 때 가장 많은 도움이 되었습니다. 특히 대부분의 교대 면접에서는 교육에 관한 최근 이슈나 문제를 다루는 경우가 많습니다. 그래서 평소부터 신문이나 책을 통해서 시사 문제에 관심을 기울이며 많은 생각을 해 보는 것이 바람직합니다. 신문이나 책을 읽다 보면 평소에 안 보이던 부분이 눈에 보이기 시작하고 생각의 깊이를 더할 수 있습니다. 입시뿐만 아니라 앞으로의 인생에서도 많은 도움이 될 것입니다.

자신이 한 활동도 잊어버릴 수 있다

저는 면접을 준비할 때 학생부를 약 10여 차례 정독했습니다. 각 활동마다 활동 내용과 어떤 점을 느끼고 배웠는지 답변을 준비했습니다. 대부분 교대 개별 면접에서는 활동 확인 질문과 교직 인·적성 문제가 나옵니다. 학생부는 자신이 3년간 해 온 모든 활동이 기재되어 있기 때문에 양이 상당히 많습니다. 그래서 자신이 한 활동이라도 제대로 확인하지 않으면 잘 기억나지 않을 수 있습니다. 자신의 학생부를 충분히 숙지해야만 면접에서 원활하게 활동을 설명할 수 있습니다. 자소서도 마찬가지입니다.

인·적성 면접 준비는 평소부터

교직 인·적성 면접 준비는 개인차가 상당히 큽니다. 평소 교직에 뜻이 있고 다양한 교육 문제나 상황을 고민해 온 학생이라면 쉽게 대답할 수 있지만 그렇지 않은 학생이라면 상당히 당황할 만한 질문이 나옵니다. 교사가 되었을 때 일어나는 구체적인 상황에 대한 질문이 주로 나옵니다. 저는 '팀 프로젝트에 참여하지 않는 학생을 어떻게 교육할 것인가?'라는 질문을 받았습니다. 평소 이러한 문제에 대해 많은 생각을 해 왔고 책으로 생각을 정리하거나 선생님들과 의논해 왔기에 당황하지 않고 저의 생각을 말할 수 있었습니다. 다시 말해 교직 인·적성 면접을 위한 근본적인 준비법은 바로 다양한 독서와 생각 정리입니다. 3년간의 교육 이슈나 오래전부터 우리나라 교육 현장에서 일어나는 문제점에 대해 알아보고, 해결책을 진지하게 고민하는 시간을 가져 보도록 합니다.

교육과 관련 없는 주제도 나온다

토론 면접 준비도 개인에 따라 많이 다릅니다. 평소 발표나 토론을 많이 해 본 학생일수록 유리합니다. 대다수의 교대가 토론 면접을 시행하고, 토론 면접의 주제로 교육 문제를 출제합니다. 하지만 교육과 전혀 관련 없는 주제가 나올 수도 있습니다. 예를 들어 제가 치른 경인교대 면접에서는 '영유아나 65세 이상의 고령 인구가 아닌 사람들을 위한 예방접종을 국가가 적극적으로 개입해서 지원해야 하는가, 시장 원리에 맡겨야 하는가?'라는 주제가 나와서 상당히 많은 학생이 당황했습니다. 이러한 면접 주제들은 평소 사회탐구 과목을 열심히 공부했거나 뉴스나 신문을 꾸준히 봐 왔다면 적극적으로 토론에 참여할 수 있는 질문입니다.

면접, 내가 받은 질문

경인교육대학교 초등교육과 교직적성잠재능력우수자전형

면접 유형	면접 시간	면접관 수	면접 절차
개별 면접	10분 내외	2명	대기 → 입실 → 면접 → 퇴실 → 대기
집단 면접	35분 내외	3명	대기 → 입실 → 문제 확인 → 토의 → 발표 → 교수 질문

1. 개별 면접

Q • 학생부를 보니 1학년 때부터 초등 교사를 꿈꾸어 왔는데 남학생이 초등 교사를 꿈꾼다는 것에 대한 주변의 반응은 어땠어요?

네, 주변에서는 많은 사람이 왜 이렇게 너는 안정된 직업만을 꿈꾸냐는 말을 정

경인교육대학교 초등교육과(최형욱) ▸ 독서와 생각 정리로 준비하다

말 많이 들어 왔습니다. 하지만 저는 주변의 반응에 굴복하지 않고 아이들을 발전시킬 수 있는 초등학교 선생님이 되고 싶다고 생각했고 결국 이를 진로로 선택했습니다.

Q · 그렇군요. 그렇다면 주변에서 부모님이나 선생님, 친구 중에 어느 사람이 가장 많이 응시자가 초등 교사가 되는 것을 말리던가요?

우선은 친구들이 저를 가장 많이 만류했습니다. 제 주변 친구들은 대부분 역동적이고 모험적인 직업을 선택했고 저는 비교적 안정적이라고 할 수 있는 초등 교사를 선택했기에 친구들이 저를 잘 이해하지 못했습니다. 하지만 저는 이에 굴복하지 않고 정말 내가 원해서, 아이들을 발전시키는 초등 교사가 되고 싶다고 대화를 수차례 나누니 친구들도 이를 인정하고 나중에는 "내 아이 너한테 맡긴다"라고 해 줄 정도로 좋은 관계를 유지했습니다.

Q · 그래요, 진로가 확실한 것 같네요. 그러면 미래에 교사라는 직업이 없어질 가능성도 높아진다는 보고서도 나오고, 여러 전망이 나오고 있는데 만약 실제로 교사라는 직업이 없어진다면 응시자는 어떤 일을 하고 있을 것 같아요?

네, 만약 교사라는 직업이 없어진다면 저는 교육 연구원이라는 직업을 선택했을 것 같습니다. 아무리 교사라는 직업이 없어져도 인터넷이나 매체를 활용하여 전체적인 교육 커리큘럼이나 제도적인 측면에서 교육에 접근할 수 있는 교육 연구원을 하고 있었을 것입니다.

Q · 학생부에 정말 많은 활동이 적혀 있는데요. 학생이 능동적으로 한 활동이 있는 반면에 학교에서 의무적으로 시키는 활동도 있을 텐데 이러한 활동 중에 학생에게 정말 도움이 되어서 미래에도 계속 유지해 나가야겠다는 프로그램이 있나요?

네! 저는 초등학교, 중학교, 고등학교 때 모두 경험한 수학여행이 가장 도움이 되었다고 생각합니다. 수학여행에 가서 서로 잘 몰랐던 친구와 새로운 관계를 맺고 깊은 대화를 나누면서 사회성을 기를 수 있었기 때문입니다. 또 집단 활동을 통해 협동심이나 여러 가지 세상을 살아가는 데 필요한 능력을 기를 수 있었습니다. 따라서 앞으로 미래에도 수학여행 프로그램을 계속 유지해야 한다고 생각하며 저도 초등 교사가 되어서 아이들이 발전할 수 있는 여러 수학여행 프로그램을 기획할 것입니다.

Q · 여러 학생이 수학여행에서 흡연이나 음주를 경험하는 경우가 많잖아요. 이에 대해서는 어떻게 생각해요?

네, 사실 저도 고등학교 때 수학여행을 갔을 때 주변 친구들이 담배나 술을 하는 장면을 목격한 기억이 있습니다. 이는 일단 조교와 교관의 역할이 중요하다고 생각합니다. 수련회의 숙박 시설 업체에서 조금 더 전문화되고 엄격한 교관을 배치할 필요가 있다고 생각합니다. 또 교사의 사전 교육이 중요하다고 생각합니다. 미리 수학여행을 가기 전에 학교에서 교육을 시킨다면 음주나 흡연을 하는 학생도 줄어들 것이라 생각합니다.

경인교육대학교 초등교육과(최형욱) ▶ 독서와 생각 정리로 준비하다

Q • 응시자가 지닌 성격 중에 마음에 드는 성격도 있을 것이고 마음에 들지 않는 성격도 있을 텐데 가장 마음에 드는 장점은 무엇이라고 생각해요?

네, 저는 제가 지닌 추진력이 가장 장점이라고 생각합니다. 저는 여러 가지 교내 대회나 축제 등을 기획하면서 추진력을 길러 왔는데요. 이는 제가 나중에 수동적이 아닌 능동적이며 적극적인 초등 교사가 되어서 아이들과 소통하고 여러 교육 프로그램을 기획하는 데 큰 도움이 될 것이라고 생각합니다.

Q • 네, 추진력이 가장 중요하다고 생각하는군요. 반대로 부족하다고 생각해서 앞으로 보완해야 될 것 같다고 생각하는 부분도 있나요?

주변에서는 저에 대해 정말 적극적이고 활발하다고 말합니다. 하지만 제 내면에는 내적 소심함이 있습니다. 억울한 상황이 생기면 하루 종일 고민하고 밤새 생각하다가 다음 날이 되어서야 친구에게 털어놓는 경우가 많았습니다. 그래서 저의 내면에는 큰 스트레스가 항상 쌓여 있습니다. 이는 나중에 큰 단점이 될 수 있기 때문에 경인교대에 입학하여 좋은 친구들, 좋은 교수님들과 관계를 맺으며 고쳐 나가고 싶습니다.

Q • 경인교대에 입학한다면 어떤 학과에 가장 들어오고 싶나요?

저는 교육학과에 가장 들어가고 싶습니다. 교육학과에 들어가면 〈영재교육론〉, 〈인성교육론〉, 〈교육개혁론〉 등 제도적이고 사회적으로 교육에 접근할 수 있는 수업이 많기 때문입니다. 교육학과에 입학하여 저의 교육학적 안목을 한층 더 넓혀 보고 싶습니다.

Q • **반대로 어느 학과가 가장 들어가기 꺼려져요?**

저는 미술교육과가 가장 꺼려집니다. 미술을 잘 못하는 데다 만약 미술교육과에 입학하게 된다면 미술에 어느 정도 집중해야 할 것 같기 때문입니다. 그 시간을 다른 여러 활동을 하는 데 사용하고 싶습니다.

Q • **살아오면서 가장 기뻤던 순간은 어느 때인가요?**

저는 멘토링 캠프라는 활동을 기획하던 순간이 가장 기억에 남습니다. 멘토링 캠프라는 활동은 예비 고1 즉 중학교 3학년 학생들을 초청하여 오전에는 저희가 수업 때 배워 온 내용을 강의하고 오후에는 저희가 만든 모의 주식 투자 대회나 여러 동아리를 초청하여 고등학교 생활을 소개하는 프로그램입니다.

Q • **마지막으로 하고 싶은 말이 있나요?**

네, 저의 장점은 크게 세 가지로 말씀드릴 수 있습니다. 추진력, 리더십, 배려심입니다. 이 세 가지 장점을 모두 이용하여 나중에 초등 교사가 되어 아이들과 함께 모두가 손잡고 걸어가고 소외되는 아이 없는 교육을 하겠습니다. 저 한번 믿어 주십시오. 감사합니다.

2. 집단 면접

▶ **제시문:** 영유아나 65세 이상의 고령 인구가 아닌 사람들을 위한 예방접종을 국가가 적극적으로 개입해서 지원해야 하는가, 시장 원리에 맡겨야 하는가? 각

각 3가지 근거와 해결 방안을 말해 보라.

    일단 문제를 읽기 전에 제가 먼저 "2분 정도 문제를 읽고 생각해 볼까요?"라고 제안했습니다. 여학생 다섯 명에 남학생은 저 혼자여서 조금 어색했습니다. 저는 시장 측면에서는 시장 원리를 따라 진행한다면 기업 간의 경쟁 원리가 적용되어 서로의 병원에서 비용을 더 낮추려고 노력할 것이고 오히려 지원 전보다 비용이 내려갈 수도 있다는 주장을 펼쳤습니다. 정부 측면에서는 긍정적 외부 효과를 말하는데 이를 이해하는 친구가 없는 것 같아서 조금 쉬운 단어로 순화시켜 이야기했습니다. 해결 방안에서는 한 여학생이 교사의 측면에서 접근해 보자고 제안했습니다. 저는 학교 예방접종의 필요성과 의무성을 강조하는 교육을 통해 더 많은 예방 접종자를 유도할 수 있다는 해결 방안을 제시했습니다.

다른 합격 대학교의 면접 질문

● **부산교육대학교 초등교육과 초등교직적성자전형**

1) 개별 면접

  Q. 학생부 진로 희망 사항에 2~3학년 때는 교육연구원이 적혀 있네요?

  Q. 장학사나 교육 관련 길로 가고 싶으면 처음부터 그쪽 길로 가도 될 텐데 왜 교대를 선택했나요?

  Q. 본인이 담임선생님이라고 생각하고 반에 공동 프로젝트에 참여하지 않은 학생이 있다면 어떻게 말할지, 어떻게 교육할지 말해 보세요.

Q. 교사가 되는 데 방해되는 성격이나 고쳐야 할 성격은 무엇이라 생각해요?

Q. 가족 중 누구와 가장 많은 이야기를 나누나요?

Q. 소논문을 썼다고 했는데 어떤 제목의 소논문인지 말해 줄 수 있어요? 가장 인상 깊었던 소논문 하나만 말해 주세요.

2) 집단 면접

주제: '숙제 없는 학교' 정책 시행과 관련하여 자신의 찬반 견해를 밝히시오.

경인교육대학교 초등교육과(최형욱) ▸ 독서와 생각 정리로 준비하다

부산교육대학교 초등교육과

전우진

"답변에는 항상 사례가 뒤따라야"

출신 고등학교명	인천 부평고등학교	고등학교 유형	비평준화 일반
합격 교육대학교			
대학교		학과	전형
부산교육대학교		초등교육과	초등교직적성자
대구교육대학교		초등교육과	참스승
홍익대학교		교육학과	학생부교과

자기소개서, 나는 이렇게 준비했다

1. 고등학교 재학 기간 중 학업에 기울인 노력과 학습 경험에 대해, 배우고 느낀 점을 중심으로 기술해 주시기 바랍니다. (1,000자 이내)

1학년 1학기 아침 시간은 언제나 저를 설레게 했습니다. 그것은 바로 학년 대표로 아침 영어 듣기를 진행하는 DJ를 맡았기 때문이었습니다. 처음에는 전교생을 상대로 무언가를 가르쳐 줄 수 있다는 것에 끌려 시작한 일이었지만, '내가 실수하면 모두가 잘못 알게 된다'는 책임감을 가지고 누구보다도 해당 지문들을 꼼꼼하게 공부하기 시작했습니다. 어려운 부분은 두세 번이고 반복해서 들었고, 스스로 구문들을 분석하면서 문법 사항과 숙어를 공부했습니다. 해설지를 참고하는 손쉬운 방법도 있었지만, 해설지에도 없는 것들을 스스로 찾아냈을 때의 쾌감을 맛본 뒤로는 절대 그렇게 할 수 없었습니다. DJ 활동이 끝나고 혼자 영어를 공부할 때도 이 방법을 계속 사용하여 '스스로 분석해 내는 힘'을 길렀고, 영어에 대한 자신감도 가질 수 있었습니다.

3학년 때는 그동안 쌓아 올린 자신감을 바탕으로 영어 소논문 쓰기에 도전했습니다. 책에서 읽은 '거꾸로 교실'에 대해 더 알아보고, 저만의 평가를 내려 보고 싶다는 생각에 이를 주제로 잡았습니다. 교과서에 있는 글들만 보다가 영어 원문으로 된 정보들을 해석하려니 처음에는 막막했습니다. 하지만 '스스로 분석해 내는 힘'이 여기에서 빛을 발했습니다. 그동안 공부해 오던 대로 차근차근 분석하니, 해석할 수 없을 거라고 생각했던 문장들도 하나씩 풀리기 시작했습니다. 다음 고비는 영작이었습니다. 처음 혼자 영작한 문장들은 비문투성이었고, 분명 수업 시간에 배운 문법들인데 막상 활용하려고 하니 마음처럼 되지 않아 답답했습니다. 그런데 영어 원문들을 읽다 보니 제가 사용하고 싶었던 문법들이 사용된 부분들이 보이기 시작했고, 직접 하나씩 비교해 보며 퇴고를 거듭한 끝에 영어 소논문 한 편을 완성해 낼 수 있었습니다.

처음에는 한글로도 쓰기 힘들 것이라고 생각했던 소논문을 영어로 쓸 수 있었던 것은 스스로 해결해 나가면서 얻은 자신감 덕분이었습니다. 이 경험을 살려 교직에 나가서도 아이들에게 학업에 대한 자신감을 심어 주는 교사가 되고 싶습니다.

2. 고등학교 재학 기간 중 본인이 의미를 두고 노력했던 교내 활동을 배우고 느낀 점을 중심으로 3개 이내로 기술해 주시기 바랍니다. 단, 교외 활동 중 학교장의 허락을 받고 참여한 활동은 포함됩니다. (1,500자 이내)

친구에게 무언가를 알려 주고, 함께 공부하는 것을 좋아하는 제 성격은 3년간 꾸준히 TnT에 참여할 수 있었던 원동력이 되었습니다. 그중 가장 기억에 남는 것은 첫 번째 튜티와의 만남이었습니다. 문제 풀이가 튜티에게 도움이 될 것이라는 일방적인 생각

부산교육대학교 초등교육과(전우진) ▸ 답변에는 항상 사례가 뒤따라야

에 기출문제들을 열심히 준비해 갔지만, 곧 헛수고였다는 것을 깨닫게 되었습니다. 튜티의 영단어나 해석 수준을 미리 파악하지 못하고, 제 기준에서 생각한 탓이었습니다. 튜티에게 알찬 수업을 해 주지 못해 미안한 마음에 다음 수업부터는 튜티가 모를 것 같은 영단어들을 미리 체크해 가고, 문학 용어들을 요약해서 필기해 주는 등 수업 내용을 튜티의 입장에서 준비했습니다. 그렇게 한 달 동안 함께 공부하면서 학생의 수준에 맞춘 수업 방식이 필요하다는 것을 느낄 수 있었습니다. 튜티가 '너 덕분에 수업 시간에도 아는 단어가 나오면 아는 척할 수 있게 됐다'고 자랑하는 모습을 보면서 막연하기만 했던 교사의 꿈에 확신을 가졌습니다.

꿈이 확고해지자, 친구들과 자신의 관심 분야에 대해 심화된 공부를 하고 강연도 해 볼 수 있는 'TEDDIST' 동아리를 만들었습니다. 저는 교육 분야를 맡아 발표했는데, 새터민들의 교육 문제를 주제로 삼아 그들의 인권 실태를 고민해 보기도 하고, 제가 생각하는 진정한 교사의 조건에 대해 이야기하며 저만의 교사상을 키워 나갈 수 있었습니다. 또 발표 후에는 친구들과의 질의응답을 통해 미처 생각하지 못했던 부분들을 보완해 나갔습니다. 특히 동아시아사 시간에 배웠던 일본 역사 교과서 왜곡에 대해 강연을 준비할 때는 관련 논문들을 찾아 왜곡 기술된 일본 교과서의 내용과 역사적 사실들을 조목조목 비교해 보았는데, 생각했던 것보다 심각한 문제라는 것을 알게 되었습니다. 이 과정에서 아이들에게 올바른 역사관을 심어 주는 교사가 되어야겠다고 다짐했고, 교과서가 아이들을 위해 공정하게 기술될 수 있도록 힘쓰는 일에 함께하고 싶다는 생각을 하게 되었습니다.

교육에 대한 관심은 대한민국 청소년 의회 참여로 이어졌습니다. 2박 3일 동안 교육과학기술위원회 소속 청소년 의원으로 활동하면서 우리나라 교육법의 문제점을 찾아 직접 개정하기에 나섰습니다. 다른 의원들과 이야기하던 중, 수능 연계 교재로만 수업이 진행되고 있는 고등학교 3학년 교실을 떠올리게 되었고, 검인정 교과용 도서만 사용 가능한 현행법이 EBS 수능 연계율을 70퍼센트로 유지하는 교육부의 정책과는 모순된다는 점을 발견했습니다. 따라서 현실에 맞게 초중등교육법 제 29조를 보충하는 안건을 제안했고, 청소년 의회의 본회의에 상정되는 쾌거를 이뤄 낼 수 있었습니다. 교육 분야에 대한 꿈과 열정을 가진 또래 친구들과 교육정책들에 대해서 평가해 보고 이야기를 나눠 볼 수 있었던 소중한 기회였고, 교육정책들을 무조건적으로 수용하기 보다는 다른 관점에서도 생각해 보는 시각을 키울 수 있었습니다. 이를 계기로 교사가 되어서도 교육정책에 대한 관심을 소홀히 하지 않는 적극적인 교사가 될 것입니다.

3. 학교생활 중 배려, 나눔, 협력, 갈등 관리 등을 실천한 사례를 들고, 그 과정을 통해 배우고 느낀 점을 기술해 주시기 바랍니다. (1,000자 이내)

평소에 문학에 관심이 많았던 저는 마음이 맞는 선후배, 친구들을 모아 책 쓰기 동아리 '시나브로'를 꾸렸습니다. 문학에 대한 순수한 열정으로 뭉친 저희였지만 시작부터 난관에 봉착했습니다. '나'라는 주제로 각자의 작품을 구상하는데, 부원들이 다들 처음 해 보는 일이라 어려워했습니다. 그래서 1학년 때 작품을 써 봤던 경험을 살려 부원들을 돕기에 나섰습니다. 좋은 소재를 찾을 수 있도록 아무리 사소한 이야기일지라도 진지하게 들어 주었고, 가정사와 같은 민감한 이야기에는 조심스럽게 접근하면서 부원들 개개인의 개성을 찾아 나갔습니다. 시간이 오래 걸리고 힘들긴 했지만 이 과정을 통해 다른 사람과 대화할 때, 먼저 배려하고 경청하는 태도가 얼마나 중요한지 알게 되었습니다.

책 출판을 앞두고는 아홉 작가의 작품을 모두 싣지 못할 위기가 찾아오기도 했습니다. 1학년 부원 중 한 명이 전날 조언해 준 부분을 완벽히 수정해 온 것이 너무 기특해서 활동 시간 내내 칭찬을 한 적이 있었습니다. 그런데 다음 날 다른 1학년 부원이 자신의 작품이 책에 실리기에는 부족한 것 같다며 동아리 탈퇴 의사를 전한 것이었습니다. 그 이야기를 듣는 순간 아차 싶은 생각이 들었습니다. 칭찬은 누군가를 기분 좋게 할 수 있지만, 누군가에게는 상처를 줄 수도 있다는 것을 뒤늦게 깨달은 제 자신이 정말 부끄러웠습니다. 당장 그 후배에게 찾아가서 사과했고, '아직 모두가 부족한 작품이지만, 내가 이 작품의 작가라는 자부심을 가지고 끝까지 가 보자'고 조심스럽게 말을 건넸습니다. 후배의 마음을 헤아려 주며 대화를 나눈 끝에 다행히도 다시 열심히 해 보겠다는 대답을 들을 수 있었고 아홉 작가의 작품을 책에 모두 실을 수 있었습니다.

각자 다른 개성을 가진 아홉 명이 힘을 합쳐 책 한 권을 냈다는 것도 값진 일이지만, 활동을 통해 깨달은 경청의 자세와 칭찬의 양면성도 나중에 교사가 되어서 아이들을 지도할 때 명심해야 할 값진 결과물이라고 생각합니다.

4. 예비 초등 교사가 되는 데 있어 자신의 성장 과정과 환경이 삶에 어떠한 영향을 미쳤는지 기술하고, 교직 수행에 도움이 된다고 여겨지는 다양한 재능을 실천 사례와 더불어 서술하시기 바랍니다. 반대로 보완할 약점도 함께 기술해 주시기 바랍니다. (1,500자 이내)

'긍정의 힘'이라는 말이 있듯이 부모님의 긍정적인 조언들은 저에게 항상 힘이 되었습니다. 부모님께서는 언제나 제 선택을 존중해 주시고, 할 수 있다며 응원해 주셨습니다. 중학교 때는 무턱대고 과학고에 가고 싶다고 부모님께 말씀드린 적이 있었습니다. 과학고에 입학하기에는 부족한 성적임을 부모님께서도 아셨지만, 안 된다는 말 대신에 과학 잡지와 책들을 사 주시며 꿈을 키워 주셨습니다. 비록 현실의 벽에 부딪혀 마음이 바뀌긴 했지만, 부모님의 사랑과 관심 덕분에 모든 일에 있어서 항상 긍정적으로 생각하는 힘을 가지게 되었습니다.

고등학교에 와서도 긍정의 자세는 계속되었습니다. 그래서인지 학급 간 축구 경기가 있을 때면 제 포지션은 항상 '분위기 메이커'였습니다. 비록 경기에 직접 뛰진 않지만, 선수로 나가는 친구들을 응원해 주고 경기 분위기를 밝게 만들어 주는 성격 덕분이었습니다. 분위기 메이커로 활동하면서 긍정의 에너지가 다른 사람들도 밝게 만들어 줄 수 있다는 것을 깨달았고, 저의 재능을 남들을 돕는 일에 사용하고 싶다는 생각을 하게 되었습니다. 그러던 중, 언론이나 책을 통해 가정에서 보살핌을 받지 못하는 아동학대에 대해 접하게 되었습니다. 당연하고 평범하다고만 생각했던 부모님의 사랑이 어떤 아이들에게는 결코 당연한 것이 아니라는 사실을 알게 되었고, 아이들의 상처를 저의 재능인 긍정의 에너지로 치유해 줄 수 있는 교사가 되겠다고 다짐했습니다.

또 다른 저의 재능은 또래 남자아이들에 비해 감수성이 풍부하다는 점입니다. 3년간 꾸준히 활동했던 문학 동아리는 저의 이러한 재능을 더 발전시켜 주었습니다. 처음에는 모두들 감수성이 메마른 남자 고등학교에서 문학 활동이 가능하냐며 의구심을 가졌지만, 창작 활동뿐만 아니라 부원들과 문학 기행이나 백일장 같은 다양한 활동들을 하며 문학적 감수성을 기를 수 있었습니다. 이러한 감수성은 타인을 이해하고 공감하는 세심함으로도 이어졌습니다. 아직까지도 우리 사회에는 성 역할에 대한 고정관념이 자리 잡고 있어서 누군가에게는 남자답지 못한 성격으로 평가받을 수도 있겠지만 저는 오히려 제 성격이 교직에 적합하다고 생각합니다. 아이들의 섬세한 감정을 이해하고 보듬어 주기 위해서는 세심함과 감수성이 꼭 필요할 뿐만 아니라 아이들에게 성 역할에 관한 균형 잡힌 가치관을 심어 주기 위해선 우선 교사부터 그런 고정관념을 가지고 있어선 안 되기 때문입니다.

하지만 언제나 밝은 저에게도 고민거리가 한 가지 있습니다. 바로 운동신경이 부족하다는 점입니다. 초등 교사는 아이들에게 국영수와 같은 지식 교육뿐만 아니라 예체능도 가르칠 수 있는 역량을 모두 갖춰야 하기 때문에 미래에 제가 가르칠 아이들을 위해서라도 꼭 고치고 싶은 점입니다. 이를 보완하기 위해 체육 시간에는 뒤처지지 않도록 점심시간에 남몰래 수행평가 종목을 연습하기도 했고, 축구에 열광하는 학교 분위기에 힘입어 스포츠에 대한 관심을 잃지 않도록 노력했습니다. 부산교대에 진학해서도 꾸준히 운동을 해서 아이들과 운동장에서 함께 땀 흘리며 뛰어놀 수 있는 교사가 될 것입니다.

부산교육대학교 초등교육과(전우진) ▸ 답변에는 항상 사례가 뒤따라야

면접, 내가 받은 질문

부산교육대학교 초등교육과 초등교직적성자전형

면접 유형	면접 시간	면접관 수	면접 절차
집단 면접	50분 내외	3명	대기실(6인 내외 면접조 및 개인 발표 순서 정함) → 개별 발표 → 상호 토론 → 자유 토론 → 면접관 질문
개별 면접	10~15분 내외	3명	학생부, 제출 서류 참고 개인 신상 질문

1. 집단 면접

▶ **제시문:** A 교육청에서 야간 자율 학습 폐지를 시행한다. 학생들의 학업 자율성을 존중하는 김 교사(찬성)와 학업 증진을 중요시하는 박 교사(반대)가 갈등하고 있다. 본인의 입장을 밝히고 그 근거를 써라.

저는 찬성 입장에서 첫 번째 근거로 다양한 학생의 활동 존중(연기나 미대 입시), 두 번째 근거로 야간 자율 학습이 반드시 학업 향상으로 이어지지는 않는다는 사실(특히 중하위권 학생들의 경우)을 들었습니다.

2. 개별 면접

Q · 반에서 소수 학생들이 반의 분위기를 흐린다면 어떻게 대처할 건가요?

먼저 그 학생들이 왜 그러는지 원인을 파악해야 한다고 생각합니다. 그 학생들과 대화를 나눠 본 뒤 만약에 수업 시간이 재미없는 것이라면 그에 교사가 맞춰 주어야 한다고 생각합니다.

Q · 특히 여자아이들은 자신이 놀고 싶은 아이들끼리만 파를 만들어서 노는 경향이 있는데 이러한 경우에는 어떻게 할 건지 구체적인 사례를 한 가지 들어서 답해 주세요.

실제로 제가 초등학교 6학년 때 저희 반에서 그런 일이 있었습니다. 당시 저희 담임선생님께서는 상황을 파악하시고 반 아이들과 강당으로 가서 왕피구 같은 협력 체육 수업을 진행하셨습니다. 그 수업을 진행한 이후에 반 분위기가 차츰 좋아졌던 것으로 기억합니다. 제가 교사가 되어서 우리 반에 이런 일이 생긴다면 저도 이와 같은 방법을 사용해 보고 싶습니다.

Q · 외부 봉사 활동 기록이 없는데 특별한 이유가 있는지 설명해 줄 수 있나요?

다른 교대 응시자들이 외부 기관에서 봉사 활동 경험을 쌓는다는 사실은 알고 있습니다. 하지만 초등학교 교사의 꿈을 가지고 교대 입시를 준비하면서 고등학교 1학년 담임선생님께서 해 주신 조언이 있었습니다. 외부 기관에서 하는 봉

부산교육대학교 초등교육과(전우진) ▸ 답변에는 항상 사례가 뒤따라야

사도 물론 좋지만 교내에서 할 수 있는 또래 학습 활동을 충실히 하는 것도 큰 도움이 될 수 있다고 조언하셨습니다. 저는 이 조언을 깊이 새기고 교내에서 할 수 있는 또래 학습 도우미 활동을 꾸준히 해 나갔습니다.

Q · **자소서를 보니 운동신경이 부족하다고 되어 있는데 우리 학교에 오려면 운동도 해야 하잖아요. 관련해서 하고 있는 노력이나 앞으로의 계획이 있나요?**

초등 교사는 체육 수업도 진행할 수 있어야 하기 때문에 운동신경이 부족한 점은 반드시 보완해야 한다고 생각합니다. 저는 학교 체육 수업 시간에 수행평가 종목을 자투리 시간에 연습해서 이전 시험보다 좋은 결과를 얻기 위해 노력해 왔습니다. 또 부산교대에 입학해서도 운동 동아리에 가입해서 운동신경을 길러 나가고 싶습니다.

Q · **본인은 교우 관계가 원만한 편인가요?**

(웃으며) 네, 그렇습니다.

Q · **그렇다면 가장 친한 친구와의 에피소드 중 기억에 남는 게 있나요?**

사실 친한 친구가 저와 같이 초등 교사를 꿈꾸고 있습니다. 그 친구와 나중에 초등 교사가 되어서 "OO한 일이 생긴다면 어떻게 할까?"라고 이야기를 주고받거나 교육적인 책을 읽고 의견을 나누면서 함께 꿈을 키워 왔습니다. 훗날 함께 초등학교 교사가 되어서도 서로에게 피드백을 해 주는 관계를 이어 나가고 싶습니다.

Q · 자소서에 보면 아동 학대에 관한 이야기가 있는데 아동 학대의 사례를 한 가지 들어 볼래요? 이에 대해 긍정적인 에너지를 전하고 싶다고 했는데 구체적으로 어떤 방법이 있는지 한 가지 말해 보세요.

몇 달 전 신문에서 아버지가 아이를 감금한 뒤 아무 음식도 주지 않고 폭력을 행사하여 결국 아이가 배수관을 타고 탈출해서 근처 슈퍼에서 음식을 훔쳐 먹다가 경찰에 신고되어 아동 학대 사실이 알려진 사건을 보게 되었습니다. 학교에 다니는 아동이라면 아이가 장기 결석을 했을 텐데 이에 대해 교사가 관심을 기울이지 않았다는 사실이 매우 가슴 아팠습니다. 저는 제 긍정적인 에너지를 통해 아이들에게 먼저 다가가 대화하고 신뢰를 쌓고 싶습니다. 신뢰를 쌓는 데는 교육 칼럼에서 보았던 '글똥 누기'를 사용하고 싶습니다. 글똥 누기는 하루 동안 자신에게 있었던 일을 한두 줄 정도로 써서 서로 소통하는 방식인데 교사인 저도 참여한다면 아이들에게 신뢰를 쌓기 좋을 것이라고 생각합니다.

Q · 자, 마지막으로 준비해 온 말이 있나요?

네, 있습니다. 고등학교 3학년 담임선생님께서는 저를 항상 '낭중지추'라고 부르셨습니다. 주머니 속의 송곳처럼 아무리 가리려고 해도 결국 두각이 들어나는 다재다능한 사람이라는 뜻으로 붙여 주신 별명이었습니다. 처음에는 저에게 과분한 별명이라고 생각했지만, 다양한 분야에 관심을 가지고 파고드는 저의 성격 덕분에 얻은 별명인 것 같습니다. 실제로 고등학교 재학 기간 동안 문학 동아리, 영어 듣기 DJ 등과 같은 다양한 분야에서 활동하며 예비 초등 교사로서의 역량을 키워 왔습니다. 하지만 송곳은 쇠로 이루어졌기 때문에 지속적으로 갈고닦지 않으면 녹슬기 마련입니다. 제가 부산교대에 입학한다면 이러한 저의 재능을 갈고닦아 아이들을 위한 훌륭한 초등 교사가 되고 싶습니다. 감사합니다!

대구교육대학교 초등교육과 참스승전형

면접 유형	면접 시간	면접관 수	면접 절차
집단 면접	15분 내외	3명	3인이 한 조가 되어 면접실 입실 → 제시문이 주어진 뒤 이 면지에 메모하면서 2분간 준비 → 원하는 순서대로 발표
개별 면접	10~15분 내외	3명	서류 중심 질문

1. 집단 면접

▶ **제시문:** 반에 미술을 좋아하는 학생이 있는데 다른 수업 시간에도 교과서에 그림을 그리고 수업에 집중하지 못한다. 이 반의 담임선생님이라면 어떻게 지도할 것인지 고교 생활의 경험을 인용하여 그 이유와 함께 말해 보라.

〈음악〉 시간에 드뷔시의 〈달빛〉을 듣고 떠오르는 장면을 그리는 활동을 했던 경험을 인용하며 다른 교과 수업을 〈미술〉과 접목시킨다면 아이가 그 과목에도 흥미를 가질 것이라는 답변을 했습니다. 〈수학〉 시간에 수학 개념을 만화로 그려서 친구들에게 발표하는 방식을 예로 들면서요. 다른 친구들의 발표가 끝나고 남은 시간에는 서로 질문하거나

120

교수님이 질문하시거나 자신의 의견 보충하는 시간이 주어집니다. '만약 수업 시간에 아이가 하고 싶은 걸 할 수 있게 그림을 그리도록 내버려 두는 선생님이 있다면 어떻게 설득할 것인가?'라는 추가 질문이 주어지기도 했습니다.

2. 개별 면접

Q ・ 1학년 때는 비교적 성적이 낮네요? 점점 오른 거 보니깐 정신 차린 건가요?

네. 맞습니다. 1학년 때는 꿈에 대해서 구체적인 목표가 없었지만 교대라는 목표가 생겼고 2학년 때부터 교육과 관련된 여러 가지 활동을 하면서 초등 교사에 대한 꿈이 좀 더 간절해졌습니다. 그 간절함이 성적에도 나타난 것이라고 생각합니다.

Q ・ 그럼 성적이 향상되면서 느낀 점이나 배운 점이 있나요?

아무래도 성적이 오를 수 있었던 것은 주요 과목뿐만 아니라 다른 〈중국어〉나 〈과학〉 같은 과목들도 열심히 했기 때문인 것 같습니다. 초등 교사는 다양한 과목을 가르칠 수 있는 역량이 필요하다고 생각했기 때문에 주요 과목이 아니라고 해서 소홀히 하지 않았습니다. 후에 초등 교사가 되어서 아이들을 가르칠 때도 큰 도움이 될 것이라고 생각합니다.

부산교육대학교 초등교육과(전우진) ▸ 답변에는 항상 사례가 뒤따라야

Q · 1학년 때는 〈국어〉 교사, 2학년과 3학년 때는 초등학교 교사가 꿈이네요.
초등 교육과 중등교육의 차이점이 있다면?

먼저 초등학생들은 가정이라는 환경에서 벗어나서 처음으로 집단인 학교에 와
서 생활하는 것이기 때문에 초등교육에서는 아이들이 올바른 인성을 형성하도
록 돕는 것이 중요하다고 생각합니다. 두 번째로 초등학교는 단일 과목을 가르
치는 중학교와는 달리 담임교사가 모든 과목을 가르치기 때문에 서로 다른 과
목 간의 융·복합이 가능하다고 생각합니다.

Q · 그럼 본인이 느끼는 초등 교사의 가장 큰 매력은 뭐라고 생각하나요?

아까 말씀드린 것처럼 초등학교에서는 아이가 올바른 인성을 형성할 수 있도록
돕는 것이 가장 중요하다고 생각합니다. 따라서 이 시기에 형성되는 인성이나
가치관들이 크게 보면 아이의 인생에 지대한 영향을 미칠 것입니다. 아이의 인
생에 있어서 중요한 시기를 함께하고 도울 수 있다는 점이 초등 교사의 가장 큰
매력이라고 생각합니다.

Q · 중학교 학생들도 사춘기를 겪기 때문에 중학교에서의 인성 교육도 중요
할 것 같다고 생각하는데 초등학교에서의 인성 교육과 중학교에서의 인성 교육
은 어떤 차이점이 있을까요?

초등학생들은 아직 사람들과의 의사소통 경험이 상대적으로 부족하기 때문에
기본적인 인성을 배운 뒤에 스스로 의사소통을 하면서 배워 나가는 단계이고,
중학생들은 의사소통 경험이 어느 정도 쌓였기 때문에 의사소통을 하면서 생기

는 갈등과 상황에 맞춘 인성 교육이 이루어져야 한다고 생각합니다.

Q · **수시에서 교대는 얼마나 지원했나요? 떨어진 곳도 있나요? 대학 이름은 말 안 해도 돼요.**

저는 수시 6장 중에 교대는 5장을 쓰고 한 곳은 교육학과에 지원했습니다. 떨어진 곳도 있습니다.

Q · **그럼 교대에 떨어진 이유가 뭐라고 생각해요?** (당황하니 질문을 바꾸심) **아, 그러면 떨어졌을 때 어떤 생각이 들었어요?**

(질문의 의도를 이해하지 못했지만 솔직하게 대답했음) 네, 저는 집에서 가장 가까운 교대에 떨어졌습니다. 사실 저는 19년 동안 부모님 곁에서 떨어져 살아 본 적이 없습니다. 기숙사 생활도 한 번도 해 보지 않았습니다. 가까운 교대가 떨어지면서 이제 부모님과 떨어져 지내야 되는데 더 많은 경험을 할 수 있도록 하늘이 주신 기회라고 생각합니다. 그래서 기대됩니다!

Q · **독서 활동에 《허생전》을 읽었다고 되어 있네요. 읽고 느낀 점이 무엇인가요?**

《허생전》에서는 주인공 허생이 특정 물품을 매점매석해서 돈을 버는 이야기가 주를 이루고 있습니다. 하지만 저는 《허생전》에서 가장 기억에 남는 인물을 허생의 아내라고 생각합니다. 허생의 아내는 허생이 과거를 보지 않고 글공부를 할 때도 돈을 벌기 위해 나갔을 때도 허생을 위해 희생적으로 살았습니다. 저도 허생의 아내처럼 아이들에게 희생적인 교사가 되고 싶습니다.

Q · 그럼 허생의 매점매석이 가능했던 것은 당시 조선 경제 시스템의 문제였을까요?

아무래도 당시 조선 경제 시스템의 문제 때문이었다고 생각합니다. 그렇기 때문에 《허생전》의 작가인 박지원은 이러한 조선 경제의 문제점을 조선의 관료들이나 백성들에게 알리기 위해 이 소설을 쓰기 않았을까 하는 생각이 듭니다.

Q · 현대사회에는 매점매석을 막기 위한 여러 가지 규제가 있어요. 이러한 규제들에 대해 어떻게 생각해요?

《허생전》에서 허생은 허생 한 명의 개인이었지만, 요즘 우리 사회에서는 대기업들이 경제 상황에 큰 영향을 주고 있습니다. 대기업들이 매점매석을 통해 시장 경제를 쥐락펴락하고 부당한 방법으로 이익을 취한다면 이에 대한 조치가 반드시 있어야 한다고 생각합니다.

진주교육대학교 초등교육과

허은희

"낯선 친구들과 연습할수록 좋다"

출신 고등학교명	경남 진주제일여자고등학교	고등학교 유형	평준화 일반
합격 교육대학교			
대학교		학과	전형
진주교육대학교		초등교육과	지역인재선발
경인교육대학교		초등교육과	교직적성잠재능력우수자

자기소개서, 나는 이렇게 준비했다

1. 고등학교 재학 기간 중 학업에 기울인 노력과 학습 경험에 대해, 배우고 느낀 점을 중심으로 기술해 주시기 바랍니다. (1,000자 이내)

저는 아이들이 학교에서 배운 내용을 바탕으로 다양하게 자신의 생각을 펼쳐 나가도록 돕는 교사가 되고 싶습니다. 그래서 평소 한 가지 주제에 대해서도 생각을 뻗어 가며 공부를 해 왔습니다. 수업 시간에 다문화 사회에 대해 배우면서 현재 우리 사회가 다문화 사회가 되어 간다는 것을 실감하고 이 과정에서 생기는 문제점의 해결 방안에 대해 구체적으로 알아보고 싶었습니다. 교과서를 찾아보니 특히 사회화와 교육제도 부분에서 다문화 사회의 문제점이 드러나고 있었습니다. 그래서 그 부분에 관련된 통계 자료와 논문을 찾아보았습니다. 그러나 양적 연구만으로는 문제를 다면적으로 다루는 데 한계를 느끼고 다문화지원센터 담당자 및 다문화 가족들과 직접 면담하며 제가 양적 연구로 알아본 내용과 비교해 보았습니다. 이를 통해 학교에서 배운 내용으로부터 시작해 궁금한 점을 하나씩 채워 나가는 과정의 즐거움을 알게 되었습니다. 특히 사회문화를 배운 후 기능론과 갈등론의 시각에서 제가 탐구한 내용을 분석해 보는 보람은 매우 컸습니다. 저는 이러한 경험을 통해 자기주도적 탐구 학습의 가치와 활용 가능성을 다시 한 번 체감하게 되었습니다.

〈국어〉 과목의 고전문학을 공부할 때 가사와 연시조는 내용이 많고 해석이 어려워 글로 모든 내용을 머릿속에 넣기 힘들었습니다. 그래서 작품마다 전체 내용을 백지 한 바닥에 그림으로 표현한 후 주요 어휘와 구절을 적어 놓은 저만의 고전 그림집을 만들었습니다. 그림집 뒷면에는 선생님께 질문했던 내용과 EBS 질문 게시판의 주요 질문들을 적어서 정리했고 그림집 하나로 작품에 대해 완벽하게 이해할 수 있도록 구성했습니다. 이렇게 하니 공부한 내용이 뚜렷하게 정리되었고 어려워 보이던 고전문학이 오히려 자신 있는 과목으로 바뀌게 되었습니다. 이 과정에서 저는 앞으로 어떤 어려운 내용을 배우더라도 적절한 공부 방법을 찾으면 얼마든지 헤쳐 나갈 수 있다는 자신감을 얻었습니다. 또 교사가 되었을 때도 이런 경험을 활용하여 학생들의 학업을 도울 수 있을 것이라는 값진 교훈도 얻게 되었습니다.

2. 고등학교 재학 기간 중 본인이 의미를 두고 노력했던 교내 활동을 배우고 느낀 점을 중심으로 3개 이내로 기술해 주시기 바랍니다. 단, 교외 활동 중 학교장의 허락을 받고 참여한 활동은 포함됩니다. (1,500자 이내)

1. 교육 동아리 누리보듬 활동

교육에 관심이 있는 친구들과 동아리를 꾸리고 함께 꿈을 이뤄 가는 즐거움을 느끼고 싶어 직접 교육 동아리를 만들었습니다. 제가 해 보고 싶었던 활동들과 부원들이 원하는 활동을 조합하여 1년간의 활동을 알차게 계획하고 이끌어 나갔습니다. 여러 활동 중 가장 의미 있었던 것은 '교육 전문 서적 탐구 활동'이었습니다. 우리 교육에 대해 좀 더 심도 있게 탐구해 보고 싶어 《교사 역할 훈련》과 《교육학개론》 책에서 각자 원하는 부분을 나누어 발표하고 토론을 진행했습니다. 저는 '교육의 역사' 부분에 대해 발표를 준비하면서 조선 후기에서 현대에 이르는 교육의 역사와 삼국시대 교육 방법을 비교하였는데, 이 과정에서 앞으로 우리 교육이 지향해야 할 가치에 대해 많은 고민을 하게 되었습니다. 부원들의 발표 내용을 듣고 토론하면서 교육계의 이슈를 볼 때도 다양한 안목으로 생각해 볼 수 있다는 것을 알았습니다. 그리고 교육의 본질에 대한 저의 궁금증을 조금이나마 해소하고 교대에 진학하여 교사와 학생 간의 의사소통 방법과 교육 방법론에 대해 좀 더 깊이 배우고 싶다고 생각하게 되었습니다.

2. 청소년 문화 개선 활동

청소년 문화에서도 특히 '학교 폭력' 문제에 관심이 많아 이와 관련된 교내 활동이 있으면 적극적으로 참여했습니다. 평소 학교 폭력 관련 이슈를 거시적 측면과 미시적 측면으로 분석하고 이에 대한 해결 방안을 구체적으로 생각해 보았습니다. 그리고 '학교 폭력 예방 어울림 활동'에 참가한 내용과 이전에 읽고 분석했던 자료를 진로 시간 및 교육 봉사 시간에 활용해 보았습니다. 먼저 《청소년의 법과 생활》이라는 책에서 모티브를 얻어 학생들의 행동과 관련 법안들을 그림 이야기로 나타낸 스토리북으로 역할 놀이를 해 보았습니다. 또 '침묵과 소통의 이어 그리기'를 통해 혼자보다는 타인과의 소통을 통해 목표를 보다 빨리 달성하고 각자의 생각을 정확히 이해할 수 있다는 것을 깨달았습니다.

학생들의 바른 언어 사용을 장려하는 '바른말 누리' 동아리원을 모집한다는 말을 듣고 학생들의 언어 사용 문제를 해결하는 연구를 해 보고자 참여했습니다. 우선 학생들의 언어 사용 실태를 알아보고 바르지 않은 말은 어떻게 고쳐 사용해야 하는지 찾아본 후 캠페인을 통해 알려 주는 역할을 하기로 마음먹었습니다. 이에 동료들과 또래 친구들의 언어 사용 실태를 파악해 바른말 소개 책자를 만든 후 학교 캠페인과 지역 방송 1분 캠페인을 실시했습니다.

이러한 활동을 하면서 무엇보다 제 노력으로 인해 친구들이 자신의 생활을 반성해 보고 주변 문제에 조금이라도 관심을 갖고 찾아보게 된다는 점에서 제 꿈에 한 발짝 더 다가간 기분이 들었습니다. 또 교사로서 학교 폭력과 언어 문제를 예방하고 해결할 수 있는 방안에 대해 구체적으로 탐구해 보겠다는 목표를 세우게 되었습니다. 즉 다른 동료 및 전문가들과 학교 폭력 연구 공동체를 만들고 싶다는 생각을 해 보았습니다. 그리고 제가 했던 활동처럼 학생들이 자신들의 생각을 담아 청소년 문화를 개선하기 위해 좀 더 능동적으로 나서서 활동하는 과정을 이끌어 주고 싶다고 생각하게 되었습니다.

3. 학교생활 중 배려, 나눔, 협력, 갈등 관리 등을 실천한 사례를 들고, 그 과정을 통해 배우고 느낀 점을 기술해 주시기 바랍니다. (1,000자 이내)

'선학촌극제'에 출전했을 때 대표 작가는 정통 사극처럼 스토리가 탄탄한 연극을 하고자 했으나 공연 시간 제한이 있다 보니 대표 작가와의 마찰이 많았습니다. 그러다 보니 리허설을 할 때마다 시간이 초과되었고, 여러 해결책을 강구하다가 저와 몇몇 친구들이 먼저 나서서 담임선생님과 배우들의 조언을 참고해 촌극의 주제와 특성을 잘 살릴 수 있는 요소를 적절히 섞어 압축했습니다. 비록 대표 작가와 충분히 상의하지 못하고 대본을 수정해 아쉬웠지만 대표 작가 역시 수준 높은 촌극을 위해 협력하자는 저의 의도를 이해해 줘서 시간 제약에 걸리지 않으면서도 완성도 높은 대본을 쓸 수 있었습니다. 이 일을 통해 때로는 모두가 다 만족하진 못해도 차선책을 택해 구성원들의 의견을 듣고 조율하며 일을 마무리할 수 있다는 것을 깨달았습니다. 그리고 저와 생각을 공유하고 저의 의견을 지지해 주는 친구가 있거나 선생님이 계시다면 더욱 든든하게 일을 추진해 나갈 수 있다는 것을 알게 되었습니다.

우리 학교에는 도움이 좀 더 필요한 친구들이 수업 받는 '학습 도움실'이 있습니다. 입학한 후 특수 아동에 관한 책을 읽으면서 그 친구들과 더 친하게 지내고 싶다고 생각했습니다. 그래서 인사도 하고 말도 걸고 싶었지만 가까워질 기회가 없어 늘 아쉬웠습니다. 그러던 중 도움실 친구 한 명이 자신의 담당도 아닌 화장실 청소를 하고 있기에 왜냐고 물었더니 '화장실이 더러워서 그냥 우리가 하는 거야'라고 말했습니다. 그 친구들의 따뜻한 마음이 저에게도 전해지면서 같이 청소를 했고 그 이후로 마주치면 큰 소리로 인사하고 일상을 털어놓는 사이가 되었습니다. 더불어 2학년 때부터 장애인 보호시설 봉사 활동을 하게 되어 더 많은 친구와 사귀고 이야기할 수 있게 되어 즐거웠습니다. 그 친구들과 함께하면 조금 더 많은 힘을 쏟아야 하지만 그만큼의 힘이 고스란히 제 가슴으로 전해져 큰 보람을 느낄 수 있었고 훗날 초등 교사가 되면 통합 학급을 맡고 싶다고 생각하게 되었습니다.

4. 초등 교사에게 필요한 자질이 무엇이라고 생각하는지 쓰고, 그 자질을 갖추기 위해 어떤 노력을 해 왔는지를 구체적으로 기술하시오. (1,500자 이내)

제가 생각하는 초등 교사에게 필요한 자질은 '다양한 교수법에 대한 고찰'과 '아이들과의 소통'입니다. 그래서 교육 봉사 활동과 탐구 활동을 해 오며 항상 '어떻게 하면 한 가지 주제를 갖고도 다양한 방법으로 가르칠 수 있을까?'에 대해 고민했습니다. 〈과학〉 수업을 할 때 봉사 팀원들과 수업 내용을 의논하다가 '실험 관찰'을 바탕으로 아이들이 자연스럽게 받아들일 수 있는 과학 연극을 꾸며 보기로 했습니다. 〈춘향전〉을 공연하며 불꽃 반응 실험으로 불꽃놀이를 연출하고 연극 전에 다 함께 만든 전기

램프를 밤중 만남을 연출할 때 이용해 보았습니다. 공연 중간에 원리를 물어보니 기억을 더듬어 가며 서로 손을 들며 말하는 등 평소보다 더 적극적으로 참여한다는 것이 느껴졌습니다. 그리고 저도 새로운 수업을 개발할 수 있다는 자신감이 생겼고 교대에 입학해 교육 자료 제작법에 대해 전문적으로 배워 보고 싶습니다.

교과 활동뿐만 아니라 비교과 활동을 할 때도 다양한 방법을 추구하였습니다. 중학교 과학 동아리에서 '진주의 문화재 속 과학 찾기'를 주제로 정해서 활동했습니다. 촉석루가 탐구 대상이라면 직접 단청장과 만나며 단청 입자 크기 분석 등을 하고 사용한 목재의 전염 시간과 함수율을 측정하는 등의 탐구를 진행했습니다. 그 탐구 내용을 바탕으로 체험 프로그램을 만들고 문화재 지도와 앱을 만드는 것까지 주도적으로 나서며 다양성을 추구했습니다. 이를 고등학교 때도 적용하여 현장 체험 학습 때 학습지를 제작하기도 하고 '하동 녹차와 지리적 표시제'라는 주제로 '어떤 점을 연구하면 좋을까?'에서 시작해 '커피처럼 찻잎 로스팅 기계를 발명하면 집에서 녹차를 더욱 생생하게 느끼며 먹을 수 있지 않을까?'라고 생각하며 도면을 그려 보기도 했습니다. 훗날 교단에 서게 되면 이렇게 다양한 탐구 방향들을 잡아 체험 학습을 가거나 인터뷰하며 궁금한 점을 해결하는 과정을 학생들과 함께하면 참 좋겠다는 생각을 많이 했습니다.

'아이들과의 소통'을 위해 수업을 하거나 탐구를 할 때 자주 아이들이나 친구들에게 생각을 물어보았습니다. 교육 봉사를 꾸준히 하면서 아이들의 눈높이에서 대화를 걸면 조용하던 아이들도 재잘대며 자신의 이야기를 한다는 것을 느꼈습니다. 그래서 매 수업마다 아이들의 이야기를 묻는 부분을 두어 골고루 그 주제에 대해 각자의 이야기를 해 볼 수 있도록 했습니다. 그러나 가끔 수업에 흥미를 갖지 못하고 소통을 거부하는 친구들이 있기도 했는데 이때는 포기하지 않고 팀원들과 그 친구가 동참할 수 있는 방법을 토의하기도 하고 상담 선생님께 찾아가 조언을 구하기도 했습니다. 그 친구가 악의적인 마음을 가졌기보다는 진정으로 원하는 것이 제가 짐작한 것과 다르다는 것을 지속적인 대화를 통해 알게 되었고 이런 상황을 해결해 나가며 교육 심리에 대해서도 대학에서 심도 있게 배워 보고 싶다는 생각을 하게 되기도 했습니다. 무엇보다도 교육 봉사를 통해 '어떻게 아이들 한 명 한 명에게 모두 저의 관심과 사랑을 가득 주며 의사소통할 수 있을까'에 대한 평소 저의 생각을 실현하고 예비 교사로서 성장할 수 있었습니다.

진주교육대학교 초등교육과(허은희) ▸ 낯선 친구들과 연습할수록 좋다

면접, 이것만은 기억하라

활동 내용을 잘 정리해 숙지하라

우선 담임선생님께 면접 후기 관련 책자들을 받은 뒤 직접 예상 질문을 만들어 정리했습니다. 경상남도교육청에서 찾아가는 모의 면접을 실시한다는 공지를 보고 신청하기도 했습니다. 모의 면접을 할 때는 학교 선생님들께서 찍어 주신 동영상을 보고 말할 때 주의할 점과 고쳐야 할 자세 등을 알 수 있었습니다. 학교에서 모의 면접을 몇 번 해 보고 나니 저의 학생부를 좀 더 꼼꼼히 볼 필요가 있다는 생각이 들었습니다. 1~2학년 때 한 활동, 특히 독서 활동은 시간이 지나 모의 면접할 때 기억이 잘 나지 않는 경우가 있었기 때문입니다. 그래서 자소서를 쓸 때처럼 학생부에 나와 있는 모든 활동을 목록으로 만들어서 그 활동에 관련된 것들을 적고 독서 활동에 기록된 책들은 다시 한 번 훑어보았습니다.

낯선 친구들과 함께 연습하라

진주교대와 경인교대는 모두 개인 면접과 집단 면접이 있었는데 집단 면접은 학교 친구들이나 다른 학교 친구들과 함께 연습했습니다. 먼저 같은 대학 1차에 합격해 면접 대상자가 된 친구들끼리 모여 대학 홈페이지에 있는 기출문제를 뽑아 연습했습니다. 입학처에 올라온 면접 방식을 설명한 동영상이나 그림을 보고 칠판과 책상을 배치한 후 실제

시간을 재고 종이와 펜까지 유사한 것을 이용해서 최대한 실전에 가깝게 연습했습니다. 그리고 집단 면접을 할 때 동영상을 찍어 서로의 자세와 말투, 습관에 대해 의견을 주고받았을 뿐만 아니라 발언 횟수도 세어 토의에 모두 적극적으로 참여하고 공평하게 발언 기회가 돌아갔는지도 확인했습니다. 홈페이지에 있는 기출문제 중 최근 3년 치는 모두 살펴보았는데 그러고 나니 발표 시간도 대강 맞추고 토의에 참여하는 방법도 알 수 있었습니다. 더 나아가서 그해 교육 이슈를 찾아보며 같이 준비하는 친구들이 주제별 예상 문제를 만들어 와서 모의 집단 면접을 진행했습니다.

다른 학교 친구들과 함께하니 같은 학교 친구들과 할 때는 보이지 않았던 것을 알 수 있었습니다. 예를 들어 친한 친구들끼리 하다 보니 어색함이나 발언의 불공평성이 없었지만 다른 학교 친구들과 하면서 이러한 부분들에 대한 어려운 점을 느끼며 실제 상황에서 어떻게 해야겠다는 방향을 잡을 수 있었습니다.

개인 면접을 준비할 때는 제 학생부와 자소서를 계속 검토하고 친구들에게 제 것을 보여 주며 질문을 받아 보았습니다. 그리고 내가 어떤 교사가 되고 싶은지, 지원 동기, 하고 싶은 말 등 3가지는 미리 정리하고 외운 후 면접 보기 전에 다양한 사람을 대상으로 말하는 연습을 했습니다.

대학 홈페이지에 나와 있는 기출문제 말고도 교대 입시 카페에 가입하여 면접 후기와 예상 면접 문제를 찾아보았습니다. 특히 경인교대 면접을 준비할 때는 주변에 경인교대에 합격한 사람이 없고 제가 사는 지역과 멀다 보니, 진주교대와 면접 방법이 구체적으로 어떻게 다른지 알 수가 없었습니다. 유튜브에 '경인교대 면접'을 검색하니 마침 경인교대 선배들이 찍어 놓은 동영상이 있어 그것을 보고 면접을 잘 대비할 수 있었습니다. 만약 혼자서 면접을 준비해야 하는 상황이라면 카페, 동영상 사이트, 대학 입학처 등 여러 곳을 찾아보며 최대한 많은 정보를 얻고 연습하기 바랍니다.

면접, 내가 받은 질문

진주교육대학교 초등교육과 지역인재선발전형

면접 유형	면접 시간	면접관 수	면접 절차
개별 면접	10분	3명	학생부, 제출 서류, 교양, 인성 및 교직관과 교직 수행에 필요한 전문성 및 잠재력에 대한 질문
집단 면접	30분	3명	주어진 의제에 대한 발표 및 토의 (조별 6인 내외 구성) → 면접관 질의응답

1. 개별 면접

Q • 학교에 올 때 뭘 타고 왔나요? 오는 길에 뭘 했어요?

부모님 차를 타고 왔습니다. 오면서는 면접 예상 질문을 생각하면서 왔습니다.

Q • 학교에서 활동하면서 가장 인상 깊었던 활동은 뭔가요?

저는 동아리 활동이 가장 인상 깊었습니다. 제가 하고 싶었던 활동들을 관심사가 비슷한 친구들과 함께해 나가며 궁금했던 것을 해결하고 교육 분야에 대해 다양한 안목으로 바라볼 수 있는 기회가 되었습니다.

Q • 학교 활동 중 가장 협동심을 키울 수 있었던 활동은 무엇인가요?

가장 협동심을 키울 수 있었던 활동은 학생회 활동이었습니다. 학교 행사 때마다 필요한 물품을 준비하고 진행 도우미를 하는 등 함께 일을 진행해야 하는 활동이 많았기에 자연스럽게 협동심을 키울 수 있었습니다.

Q • 《통섭의 식탁》을 읽었는데 무슨 내용이었나요?

크게는 작가가 책을 소개하는 책이었습니다. 최재천 교수가 선별한 다양한 분야의 책 읽기를 코스 요리에 빗대어 소개해서 지식의 통섭에 대해 한 번 더 생각해 볼 수 있는 기회가 되었습니다.

진주교육대학교 초등교육과(허은희) ▸ 낯선 친구들과 연습할수록 좋다

Q · **교육 봉사 활동은 어떻게 했나요?**

교육 봉사 활동은 월 1~2회 2시간씩 주제를 정해서 직접 수업하는 형식으로 진행했습니다. 저는 〈한국사〉 과목을 맡아 한국사 연대순대로 각 달의 주제를 정한 다음 주제에 따라 수업, 체험 활동, 공작 활동, 학습지 등 다양하게 수업을 구성하여 진행했습니다.

2. 집단 면접

▶ **제시문 1:** 초등학교 저학년 학생이 수업을 시작하자 자신이 하고 싶은 말이 있다고 했지만 담임교사가 수업 진도 때문에 자세히 들어 주기를 거절하는 상황
▶ 제시문 2: 초등학교 고학년 학생이 수업 시간에 열심히 참여하지 않아 교사가 그 이유를 묻자 자신의 이야기도 자세히 들어 주지 않는데 수업에 열심히 참여하지 않을 거라고 말한 상황

Q · **들어 주기와 들려주기 수업 방식 중 어느 것이 더 좋다고 생각하나요?**

들어 주기가 좀 더 좋다고 생각합니다. 특히 초등학생은 자신의 생활과 학교에서 배우는 내용과 연계가 크기 때문에 들어 주기를 수업 속에 녹여내며 학생들의 참여를 높이는 것이 가장 중요하다고 생각합니다.

Q · **실제 들어 주기 또는 들려주기를 한 경험은?**

교육 봉사 활동을 하면서 그 두 가지를 같이 했습니다. 한 가지 주제에 대해서

수업을 하면 그 수업의 주제 단어를 띄워 주고 이에 관련된 경험을 아이들이 한 명

씩 말하고 수업을 시작했습니다. 즉 먼저 들어 주기를 한 다음 내가 준비한 것을 들

려주었습니다.

진주교육대학교 초등교육과(허은희) · 낯선 친구들과 연습할수록 좋다

한국교원대학교 초등교육과

정재은

"주위를 신경 쓰지 않는 연습"

출신 고등학교명	충북 봉명고등학교	고등학교 유형	평준화 일반
합격 교육대학교			
대학교	학과		전형
한국교원대학교	초등교육과		학생부종합우수자
청주교육대학교	초등교육과		고교내신우수자
고려대학교	영어교육과		학교장추천
충북대학교	영어교육학과		일반(교과)

자기소개서, 나는 이렇게 준비했다

1. 고등학교 재학 기간 중 학업에 기울인 노력과 학습 경험에 대해, 배우고 느낀 점을 중심으로 기술해 주시기 바랍니다. (1,000자 이내)

'일상 속 사례를 통해 개념을 확실히 이해하고, 배운 내용을 다양한 방식으로 적용해 보며 공부의 폭을 넓혀 보자.' 사회탐구를 암기 과목이라고 생각했던 저는 말 그대로 달달 외워 문제를 푸는 방식에 한계를 느꼈고, 고민 끝에 이러한 계획을 세웠습니다. 〈법과 정치〉를 공부하면서 수업을 듣고 이해한 내용을 외우는 데 집중하던 중에 제가 선거 단원에 특히 약하다는 것을 깨달았습니다. 그래서 선거 관련 기사를 찾아보고 개념을 적용해 보았습니다. 무작정 외우려고 할 때보다 '여소야대, 비례대표제' 등의 개념이 더 쉽게 느껴졌고, 아는 만큼 보인다는 말처럼 현실 정치도 폭넓게 이해할 수 있었습니다. 교과서에 국한되어 시험이 끝난 후에 잊어버리는 시험을 위한 공부가 아니라 호기심을 가지고 즐겁게 공부하는, 진정한 공부 방법을 배웠습니다.

수업 시간에 배운 내용을 적용해 보는 방법은 영어 학습에도 큰 도움이 되었습니다. 영어를 활용하는 능력을 길러 보고자 가입한 영자 신문 동아리에서 원어민 선생님의 도움을 받아 영어로 제 생각을 표현하는 데 큰 매력을 느꼈습니다. 그래서 교내 영어 축제 때 열리는 Essay 대회에 매년 참가했습니다. 처음에는 정해진 주제에 대한 제 생각을 표현하는 활동에 익숙하지 않아서 내용을 어떻게 구성해야 할지 막막했습니다. 하지만 활동을 거듭할수록 배운 표현들을 다양하게 활용하는 법을 터득해 처음에 겪었던 어려움을 해결할 수 있었고, 포기하지 않은 결과 좋은 성적을 얻었습니다.

이러한 여러 번의 시도 끝에 저만의 공부 방법을 찾았습니다. 각종 개념을 일상생활에서 쉽게 발견하게 되어, 책에서만 지식을 얻을 수 있는 것이 아니라 우리 주변에도 다양한 학습 방법이 있다는 것을 깨달았습니다. 그리고 일상생활 속에서 교과서를 통해 배운 개념들을 직접 찾아보며 새롭게 알아 가는 즐거움을 알게 되었습니다. 향후 이론을 깊이 있게 공부하고, 여러 가지 방식으로 접근해 봄으로써 제가 느껴 온 배움의 즐거움을 아이들에게도 알려 줄 수 있는 교사가 되기 위해 노력할 것입니다.

2. 고등학교 재학 기간 중 본인이 의미를 두고 노력했던 교내 활동을 배우고 느낀 점을 중심으로 3개 이내로 기술해 주시기 바랍니다. 단, 교외 활동 중 학교장의 허락을 받고 참여한 활동은 포함됩니다. (1,500자 이내)

저는 영어에 대한 관심이 많았기 때문에, 실제적인 영어 실력을 키우는 동시에 학생들과 소통하는 교사가 갖추어야 할 자질을 배우는 데 많은 노력을 기울였습니다.

먼저 영자 신문 동아리 활동을 통해 '영어'에 대한 두려움을 줄이고, 흥미를 늘릴 수 있었습니다. 2년간 3회의 정기 뉴스 레터 및 신문을 발행하면서 영어로 제 생각을 표현해 가는 방법을 배웠습니다. 어휘력 또한 확장할 수 있었고, 문법 실력이 탄탄해지는 제 모습을 보며 뿌듯함을 느꼈습니다.

저는 기사를 쓸 때, 주제를 정하고 나서 그에 관해 동아리 부원들의 이야기를 들어 봄으로써 읽는 사람이 한 번 더 생각해 볼 수 있도록 하는 데 초점을 맞추었습니다. 교권 침해, 인터넷 실명제 등의 주제에 대해 제 생각을 먼저 주장하기보다는 제가 조사한 내용에 대한 동아리 부원들의 다양한 의견들을 비교하고 해결책을 들어 보았습니다. 이를 통해 글을 쓸 때는 사람마다 보는 관점이 다르기에 하나에 얽매이지 말고 여러 견해를 살펴보며 타인의 의견을 수용하고 존중하는 태도를 지녀야 한다고 생각했습니다.

'페다고지'는 교육 관련 다양한 활동을 통해 교육에 관해 탐구해 보고자, 제가 비슷한 진로를 꿈꾸는 친구들을 모아 만든 동아리입니다. 그중에서 직접 수업을 해 보고 서로의 부족한 점을 찾아 채워 주는 수업 시연 활동이 가장 기억에 남습니다. 첫 수업 시연 때는 제 관점에서, 제가 이해한 대로 수업을 진행하다 보니 많이 헤맸고, 친구들은 제 설명을 이해하기 어려워했습니다. 각자 이해하는 방식에 차이가 있음에도 불구하고 제 방식을 강요했던 것입니다. 친구들의 피드백을 고려하여, 다음 시연에서는 수업하면서 질문도 받아 주고, 친구들이 처음 배운다고 생각하며 꼼꼼하게 수업을 진행했습니다. 열심히 시연한 제게 친구들은 이제 진짜 선생님이 된 것 같다며 칭찬해 주었습니다. 이러한 활동을 통해 교사의 가르침은 일방적으로 교사의 관점에서 지식을 전달하는 것이 아니라 아이들의 관점에서 이해하기 쉽도록 해야 한다는 것을 깨달았습니다. 또 수업 중에 학생과 교사 간에 소통이 잘 이루어지는 수업이 좋은 수업이라고 생각했습니다.

'교내 꿈 발표 대회'는 교사의 꿈을 갖고 있는 저에게 매우 의미 있는 활동이 되었습니다. 저는 친구 3명과 함께 대학생과 현직 교사들을 만나 인터뷰하고 설문 조사를 진행했습니다. 대학생들과의 만남은 설렘 속에 이루어졌고, 학교 홈페이지나 인터넷을 통해서는 알 수 없었던 대학 캠퍼스 생활과 대학에 입학하기 전에 준비할 것은 무엇인지 등 평소에 궁금했던 것을 알 수 있게 되었습니다. 또 선생님들 인터뷰를 통해 저희는 교직의 만족도나 교직 생활 중 겪었던 고충 그리고 교직의 장점 등 현실적이고 구체적인 현장 이야기를 들을 수 있었습니다. 막연하게 좋기만 할 것 같았던 교직에도 양면성이 있었고, 감정 노동과 많은 업무로 인해 어려움이 있다는 사실을 알게 되었습니다. 이 활동을 통해 교직에 대해 다시 한 번 생각해 볼 수 있었고, 교사라는 직업에 대한 꿈을 더욱 확고히 다지는 계기가 되었습니다.

3. 학교생활 중 배려, 나눔, 협력, 갈등 관리 등을 실천한 사례를 들고, 그 과정을 통해 배우고 느낀 점을 기술해 주시기 바랍니다. (1,000자 이내)

10시간 이상 학교에서 생활하다 보니 교실의 쓰레기통은 매일 넘쳐났습니다. 공부하는 데 방해가 될 정도로 날이 갈수록 악취가 심해졌습니다. 교실이 더 깨끗해져야 면학 분위기가 조성될 것이라고 생각한 저는 누군가가 먼저 나서 주기를 기대했습니다. 하지만 모두 같은 마음이었는지 교실의 환경은 쉽게 나아질 기미가 보이지 않았습니다. 제가 먼저 변화를 만들어 나가야겠다는 생각에 '학급 분리수거 도우미'를 자원했습니다. 먼저, 악취와 쓰레기가 넘쳐나는 원인을 찾아보았습니다. 반쯤 남은 커피를 버리지 않고 바로 쓰레기통에 넣거나 각자 자신이 생각하는 대로 분류하는 등 분리수거가 제대로 이루어지지 않는다는 것을 발견했습니다. 처음에는 친구들에게 화부터 냈습니다. 하지만 분리수거가 제대로 되지 않는 가장 큰 원인을 고민해 보니, 친구들이 분리수거 방법을 제대로 알고 있지 못했기 때문이었습니다. 어떻게 하면 아이들이 분리수거를 잘할지 고민하며 인터넷을 찾아보던 중, 저는 모든 제품에 '분리배출 표시'가 있다는 것을 알게 되었습니다. 이를 알리기 위해 조회 시간마다 교탁에 나가 반 친구들에게 분리배출 표시에 관해서 설명해 주었고, 페트병의 라벨은 따로 떼어내 비닐로 분리하자고 말했습니다. 또 제가 먼저 틈틈이 쓰레기통을 확인해 캔과 플라스틱은 발로 밟아 부피를 줄이고 분리수거를 하니, 친구들도 동참하기 시작했습니다. 꾸준히 함께 노력해 온 결과, 학급의 분리배출이 잘 이루어져 학기마다 교내녹색학급으로 선정되었고, 친구들은 분리배출 표시를 잘 활용해 분리수거에 더욱 적극적으로 참여했습니다.

분리수거 활동을 통해 자발적으로 앞장서는 한 개인의 노력이 공동의 협력을 이끌어내어 집단의 변화를 가져오는 데 있어 무엇보다도 중요하다는 것을 배웠습니다. 남을 바꾸고자 한다면 내가 먼저 변해야 합니다. 이러한 경험을 토대로 앞으로도 집단이나 사회의 발전을 위해서라면 언제든 앞장서서 이끌어 갈 수 있는 사람이 될 것입니다.

4. 초등 교사에게 필요한 자질이 무엇이라고 생각하는지 쓰고, 그 자질을 갖추기 위해 어떤 노력을 해 왔는지를 구체적으로 기술하시오. (1,500자 이내)

교육학자 헨리 애덤스는 "교사는 영원한 영향력을 가진 사람이다. 그의 영향력이 어디쯤 가서 멈출 것인지 결코 우리는 말할 수 없다"라고 말했습니다. 이는 교사 한 사람의 역할이 아이의 무궁무진한 가능성을 더욱 빛나게 하거나 발견하지 못하게 할 수도 있다는 말이라고 생각합니다. 특히 초등학교는 중·고등학교보다 학생들에게 교사가 미치는 영향이 더 크기에 초등 교사가 갖추어야 할 자질은 더욱 중요하다고 할 수 있습니다.

만약 교사가 학생을 사랑하는 마음이 없고 학생을 믿지 못한다면, 학생들과 소통할 수 없고 올바른 길로 안내할 수 없을 것입니다. 초등학교 시절, 저는 선생님과의 긍정적인 교감과 사랑의 보살핌 속에 초등 교사라는 꿈을 가지게 되었고, 지금까지도 그 꿈을 위해 열심히 노력하고 있습니다. 그래서 초등 교사에게 필요한 첫 번째 자질로 아이들에 대한 사랑과 신뢰를 말하고 싶습니다. 이러한 자질을 갖추기 위해 1학년 때부터 현양원이라는 아동복지시설에서의 교육 봉사 활동을 통해 아이들을 만나 왔습니다. 그 과정에서 초등 교사는 단순히 지식을 전달하는 사람이 아니라는 것을 깨달았습니다. 처음에는 어색한 분위기 속에서 아이들을 가르치는 것이 쉽지 않았습니다. 하지만 시간이 흐르면서 아이들은 마음을 열었고, 저 역시 활발하고 적극적인 성격 덕에 많은 아이들과 친해져 즐겁게 공부를 가르쳐 줄 수 있었습니다. 결국, 교육은 학습자를 중심으로 이루어져야 하며, 아이들이 먼저 마음을 열어야 가능하고, 아이와의 지속적인 소통을 통해 정서적으로 긍정적인 영향을 줄 수 있을 때 진정한 의미를 갖는다고 생각합니다.

다음으로는 수업 역량을 갖추어야 합니다. 다양한 교육 방식을 연구해 보고, 교사의 일방적인 수업이 아니라 아이들과의 소통을 통해 아이들이 참여하는 수업을 만들어 가야 합니다. 저는 '페다고지'라는 교육 동아리를 만들어 부장을 맡아 동아리 부원들과 돌아가며 수업 시연 활동을 하고, 서로 부족한 점에 대해 조언해 주면서 이를 개선해 수업 역량을 키워 나가기 위해 노력했습니다. 또 다양한 교육 이슈에 관해 토론을 하면서 교육 문제에 대한 문제의식을 가질 수 있게 되었습니다. 문제의 근본적인 원인이 무엇인지, 실질적인 해결책은 무엇이 있을지에 대해 깊이 있게 생각해 볼 수 있었습니다.

마지막으로, 끊임없는 연구를 통해 여러 교과와 관련된 전문 지식을 갖춘 교육 전문가가 되어야 한다고 생각합니다. 그래서 교과 관련 지식을 갖추기 위해 모든 교과에 저만의 방법을 찾아 포기하지 않고 열심히 공부하였고, 또 주로 교육 관련 독서를 하며 교육 전반에 관해 다양한 지식을 갖추려고 노력하였습니다.

초등 교사가 되고 싶다는 생각은 자주 해 왔지만 초등학교 졸업 후 초등 교사라는 직업을 접할 수 있는 기회는 많지 않았습니다. 하지만 봉사 활동을 통해 아이들을 만나고, 교육 동아리 활동을 하고, 책을 읽으면서 막연했던 생각이 '아이들에게 긍정적인 영향을 주는 교사, 전문성을 갖춘 교사'라는 모습으로 구체화되었고, 제 꿈을 이루기 위해 학업에 더욱 열중할 수 있었습니다.

면접, 이것만은 기억하라

생각을 말로 표현하는 연습

청주교대 고교성적우수자전형은 심층 면접의 형태로 진행되었습니다. 답변을 준비하는 5분 동안 펜을 사용할 수 없어 머리로 구상만 할 수 있습니다. 그래서 짧은 시간 내에 자신의 생각을 정리하고 차분하게 말로 표현하는 연습이 필요합니다. 면접실에 들어가기 전에 머릿속으로 정리해 둔 생각을 말로 표현해 보는 것이 좋습니다. 청주교대 심층 면접에서는 학생부에 관한 질문은 거의 없기 때문에 교육 이외의 분야에서도 해당 연도의 크고 작은 이슈들을 숙지하고 가는 것을 추천합니다.

한국교원대 학생부종합우수자전형은 일반 면접과 제시문 면접이 함께 진행되었는데, 제시문은 청주교대처럼 이슈가 되었던 것들을 교육에 적용하는 내용이 나왔고, 일반 면접은 다른 학교와 마찬가지로 자소서와 학생부 내용을 꼼꼼하게 확인했습니다. 면접실에 들어가기 전에 제시문을 읽고 답변을 쓰는 시간이 있는데 면접실에 들어갈 때 종이를 가지고 들어가 보면서 면접에 임해도 됩니다. 따라서 답변을 쓰면서 말할 내용을 체계적으로 정리해 두면 좋습니다. 제시문에 관련된 질문보다 자소서와 학생부에 관한 질문을 더 많이 받았습니다.

주위에 신경 쓰지 않는 연습을 하라

전국 교대의 면접 기출문제를 모아 제한된 시간 내에 생각을 정리하고 말로 표현하는 연습을 반복적으로 했습니다. 제시문을 조용한 강의실에서 보는 학교도 있고 시끄러운 복도에서 보는 학교도 있기 때문에 주위에 신경 쓰지 않고 제한 시간을 효과적으로 활용하는 연습도 필요합니다.

질문을 이해하지 못했다면 정중히 되물어라

면접의 모든 답변은 내용에 맞게끔 길지 않게 준비하는 것이 좋습니다. 답변 내용이 길어지면 추가적인 질문이 꼬리에 꼬리를 문다는 사실! 그리고 질문을 정확하게 이해하지 못했다면 한 번쯤 다시 물어도 괜찮습니다. 긴장해 해야 할 말이 생각나지 않는다면 정중히 부탁드리고 생각할 시간을 가진 뒤 긴장을 풀고 답변을 이어 가는 것이 좋습니다.

마지막으로 하고 싶은 말을 준비하라

종종 면접관이 마지막으로 하고 싶은 말을 묻습니다. 기본적으로 이에 대한 답변을 준비해 가도록 합니다. 또 굳이 면접관이 시간을 주지 않더라도 "마지막으로 한마디만 해도 되겠습니까?"라고 정중히 물은 뒤, 미리 준비해 간 마지막 한마디를 함으로써 좋은 인상을 남기고 오는 것이 좋습니다.

면접, 내가 받은 질문

한국교원대학교 초등교육과 학생부종합우수자전형

면접 유형	면접 시간	면접관 수	면접 절차
개별 면접 (구술 평가)	10분 내외	3명	대기실 입실(인 · 적성 발표 자료 작성 10분) → 면접실 입실 → 작성 내용 발표(3분) → 발표 내용 관련 질의응답(3분) → 개방형 질문 관련 질의응답(4분)
* 면접 시간 및 절차는 학과별. 수험생별로 일부 다를 수 있음			

▶ **제시문:** 최근 인공지능이 발달해 주목받고 있다.(인공지능이 교육 분야에 이용된다면 여러 가지 변화가 생길 것이라는 내용이 이어짐)

Q · **인공지능이 학습에 도입되었을 때 예상되는 모습과 교사의 역할은 어떻게 변화할 것이라고 생각하나요?**

인공지능이 학습에 도입된다면 지식 전달의 측면에서 교사의 역할 비중이 줄어들 것입니다. 또 전문적이고 효율적인 교육이 이루어질 것입니다. 하지만 교사는 단순히 지식 전달자가 아니기 때문에 인성 교육 등의 측면에서는 여전히 교사의 역할이 중요하다고 생각합니다.

한국교원대학교 **초등교육과**(정재은) ▶ 주위를 신경 쓰지 않는 연습

Q • 초등 교사가 되었을 때 본인의 장점은 무엇이라고 생각하나요?

활발한 성격으로 아이들과 쉽게 친해질 수 있고, 친구 같은 교사가 될 수 있다고 생각합니다.

Q • 어떤 교사가 되고 싶나요?

우리나라의 교육은 입시 위주로 이루어지고 있습니다. 그러다 보니 학생 대다수가 성적에 맞추어 진로를 정하는 경우가 많습니다. 저는 직접 체험하고 경험하면서 꿈을 찾는 방법을 배워 가는 교육이 필요하다고 생각합니다. 초등 교사가 되면 아이들 모두가 꿈을 찾을 수 있게 도와주는 교사가 될 것입니다.

Q • 아이들의 꿈을 찾아 주기 위한 교육을 위해 우리 교육에서 어떤 부분이 필요하다고 생각하나요?

다양한 체험 활동 프로그램이 생겨야 한다고 생각합니다(체험 활동의 예시를 들었음).

Q • 교원대가 다른 응시자들과 비교해 본인을 뽑아야 하는 이유를 말해 줄래요?

초등 교사라는 오랜 꿈을 가지고 교원대만을 바라보며 공부해 왔습니다. 학창 시절에 했던 교육 봉사 활동을 교원대의 해외 봉사 프로그램을 통해 이어 나가고 싶습니다. 아직은 많이 부족하지만, 교수님들의 가르침을 받으며 4년 동안 공부하면 훌륭한 교사가 될 수 있을 것이라고 자부합니다.

마지막으로 한마디만 해도 될까요? (네, 해 보세요.) 아무나 가르칠 수는 있지만 누구나 교사가 되어서는 안 된다고 생각합니다. 오랜 꿈이었던 교원대에 입학해 열심히 공부하면서 우리나라 교육의 발전에 기여할 수 있는 교사가 되겠습니다. 감사합니다.

한국교원대학교 초등교육과(정재은) ▸ 주위를 신경 쓰지 않는 연습

3부

사범대학교 합격생 면접 이야기

| **일러두기** |

1. 면접 준비와 면접 내용의 이해를 돕기 위해 면접의 핵심 자료인 자기소개서를 앞에 배치했습니다.

2. 합격한 학생들이 재학 중인 대학교에 제출한 자기소개서를 대표로 실었습니다.

3. 학생들의 '합격 대학교'는 '교육대학교 · 사범대학교'만 표기했습니다.

4. 면접 내용은 합격생들이 기억하는 질문과 대답 중 핵심만 소개해 학생별로 차이가 있습니다.

서울대학교 화학교육과

김지윤

"끝까지 포기하지 않는 인상"

출신 고등학교명	서울 창동고등학교	고등학교 유형	평준화 일반
합격 사범대학교			
대학교	학과		전형
서울대학교	화학교육과		일반

자기소개서, 나는 이렇게 준비했다

1. 고등학교 재학 기간 중 학업에 기울인 노력과 학습 경험에 대해, 배우고 느낀 점을 중심으로 기술해 주시기 바랍니다. (1,000자 이내)

고등학교 시절 중 가장 값진 경험은 '다양한 화학 실험'을 한 것입니다. 화학의 꽃은 '실험'이라고 생각해 왔기에 협력 교육과정 거점 학교 '화학 실험반'에 주저 없이 지원했습니다. '화학전지' '앙금 생성 반응' 등 다양한 실험을 했는데 가장 인상 깊었던 실험은 '이소프로판올의 분자량 측정'입니다. 실험 과정마다 이 과정이 왜 필요한지 토의를 통해 알아 가면서 진행되었는데, '플라스크 입구를 알루미늄박 덮개로 막고 미세 한 구멍을 뚫는다'라는 과정에서 '기체가 기화될 때 빠져나가면 안 되는데 왜 구멍을 뚫지?'라는 의문이 들었습니다. 플라스크 내부 압력은 측정하기 어려워, 대기압과

153

같게 만들기 위해 미세한 구멍을 뚫는 것임을 열띤 토의를 통해 알게 되었습니다. 15개의 주제로 진행된 매 실험은 저에게 배움의 즐거움은 물론 과학적 사고력을 키워 주었습니다. 실험 기구들을 직접 조작하고, 실험 과정을 설계 및 진행하는 것이 너무나 즐거웠기 때문에 토요일과 방학을 할애하는 힘든 과정임에도 불구하고 즐기면서 신나게 공부할 수 있었습니다. 저는 '필기 대마왕'입니다. 저의 노트를 보고 친구들과 1학년 담임선생님께서 붙여 주신 별명입니다. 많은 고민의 시간을 거치고 해결한 문제일수록 기억에 오래 남는다는 것을 경험하고 제가 선택한 공부 방법은 '스스로 정리하기'입니다. 이 방법은 배운 내용뿐만 아니라 미해결 과제에 대한 추가 자료를 찾아 나만의 방식으로 노트에 도식화하는 것입니다. 특히 약점이었던 '화학 평형'을 강점으로 만들어 준 심화 노트는 인기 대여 목록에 들어갈 만큼 친구들에게도 인정받았습니다. 단순 암기가 아닌 완벽한 이해를 기반으로 한 정리이기에 개념에 대한 기초를 단단히 할 수 있었고, 이는 심화 발표나 탐구 보고서 작성에서도 큰 도움이 되었습니다. 다양한 실험 경험과 열정, 그리고 체계적인 정리 능력은 대학에 진학해서도 여러 이론을 '온전히 나의 것'으로 만드는 데, 탄탄한 바탕이 될 것입니다.

2. 고등학교 재학 기간 중 본인이 의미를 두고 노력했던 교내 활동을 배우고 느낀 점을 중심으로 3개 이내로 기술해 주시기 바랍니다. 단, 교외 활동 중 학교장의 허락을 받고 참여한 활동은 포함됩니다. (1,500자 이내)

〈과제연구〉는 도전 정신과 자신감을 얻는 기회가 되었습니다. 1학년 수학재 때 '페르마의 점을 이용하여 우리 동네 버스 정류장 세우기'를 주제로 과제 연구를 수행했습니다. 과제 연구가 처음이라 열정만 앞서 방향을 잡지 못하자, 저는 "각자 주장과 타당성을 이야기하고 토론을 통해서 결정하자"라고 제안하고, 브레인스토밍 토의 방법으로 다양한 의견과 토론을 통해 과제 연구를 진행했습니다. 실험을 구상하고 설계하는 데 어려움은 있었지만, 다양한 자료 조사와 선생님의 조언을 통해서 이를 해결했습니다. 과제 연구에서 구한 42개의 버스 정류장의 위치와 실제 버스 정류장과는 32개가 일치하는 결론을 얻었고, 수학적 개념이 실생활에 직접 연결될 수 있다는 것을 깨닫게 되었습니다. 어렵고 힘든 과정을 거쳐 완성된 소논문으로 교내 창의 발표 대회에서 좋은 성과를 얻었고, 서울 학생 탐구 발표 대회에도 학교 대표로 참가했습니다. 다양한 방법으로 문제를 해결한 경험은 어떤 일에도 포기하지 않고 끊임없이 해결하려는 진취성과 도전성, 그리고 반드시 해낼 수 있다는 자신감도 얻었습니다. '학술 동아리'는 배움의 즐거움과 성취감을 알게 해 주었습니다. 다양한 생체 분자들에 대해 배우면서 인체 내에서 일어나는 화학반응에 대한 관심이 생겼습니다. 그래서 3학년 때 〈화학〉을 좋아하는 친구들에게 '생체분자에 대한 학술 동아리'를 제가 직접 제안하고 조직했습니다. 특히 효소가 어떤 화학반응에 의해 촉매 역할을 할 수 있는지 무척 궁금했습니다. 그래서 레닌저 생화학, 맥머리 유기화학에서 탄수화물, 지방, 단백질에 관련된 내용을 찾아 공부했습니다. 서로 토의를 하면서 내용을 이해하려고 노력했고, 어려웠던 단당류의 반응은 선생님의 도움을 받았습니다. 이를 통해 단당류의 반응, 효소의 작용 과정 등을 상세하게 알 수 있었습니다. 그리고 소논문으로 '피셔 투식, 단백질 구조 만들기, 비누화 반응 실험을 통한 탄수화물, 단백질, 지방 자세히 알기'를 작성했습니다. 주도적인 심화 학습으로 성취감을 얻은 것은 물론, 〈화학〉이 더 재밌고, 더 알아 가고 싶은 과목이 되었습니다. '독서 토론 대회'는 인문학적 소양을 길러 주었습니다. 토론 주제는 '세계화 시대에서 외국어를 배우는 것은 필수인가'였습니다. 저는 팀을 이끌면서 찬성 관점에서는 '소통'의 측면을 강조했고, 반대 관점에서는 '언어와 문화의 정체성' 측면에서 접근하면서 각각의 주장의 근거와 반론에 대비하여 논리적으로 정리한 입론서를 준비했습니다. 찬성과 반대 측을 번갈아 가며 토론했기 때문에 양쪽 입장을 모두 정리할 수 있었습니다. 이는 편향된 생각에서 벗어나 폭넓은 사고를 하게 되는 계기가 되었습니다. 연구 활동들이 다양한 분야의 전문가들이 함께하는 것이라고 알고 있습니다. 토론 대회를 통해서 다양한 의견에 대한 수용력, 논지에 대한 정확한 판

단력 및 분석력, 논리적 비판력이 필요함을 알게 되었습니다. 저의 생각을 상대방에게 논리적으로 전하는 태도로 발전시킨 값진 경험이었습니다.

3. 학교생활 중 배려, 나눔, 협력, 갈등 관리 등을 실천한 사례를 들고, 그 과정을 통해 배우고 느낀 점을 기술해 주시기 바랍니다. (1,000자 이내)

교육 봉사 활동인 '드림스타트'를 통해 초등학교 2학년인 기태와는 일주일에 한 번 만났는데, 주의가 산만해서 소통도 잘 되지 않았습니다. 할머니로부터 "부모님과 떨어져 살고 있어, 관심과 사랑을 받고 싶어서 개구쟁이처럼 행동한다"라는 얘기를 듣고, 조금 이해할 수 있었습니다. 그래서 기태에게 먼저 다가가기 위해 간식을 준비하고, 좋아하는 게임과 색종이 접기 등을 하면서 재미있게 이야기를 했습니다. 또 즐겁게 공부할 방법을 고민한 끝에 기태가 좋아하는 '만들기'와 '공부'를 연관 지어 보기로 하고, '색종이로 도형 만들기' '블록으로 입체 도형 이해하기' 등의 활동들을 준비했습니다. 기태는 이 활동들을 통해 점점 공부에 흥미를 느끼기 시작했고, 함께 참여하는 수업이 되었습니다. 드림스타트를 통해서 눈높이를 상대방에게 맞추고 먼저 마음을 열고 다가서야 상대방도 마음을 준다는 사실과 즐거운 마음으로 같이 함으로써 더 많은 것을 얻을 수 있다는 사실을 알게 된 소중한 시간이었습니다. 그리고 교육은 가르치는 것이 아니라 함께 배우는 것이라고 느꼈습니다. 기태와 함께하며 내가 당연하게 누린 것들이 누군가는 누리지 못하고 있다는 것을 알았고, 나눔을 좀 더 적극적으로 실천하고자 하였습니다. 그 실천 중 하나로 동아리를 이끌고 도봉구 창의 과학 축전에 참여했습니다. 유치원생과 초등학생들에게 실험을 같이하며 실험 원리를 알려 주는 자리라, 아이들의 눈높이에 맞춰 쉽게 이해할 수 있도록 계획을 세웠습니다. '반짝반짝 LED 빛의 세계로'라는 주제로 실험을 직접 준비하고, 실험이 끝날 때마다 즐거워하는 아이들과 학부모님의 고맙다는 칭찬에 좋은 추억 하나를 만들어 준 것 같아 뿌듯했습니다. 무언가를 나눈

다는 것은 꼭 대단한 사람이 아니라도 저의 조그마한 노력과 지식으로도 가능한 일이었습니다. 대학교에서는 해외 학교 설립과 교육 나눔을 위한 동아리 활동을 하고, 대학원에서 심리학을 전공해서 마음으로 아이들을 안아 주는 교육자가 되겠습니다.

4. 고등학교 재학 기간(또는 최근 3년간) 읽었던 책 중 자신에게 가장 큰 영향을 준 책을 3권 이내로 선정하고 그 이유를 기술하여 주십시오.

> ▶ '선정 이유'는 각 도서별로 띄어쓰기를 포함하여 500자 이내로 작성
>
> ▶ '선정 이유'는 단순한 내용 요약이나 감상이 아니라 읽게 된 계기, 책에 대한 평가, 자신에게 준 영향을 중심으로 기술

선정 도서		선정 이유
도 서 명	같기도 하고 아니 같기도 하고	이 책은 교육자의 길을 선택한 저에게 등대가 되었습니다. 분자, 화학자, 화학 자체에 대해 '같기도 하고 아니 같기도'한 성질을 제시하여 화학에 매력을 느끼게 해 주었습니다. 주변이 온통 화학으로 이루어진 세상에 사는 일반인 대다수는 화학 지식의 결여로 인해 소외되어 있습니다. 폐기물 처리장, 화학약품을 사용하는 공장 건설 등으로 인한 갈등은 화학에 대해 기본 지식이 없는 일반인들이 불순한 의도를 품은 일부 사람들에 의해 속아 넘어가, 결국 사회 문제를 심화시키기도 합니다. 본질적인 문제를 해결하기 위해서는 사회 문제에 대한 화학자로서의 양심과 화학 교육자로서 교육에 대한 역할이 중요하다고 느꼈습니다. 화학이 창조의 학문인만큼 다양한 의견을 이야기하는 열린 교육을 통해 미래 사회를 창조해 갈 화학자들을 양성하는 데 도움이 되고 싶습니다. 또 일반인에게 화학에 대한 올바른 이해를 돕는 열린 교육자가 되어 세상을 발전시키는 힘이 되고 싶습니다.
저자/역자	로얼드 호프만 /이덕환	
출 판 사	까치	

선정 도서		선정 이유
도 서 명	학문의 즐거움	〈학문의 즐거움〉은 배움의 가치가 무엇인지 고민하게 하는 책입니다. 배움의 궁극적인 목적은 가치 있는 창조이고, 더 나아가 나 자신을 발견하는 것입니다. 이에 도달하는 데 필요한 진정한 배움은 질문을 통하여 사고를 다양한 방면으로 넓혀 가는 것이고 남을 가르침으로써 기본 개념의 틀을 다지는 것이라고 했습니다. 저도 이 책을 읽기 전까지는 나름대로 질문과 다양한 활동을 통해 배움을 얻었다고 자부했지만, 겸손하게 배우려는 자세와 이를 발전시켜 새로운 것을 창조하려는 자세가 부족했던 것을 반성하는 계기가 되었습니다. 저는 항상 겸손한 자세로 선생님뿐만 아니라 친구와 주위 사람들에게 묻고, 경청하면서 다양한 것을 받아들이게 되었고, 한편으로 배움의 나눔도 즐기게 되었습니다. 세상에는 우수한 인재들이 많이 있습니다. 앞으로 뛰어난 인재들과 선의의 경쟁을 통해 상대방을 인정하고 존경하는 마음으로 그들의 좋은 점들을 배워 나를 더 발전시키는 좋은 기회로 삼을 것입니다
저자/역자	히로나카 헤이스케 / 방승양	
출 판 사	김영사	
도 서 명	우아한 거짓말	가족의 사랑과 관심을 받으며, 친구들과 열린 마음으로 어울려 사는 제가 얼마나 행복한 사람인지를 알게 해 주었고, 이 행복을 다른 사람들에게 나누는 고마운 계기가 되었습니다. 친구들의 비수를 꽂는 말과 행동은 한 아이를 왕따로 만들었고, 아이가 처한 현실에 무관심했던 가족과 방관자처럼 지켜보기만 하는 주변 사람들은 아이를 막다른 길로 내몰아 결국 극단적인 선택을 하게 했습니다. 혼자 두려움에 떨며 힘들어했을 아이를 생각하니 너무 마음이 아팠습니다. 저는 이 책을 계기로 생명 사랑 걷기 대회에 행복을 나누기 위해 적극적으로 참여하게 되었고, 저의 관심과 사랑이 외롭고 힘든 사람에게 희망을 줄 수 있었습니다. 그리고 학업 등 고민으로 청소년들이 안타까운 선택을 하는 것을 보며 교육자의 역할을 깊이 생각해 보게 되었습니다. 학생 개개인에게 관심을 가지고 눈높이에 맞춰 먼저 다가가, 거리낌 없이 고민을 말할 수 있는 교사가 되어 행복하고 따뜻한 학교를 만들고 싶습니다.
저자/역자	김려령	
출 판 사	창비	

면접, 이것만은 기억하라

문제 풀이 면접은 포기하지 않는 모습을 보여라

문제 풀이 면접은 고등학교 때 배운 것을 토대로 대학교에서 제시하는 문제를 푸는 면접입니다. 전공 과목에 관련된 공부를 충분히 해야 합니다. 저는 우선 고등학교 교과서를 정독하면서 학습 목표가 무엇인지 살피고 그 단원의 큰 개념이 무엇인지와 관련 공식들을 꼼꼼하게 정리했습니다. 그리고 교과서를 심화한 내용이 담겨 있는 교재를 정독하고 중요한 개념, 심화한 개념을 정리했습니다. 면접에서는 문제를 다 풀지 못해도 면접관에게 "이런 개념이 쓰이는 문제 같은데 다음 풀이로 넘어가지 못했습니다. 힌트를 주시면 풀어 보겠습니다"라고 답하면 긍정적인 결과를 얻을 수 있을 것입니다. 면접 문제가 고등학교 수준보다 높기 때문에 못 풀 수 있습니다. 여기서 포기하지 않는 모습을 보이는 것이 중요합니다. 앞으로 난관에 봉착했을 때 포기하는지 아니면 끝까지 노력하는지가 판가름 나기 때문입니다. 잘 모르겠더라도 아는 내용까지 차분하게 말하며 끝까지 포기하지 않는 모습을 보여 주세요.

논리적인 사고 흐름이 중요하다

제시문 면접에서 가장 중요한 것은 최근 시사 이슈를 파악하는 일입니다. 그해 떠오르는 시사 이슈와 주목받는 부분이 무엇인지 알아야 합니다. 다양한 입시 카페에 들어가면 면접 시즌에 시사 이슈가 정리

서울대학교 화학교육과(김지윤) ▸ 끝까지 포기하지 않는 인상

된 자료를 쉽게 찾을 수 있습니다. 그리고 중요한 이슈에 대한 자기 생각을 간단하게 정리하는 것이 좋습니다. 특히 찬반 논란이 있는 문제는 각 관점을 정리하는 것이 큰 도움이 됩니다. 제시문 면접은 보통 정답이 정해져 있지 않습니다. 논리적으로 자기 생각을 풀어 이야기하면 됩니다. 이때 면접관들이 더 잘 이해할 수 있도록 예시를 이용하는 것도 좋은 방법입니다. 지난 기출문제를 풀어 보고 자기 생각을 남에게 이야기하는 연습이 필요합니다. 제시문이 어렵다고 당황하지 말고 화살표 등을 이용하여 자기 생각을 논리적인 사고 흐름으로 정리해 놓으면 면접 때 더 원활하게 대답할 수 있을 것입니다.

기본을 지켜라

모든 면접에서 가장 중요한 것은 인사입니다. 처음 들어갈 때와 면접을 마치고 나갈 때 제대로 인사해야 합니다. 평소 인사를 잘하더라도 면접실에 들어가면 너무 긴장한 나머지 인사를 잊어버리는 경우가 있습니다. 인사를 빠뜨리지 말아야 한다는 의식을 하고 있어야 합니다. 그다음 중요한 것은 미소 띤 얼굴입니다. 웃는 얼굴을 하고 있으면 호감도가 높아지기 마련입니다. 의식하여 미소를 짓지 않으면 긴장되는 자리이기 때문에 얼굴이 굳습니다. 그러므로 미소 짓는 연습도 필요합니다. 물론 당당하게 말하는 태도도 중요합니다. "~인 것 같습니다"라는 표현보다는 "입니다"라고 확신하는 말투로 자신의 의견을 자신 있게 드러내는 것이 중요합니다. 마지막으로 대학의 인재상에 자신이 적

합하다는 사실을 충분히 강조해야 합니다. 또 자신이 왜 다른 대학들이
아닌 이 대학에 꼭 오고 싶은지 간절함을 표현하는 것이 좋습니다.

면접, 내가 받은 질문

서울대학교 화학교육과 일반전형

면접 유형	면접 시간	면접관 수	면접 절차
면접 및 구술고사 (제시문 면접)	15분 (준비 시간 45분)	2명	준비 → 답변
교직 적성·인성 면접	15분 (준비 시간 15분)	2명	준비 → 답변

1. 화학 문제 풀이 면접

Q · **시간 없으니까 문제의 답을 다 불러 보세요.**

1-1-1은 $HA+ H_2O \rightarrow H_3O^+ +A^-$(염기: H_2O), $2H_2O \rightarrow H_3O^+ +OH^-$(염
기: H_2O) 두 가지를 찾을 수 있었습니다. 1-1-2는 물의 자동이온화 상수
($K_w = 1 \times 10^{-7}$)는 HA의 이온화 상수($K_a = 1 \times 10^{-5}$)보다 현저히 작으므로 고려
하지 않는다고 하면 $[H_3O^+] = = = 10^{-3}$, $pH = - = 3$, $pOH = 14 - pH = 11$입니다.
1-2-1는 $NAH(s) + H_2O(l) \rightarrow H_2(g) + NA^+(aq) + OH^-(aq)$로 염기로 작용하

고, 1-2-2는 B(OH)3(s)+H2O(l) → B(OH)4-(aq)+H+(aq)로 산으로 작용합니다. 1-3과 1-4는 잘 모르겠습니다. 2-1은 n개의 에테인 분자들이 모여 탄화수소고리를 만들면 용질의 몰분율이 감소하여 증기압력은 증가하고 끓는점오름은 작아질 것입니다. 이때 증기압의 감소 정도를 측정하면 용질의 몰분율 변화를 알 수 있고 이를 통해 탄화수소고리의 분자량을 예측할 수 있을 것입니다. 2-2는 n개의 C-C결합을 만들어야 하므로 -348n kJ/mol의 엔탈피 변화가 필요합니다. 한편 C=C결합 n개를 C-C결합으로 바꾸는 데 필요한 에너지는 (728-348)n kJ/mol=380n kJ/mol이므로 총 엔탈피 변화량은 32n kJ/mol입니다. 2-3는 -320△S+△H=0 인데, △H=32n kJ/mol이므로 △S=n/10 kJ/mol●K입니다. 그러므로 n이 증가함에 따라 반응이 진행될 때 엔트로피가 더 많이 증가하게 됩니다. 2-4와 2-5는 잘 모르겠습니다.

제 답에 면접관이 틀린 문제를 짚어 주시고, 그에 따른 힌트를 주셨습니다. 저는 그 힌트를 이용하여 틀린 답을 맞게 고쳤습니다. 그리고 제가 풀지 못한 문제 중 한 문제의 힌트도 얻을 수 있었습니다. 힌트를 이용하여 문제 개념에 접근했으나 푸는 데는 실패했습니다. 면접 시간이 다 되어 나왔습니다.

2. 교직·인적성 면접

두 가지 제시문에 대한 답을 한 뒤 면접관이 추가 질문을 던졌습니다.

Q • **만약 교실에 분위기를 흐리는 학생이 있다면 교사로서 어떻게 할 건가요?**

그 아이를 따로 불러 혼내기보다는 분위기를 지켜야 하는 이유를 차분하게 말할 것입니다. 불과 한 달 전 저희 반도 이미 대학 결과가 나온 친구들이 마음이 떠서 교실 분위기가 매우 좋지 않았습니다. 하지만 선생님께서 분위기 흐리는 친구들을 따로 불러 혼내기보다는 매번 조례, 종례 시간에 수능을 쳐야 하는 친구들을 위해 조금만 애써 주자고 차분하게 말씀하셨습니다. 이에 분위기를 흐리던 학생들도 친구들을 조금 더 위해 주게 되었고 문제 없이 분위기가 좋은 반이 될 수 있었습니다.

Q • **분위기를 흐리는 친구들이 밉진 않았나요?**

그 친구들도 대학을 합격했기 때문에 더 이상 할 일이 없어서 떠드는 것이라 이해합니다. 조용히 해 달라고 부탁하면 조용히 해 줘서 밉지는 않았습니다.

서울대학교 화학교육과(김지윤) ▶ 끝까지 포기하지 않는 인상

서울대학교 불어교육과

남은결

"자기 자신을 이해하라"

출신 고등학교명	서울 여의도여자고등학교	고등학교 유형	평준화 일반
합격 사범대학교			
대학교		학과	전형
서울대학교		불어교육과	지역균형

자기소개서, 나는 이렇게 준비했다

1. 고등학교 재학 기간 중 학업에 기울인 노력과 학습 경험에 대해, 배우고 느낀 점을 중심으로 기술해 주시기 바랍니다. (1,000자 이내)

제2외국어로는 흔하지 않은 선택 과목이었기에 긴장과 설렘을 동시에 안고 시작한 〈프랑스어〉는 제게 신선한 자극을 주었습니다. 특히 선생님께서 보여 주신 〈노트르담 드 파리〉 뮤지컬에 크게 흥미를 느껴 프랑스 뮤지컬이나 영화를 찾아보는 것이 프랑스어를 즐겁게 공부하는 원동력이 되었습니다. 언어는 직접 사용해 보는 것이 중요하다고 생각해서 수업 시간에 단어의 발음을 귀 기울여 듣고 소리 내어 읽으며 공부했고, 2학기 들어 익혀야 할 문법의 양이 급증했을 때에도 본문을 수십 번 읽어 자연스럽게 중요 문법을 익힐 수 있었습니다. 원어민 선생님과 진행했던 프랑스 문화 체험 캠프에서는 서투르지만 한 마디라도 더 나누고 싶어 프랑스어로 '정말 신나는 수업이었습니다. 프랑스에 가 보고 싶습니다'라고 소감을 말했고, 《어린왕자》 책을 선물로 받았습니다. 프랑스어에 대한 관심을 바탕으로 꼼꼼히 공부한 결과 지속적으로 우수한 성적을 거두었고, 이러한 프랑스어에 대한 관심과 열정은 기자로서 국제적으로 활동할 미래에 큰 힘이 될 것입니다.

또 2학년 때 폭넓게 공부해 보고 싶다는 생각으로 선택한 〈세계사〉와 〈세계지리〉를 공부해 가며 종교, 산업 등 교과 내용에 많은 공통점이 있음을 알게 되었습니다. 두 과목을 같이 효율적으로 공부할 수 있는 방법을 고민하다가 백지도 위에 두 과목에서 학습한 내용을 국가, 지역별로 정리해서 내용을 통합하여 공부해 보았습니다. 그 결과 단순한 역사적 사실로만 알고 있던 현상에서도 지리적인 요소가 상당히 개입되어 있음을 알았고, 교과 내용을 통합적이고 논리적인 사고로 학습할 수 있었습니다. 11세기 유럽 문명의 중심이 지중해로부터 북대서양 지역으로 옮겨간 것은, 좀 더 따뜻해지고 건조해진 유럽의 기후변화가 서안해양성기후를 보이는 북서유럽의 농업에 유리하게 작용하며 발생했던 것임을 알았을 때는 교과목끼리의 연결 고리를 찾은 것 같아 기뻤습니다. 처음 〈세계지리〉를 선택할 때에는 선택 인원이 매우 적어서 고민을 많이 했는데, 〈세계사〉와 공부를 병행하며 오히려 제 강점이 되었고 다양한 시각에서 세계를 바라볼 수 있게 되어 즐겁게 공부한 과목이었습니다.

2. 고등학교 재학 기간 중 본인이 의미를 두고 노력했던 교내 활동을 배우고 느낀 점을 중심으로 3개 이내로 기술해 주시기 바랍니다. 단, 교외 활동 중 학교장의 허락을 받고 참여한 활동은 포함됩니다. (1,500자 이내)

첫 번째는 3개월간 English Debate와 English Public Speaking 수업이 있는 글로벌 리더십 프로그램(GLP)에 참여했던 것입니다. 고등학교 진학 후 영어로 자유롭게 대화할 수 있는 기회가 적어 항상 아쉬움이 있었는데, 이 프로그램을 통해 영어로 의견을 발표하는 과정에서 연습과 발표를 거듭하며 제 의견을 더 당당하고 설득력 있게 발표할 수 있게 되었습니다. 영어 토론 수업에서는 국내외 이슈에 대해 찬반 토론을 했는데, 여러 주제를 정치, 경제, 교육, 사회 등 다양한 관점에서 탐구하고 생각해 볼 수 있었고 이를 통해 더 넓은 시각과 다방면의 지식을 갖출 수 있었습니다. 특히 이 수업은 수업 전 팀원들끼리 자료 조사를 해 와야 했는데, 처음 보는 낯선 팀원들과 협동하는 것이 쉽지는 않았지만 낯설기 때문에 색다른 경험이었습니다. 이 활동을 통해 기자로서 활동할 미래에 국제적으로 더욱 활발한 교류를 위한 외국어 능력의 필요성을 더욱 느끼게 되었습니다.

두 번째는 '청소년의 온라인 커뮤니티 이용 동향과 루머 확산의 관계'를 주제로 소논문을 작성했던 것입니다. 다양한 온라인 매체에서 소식을 접하면서 그중 사실 여부가 확인되지 않은 정보가 많다는 점에 착안하여 6개월 동안 작성했는데, 처음 써 보는 논문인지라 모든 과정에 어려움이 있었습니다. 특히 팀원과 많은 할 일을 배분하는 것이 정말 중요했는데, 논문을 준비하는 기간 내내 회의에 가장 많은 시간을 들여 서로의 진도를 점검하고 의견이 충돌하는 부분을 빠르게 조율하는 방식으로 갈등을 최소화했습니다. 결국 만족스러운 결과를 거두며 노력의 가치를 몸소 느낄 수 있었고, 혼자였다면 힘들었을 과정을 팀원과 함께해 보니 팀 활동은 큰 시너지를 낼 수 있음을 알았습니다. 또 자료 조사 과정에서 접했던 대중매체에 관한 논문들은 무척 흥미로웠고 뉴스 매체들은 어뷰징 기사의 양산을 자제해야 하고, 청소년의 미디어 리터러시 교육 확대가 필요하다는 등의 제언에 이르며 저널리즘에 대해서도 심화적인 탐구를 할 수 있는 계기가 되었습니다.

세 번째는 약 16개월 동안 아동복지센터에서 교육 봉사를 했던 것입니다. 그전까지 해왔던 일회성 봉사로는 열정이나 보람을 느낄 수 없었기 때문에, 그리고 내가 배워온 것들을 조금이라도 나누고 싶다는 생각에 시작하게 되었습니다. 처음에는 가벼운 마음으로 시작했지만, 교육 봉사를 하면서 가르친다는 것은 그 학생에게 큰 책임을 갖는 것임을 알았고 그 후로 어떤 학생을 대할 때나 많은 준비를 하고 진지한 태도로 수업에 임했습니다. 그때까지 교육에 부족함을 느껴 본 적이 없었는데 그곳에서 선생님이 부족해 열 명이 넘는 학생들을 선생님 한 분이 맡는 모습을 보고 제 생각이 짧았음을 깨달았습니다. 내가 경험했던 사회는 극히 일부라는 생각과 함께 교육적으로 소외된 아이들에 대한 관심은 사회적 약자에 대한 관심으로 이어졌고, 그들의 인권 문제를 취재해서 알리는 기자가 되고 싶다는 결심을 하게 되었습니다. 매주 봉사를 하며 아이들과 소통하는 법을 배웠고, 아이들이 공부에 흥미를 가지는 모습을 보면서 뿌듯함을 느꼈습니다.

3. 학교생활 중 배려, 나눔, 협력, 갈등 관리 등을 실천한 사례를 들고, 그 과정을 통해 배우고 느낀 점을 기술해 주시기 바랍니다. (1,000자 이내)

2학년이 되어 체육대회를 여는 계절인 한여름까지도 전체적으로 서먹하고 의욕이 없는 반 분위기에서 저는 1학기 회장으로서 체육대회 장기자랑을 준비해야 했습니다. 그냥 기권하자는 의견에 낙담하기도 했지만, 학창 시절 마지막 체육대회이니만큼 모두에게 즐거운 추억을 만들고 싶다는 생각에 책임감을 가지고 부회장과 함께 반 친구들을 한 명 한 명 설득했습니다. 춤에 자신이 없어 주저하는 친구가 꽤 많다는 것을 알고, 모두가 쉽고 즐겁게 연습할 수 있는 간단한 안무를 연습해서 직접 보여 주면서 누구나 조금만 연습한다면 충분히 해낼 수 있다는 점을 어필했습니다. 특히 반에서 잘 적응하지 못하고 늘 혼자 다니던 친구가 있었는데, 장기자랑에 참여하겠다고 했지만 어색하고 불편해서인지 연습에 소극적이었습니다. 해결책을 고민하다가, 네다섯 명끼리 팀을 만들어 연습하면 그 친구가 혼자가 되는 일도 없을 것이고 30명이 단체로 연습할 때보다 적극적으로 참여할 수 있겠다는 생각을 했습니다. 처음에는 같은 조에 참여하여 자연스럽게 친해지며 연습을 도왔고 다른 친구들과 친해질 수 있도록 분위기를 만들었습니다. 생각보다 활발한 성격이었던 그 친구는 연습도 곧잘 해냈고, 그때 친해진 것이 계기가 되어 벽화마을에 소풍을 갈 때도 같이 갈 정도로 잘 어울리게 되었습니다. 바쁜 와중에도 장기자랑 연습에 참여해 준 친구들에게 고마운 마음에 간식을 준비하기도 하고 필요한 소품은 사지 않고 빌려서 부담을 느끼는 친구가 없도록 배려했습니다. 장기자랑을 준비하며 다른 반과 선정 곡이 겹치는 등 사소한 갈등에 지치고 힘들 때마다 친구들의 신뢰와 격려가 큰 힘이 되었기에 저 역시 '할 수 있다'고 친구들을 응원하며 마음을 다잡을 수 있었습니다. 장기자랑을 마치고 다 같이 점심을 먹으면서 한 친구가 웃으며 건넨 '우리 진짜 잘했어'라는 말에 모든 것이 보상받는 기분이었고, 비록 순위권이 아닌 응원상에 그쳤지만 불가능해 보이던 일을 함께 해낸 것이 자랑스러웠습니다. 완벽하지 않고도 성공할 수 있다는 것과 포기하지 않는 마음가짐을 배울 수 있었던 체육대회였습니다.

| 서울대 자율 문항 |

4. 고등학교 재학 기간(또는 최근 3년간) 읽었던 책 중 자신에게 가장 큰 영향을 준 책을 3권 이내로 선정하고 그 이유를 기술하여 주십시오.

> ▸ '선정 이유'는 각 도서별로 띄어쓰기를 포함하여 500자 이내로 작성
> ▸ '선정 이유'는 단순한 내용 요약이나 감상이 아니라 읽게 된 계기, 책에 대한 평가, 자신에게 준 영향을 중심으로 기술

선정 도서		선정 이유
도 서 명	신도 버린 사람들	〈세계사〉 시간에 항상 5등분되어 있는 피라미드 모형으로만 배웠던 카스트제도에 대해 자세히 알고 싶어 읽게 된 책에서 제 삶의 태도를 바꾼 교훈을 얻었습니다. 이 책은 저자가 신분제의 보이지 않는 굴레에서 빠져나와 아직 빠져나오지 못한 사람들을 위해 책을 썼다는 점에서 훌륭한 책이라고 생각합니다. 생각보다 훨씬 심각했던 불가촉천민에 대한 차별을 책으로 알고 나서, 또 어딘가에서 일어나고 있을 차별은 누군가가 글로써 알리고 계몽해야만 해결될 수 있겠다는 생각이 들었고 그렇게 차별받는 약자들을 위해 일하고자 다짐하게 됐습니다. 신분제의 불합리함을 타파하기 위해 반항하고 정면으로 도전하는 다무의 모습에서 외압에 굴복하지 않고 뜻을 펼치는 용기를 배웠고, 도전한다면 무너뜨리지 못할 불합리함도 없다는 것을 깨달았습니다. 이는 제 신념이 되어 미래에 언론인으로서 활동할 때 초심을 지키고 보도 정신을 갖도록 할 것입니다.
저자/역자	나렌드라 자다브 / 강수정	
출 판 사	김영사	
도 서 명	파리는 사랑한다, 행복할 자유를!	홍세화의 책을 흥미롭게 읽고, 〈프랑스어〉 선생님께 프랑스와 관련된 다른 책을 추천해 달라고 부탁드려서 읽게 된 책입니다. 그동안 읽었던 프랑스를 소개하는 책은 대부분 프랑스의 좋은 면을 강조한 반면에, 이 책은 프랑스의 정·경·언 유착과 프랑스에 잔존하는 여성과 아랍계 차별 등 톨레랑스의 한계를 드러내는 책이라는 점에서 색다르고 솔직한 책이었습니다. 프랑스에 대한 막연한 동경에서 벗어나 비판적으로 프랑스 사회를 바라볼 수 있었고, 여성의 입장에서 쓰인 글이기 때문에 프랑스에 대한 페미니즘적 시각을 새롭게 접할 수 있었습니다. 특히, 프랑스의 비평·풍자 신문인 '묶인 오리'에 가해졌던 탄압에 관한 내용은 흥미로워서 여러 번 읽었는데, 읽은 후 우리나라의 언론 탄압 역사도 알아보고 싶어져 관련 주제로 자율 동아리에서 발표를 진행했습니다. 누군가가 프랑스 사회를 소개하는 책을 추천해 달라고 하면 이 책을 추천하고 싶을 정도로 좋은 책이었기에 이 책을 선정합니다.
저자/역자	이보경	
출 판 사	창해	

선정 도서		선정 이유
도 서 명	미래의 저널리스트에게	기자라는 직업과 언론계에 대해 알고 싶어 우리나라 현직 기자들이 쓴 책들을 읽다가 외국의 언론 환경은 어떨지 궁금해서 읽게 된 책입니다. 미래에 저널리스트가 되기를 원하는 사람들에게 자신이 언론인으로 활동하면서 겪은 경험과 얻은 교훈들을 진지하게, 편지 쓰듯이 진심을 담아 조언해 준다는 점에서 좋은 책이었습니다. 제가 생각하는 이상적인 기자상에 완벽히 부합할 정도로 이 책의 저자는 철저한 직업윤리를 가지고 있었고, 저자의 저널리즘에 대한 고찰을 글로 접하며 저 스스로도 저널리스트의 역할과 소명에 대해 생각해 보는 계기가 되었습니다. '시대와 사회의 증언자'가 되기를 꿈꾸라는 저자의 말이 가장 인상 깊게 다가왔는데, 이를 위해 발로 뛰고 가슴으로 기사를 쓰는 언론인이 되어야겠다고 다짐했습니다. 또 이전에는 알지 못했던 사회와 사람들에 대한 애정을 깨닫는 계기가 되었는데, 이는 저널리스트로서 많은 사람과 사건을 대할 때 즐겁게 일할 수 있을 것이라는 자신감과 희망을 심어 주었습니다.
저자/역자	새뮤얼 프리드먼 / 조우석	
출 판 사	미래인	

면접, 이것만은 기억하라

학생부와 자소서는 외우다시피 해라

저는 수능이 끝나고, 서울대 면접까지 남은 2주 동안 면접을 준비했습니다. 크게 세 가지 방법으로 면접을 준비했는데, 우선 학생부와 자소서를 수십 번 검토하며 어떤 항목에서 어떤 질문이 나올지 대비했습니다. 정말 사소한 것까지도 스스로에게 무엇을 느꼈고 무엇을 배웠는지 질문하면서 준비했습니다. 특히 서울대에서는 독서 활동을 중요하게 본다는 이야기를 듣고, 자소서에 쓴 세 권의 책은 처음부터 끝까지 다시 읽어 보았습니다. 실제로 면접에서 책 저자에 대한 질문을 받았습니다. 1분 남짓의 자기소개와 지원 동기 그리고 마지막으로 하고 싶은 말도 준비해 두었습니다.

학원 아닌 학교에서도 충분히 준비할 수 있다

저는 학원에서 면접 기출문제를 받아 연습했습니다. 사실 그다지 추천하는 방법은 아닙니다. 기출문제를 아무리 많이 풀어 본다고 해도 분명히 새로운 문제가 나올 테니까요. 학원 등록 비용도 만만치 않습니다. 물론 말하는 방법을 교정하는 데 어느 정도 효과가 있었습니다.

학교 선생님들이 무료로 해 주시는 모의 면접도 여러 번 받았습니다. 학교 선생님들께서 학생의 자소서와 학생부를 토대로 나올 만한 질문을 골라 해 주시는데, 분위기도 복장도 실제 면접 환경과 유사하여

서울대학교 불어교육과(남은결) ▸ 자기 자신을 이해하라

큰 도움이 되었습니다. 학교마다 선생님들께서 도와주시는 정도가 다르겠지만, 모의 면접을 해 주는 학교라면 반드시 참여해야 합니다. 여러 번 반복하다 보니 확실히 말하기가 자연스러워지고 유창해지는 것을 느꼈습니다. 1학년 때 무단 지각이 2번 있었고 모의 면접에서 선생님께서 2번 지각한 이유를 물어보셨는데 이 질문이 그대로 고려대 면접에서 나오기도 했습니다. 아무래도 3년 동안 저를 지켜봐 오신 분들이니까 사설 학원보다 질문이 예리하고 피드백도 더 잘해 주셨습니다.

시간 배분이 중요하다

대기 시간에는 준비해 온 자료를 계속 읽었는데, 유독 서울대 면접만 대기 시간에 아무것도 보지 못하게 해서 3시간 동안 멍 때리고 있었던 기억이 납니다. 제시문 면접은 시간이 촉박한 경우가 많아서 모든 문제를 먼저 훑고 들어가는 게 유리합니다. 문제별로 시간 배분을 한 뒤 풀다가 모르겠으면 다음 문제로 넘어가야 해요. 나중에 면접관 앞에서 이야기하다가 답이 떠오르는 경우도 있으니까 마음에 여유를 가지고 면접에 임하도록 합니다.

자기 자신을 이해하라

면접이란 결국 자기 자신의 성품과 역량을 솔직하게 드러내는 과정입니다. 면접 상황 자체를 즐기기 위해 순발력이나 말솜씨만큼 중요한 것은 자기 자신에 대한 이해입니다. 편안하게 대화하듯 이야기하기 위해서는 자신이 한 활동을 완벽히 이해하고 있어야 합니다. 단순히 예상 질문에 대한 대답만 준비하는 게 아니라 어떤 예상치 못한 질문이 나오 더라도 자신 있게 대답할 수 있도록 준비해야 합니다. 면접은 말을 유 려하게 하는 사람을 뽑는 과정이 아니라 그 학과에 정말 들어오고 싶어 하고 그만한 자질이 있다고 평가되는 사람을 뽑는 과정이니까요.

같은 학교·학과 합격생의 또 다른 전략

▶ **"나의 숲을 먼저 형성하라"**

담임선생님이 면접 연습을 할 때 하나의 '큰 줄기'를 세우고 연습하라고 조언해 주셨습니다. 이에 따라서 나의 꿈과 진로가 무엇이고, 학교생활을 할 때 나의 주 된 가치관은 무엇이었는지, 나는 3년 동안 어떠한 사람이었는지 등 제 자신에 대 한 전체적인 숲을 먼저 형성했습니다. 이런 전체적인 파악은 면접에서 돌발 질 문이 나왔을 때 당황하지 않고 답할 수 있도록 하는 원동력이 되었습니다.

▶ **"친구들과 함께 예상 질문과 꼬리 질문을 경험하라"**

학생부종합전형을 지원한 친구들을 모아 빈 교실이나 세미나실에서 저녁 시간 에 꾸준히 연습했습니다. 먼저 학생부와 자소서를 보고 한 사람당 20분씩 상세 한 질문을 했습니다. 이후에는 정해진 시간을 스톱워치로 재면서 각각 해당하 는 학교의 면접 기출문제를 풀고 답하는 연습을 했습니다. 그리고 서로 의견을 주었습니다. 많은 예상 질문과 꼬리 질문을 경험할 수 있었습니다. 이화여대 면 접에서 1학년 2학기에서 2학년 1학기 사이에 성적이 급격히 오른 이유를 물었 는데, 친구들과의 연습에서 자주 받은 예상 질문이라 자신 있게 대답할 수 있었 습니다.

서울대학교 불어교육과(남은결) ▶ 자기 자신을 이해하라 저는 서울대 면접 때 버스 노선이 변경된 사실을 모르고 있다가 내릴 정류장을 놓쳐 학교 내에서 지나가는 택시를 잡아 되돌아간 아찔한 경험이 있습니다. 사전에 면접 장소에 혼자 가 보는 것을 권합니다. 복장도 고민을 많이 하는데, 저는 교복이 허용되는 학교의 경우 교복을 입고 갔습니다. 교복이 허용되지 않는 경우도 있으니 미리 문의해야 합니다. 학생 대기실을 찾는 데도 한참 헤맸습니다. 저는 2배수라 오전 면접은 10명 남짓 있었고요, 책과 물통을 비롯한 모든 소지품을 맡겼습니다. 어떤 과는 독서는 허용이었는데 저희 과는 금지였습니다. 과마다 다릅니다. 저는 11명 중 9번이라 2시간 남짓 기다렸습니다. 조교 3분이 교실 맨 앞에 앉아 계셨습니다. 한 명씩 부르는데 올라가서 복도에 있는 의자에 앉으면 시작을 외칩니다. 그럼 제시문을 보고 문제를 푸는 거죠. 문제를 풀 때 절대 조용하지 않아요. 굉장히 어수선합니다. 그래서 저는 처음에 집중이 잘되지 않았습니다. 옆 교실에서 면접 보는 내용이 다 들리고 학생들 이동하는 것도 다 보입니다. 그 긴 복도에 문제 풀고 면접 끝난 학생들이 섞여 있습니다. 어떤 학생은 귀마개를 사용하는 경우도 있으니, 미리 입학처에 문의해 보고 가능하면 활용해도 좋습니다. 또 다른 면접 본 학교는 시간을 보여 줬는데 15분, 5분, 1분씩 종이에 써서 알려 줍니다. 이것도 과마다 다른 것 같으니 참조하세요. 학부모 대기실도 따로 마련되어 있었습니다.

– 서울대학교 불어교육과(이경은)

면접, 내가 받은 질문

서울대학교 불어교육과 지역균형전형

면접 유형	면접 시간	면접관 수	면접 절차
교직 적성·인성 면접	10분	2명	대기실에서 자료 볼 수 없는 상태로 대기 → 이름 호명되면 면접실 입실

Q · 장래 희망은?

기자가 되고 싶습니다. 기자가 되어 사회적 약자들의 문제를 알리고 사람들이 관심을 갖도록 촉구하고 설득하는 역할을 하고 싶습니다.

Q · 동아리 활동은 뭘 했나요?

1학년 때는 독서부, 2학년 때는 시사 탐구 동아리에서 활동했습니다.

Q · 방송반이 있었나요?

있었지만 대본을 작성해서 읽는 일이 대부분이어서 방송반에 들어가기보다는 독서부에서 다양한 책을 접하고 시사 탐구 동아리에서 기자가 관심 가져야 할 영역을 더 알아보는 것이 좋다고 생각했습니다.

Q · 학생회에는 들지 않았나요?

정말 많이 고민했지만 학생회에 들기보다는 학업에 충실하려고 노력했습니다.

학생회에 참여하면 동아리 활동에 소홀해지는 경우가 많기 때문입니다. 저는 제가 원래 가입한 동아리 활동에 더 집중했습니다.

Q • 기자가 되고 싶다고 했는데 무슨 기자요? (방송 기자가 되고 싶습니다.) **그럼 KBS에 대해서는 어떻게 생각하나요?**

요즘 사람들이 하는 말을 들어 보면, 시국이 이렇게 되기 전에는 정부와 기업에 유리한 기사를 쓰다가 이런 일이 있고 난 후에 갑자기 정부를 비판하는 기사를 내는 것 같다고 합니다. 중립적이지 못한 부분이 있다고 생각합니다.

Q • 《파리는 사랑한다, 행복할 자유를!》이라는 책을 읽었는데, 무슨 책인가요?

작가가 이보경이라는 여성 기자인데 프랑스에 거주하면서 프랑스의 다양한 면을 다룬 책입니다. 프랑스의 좋은 면뿐만이 아니라 여성에 대한 차별이라든가 아랍계 이주민들에 대한 차별 등 고쳐 나가야 할 점도 제시하는 중립적인 책이라고 생각해서 선정했습니다.

Q • 중립적? 그렇다면 중립적이지 않은 책은 뭔가요?

중립적이지 않다기보다 다른 책에서는 파리의 좋은 면만을 강조하는 느낌을 받았습니다. 예를 들어 홍세화의 책이라던가. 그런데 이 책은 긍정적인 면과 부정적인 면을 균형을 맞추어 제시하고 있었습니다.

Q • **기자가 되려면 굳이 불어교육과에 안 와도 될 텐데요?**

불어교육과에 오려는 이유는 몇 가지가 있습니다. 일단 프랑스어를 배우며 기자가 되기 위해 필수적으로 갖추어야 할 인문학적 소양을 갖출 수 있기 때문입니다. 또 영어 다음으로 영향력이 큰 프랑스어를 배우면 그게 큰 메리트가 될 것이라고 생각했습니다. 또 교육이라는 측면에서는 사람들을 만나서 취재하는 것과 학생들을 교육하는 것이 소통하는 행위라는 측면에서 일맥상통한다고 생각합니다. 교육 봉사를 하면서 관심을 가지게 된 교육 평등의 실현도 불어교육과에서 공부하며 실현할 수 있을 것이라고 생각했습니다. 우리나라뿐 아니라 예를 들면 아프리카의 아이들에게 부족한 먹을거리보다도 교육을 받을 수 있는 기회를 주고 싶습니다. 그래서 불어교육과에 지원하는 것이 틀린 일이 아니라고 생각합니다.

Q • **《자기 앞의 생》을 읽었는데 어땠나요?** (그 책의 작가가 가명을 썼더군요. 주인공이 죽음을 바라본다는 측면에서 굉장히 신선했고 재미있게 읽었습니다.) **작가가 누구인가요?** (가명은 에밀 아자르입니다. 본명은 기억 나지 않습니다.)

Q • **에르노의 《한 여자》는 어떻게 읽게 된 건가요?**

프랑스문화 경시대회에 나갔을 때 제시된 책 다섯 권 중 한 권입니다. 책 제목을 보고, 이 책을 읽으면 독후감을 잘 쓸 수 있을 것 같다는 느낌을 받아서 선택했습니다. 읽어 봤더니 자신의 어머니의 죽음을 객관적이고 사실적으로 표현한 부분이 재미있었습니다. 어머니의 죽음을 묘사한 게 슬프기도 했습니다.

● **서울대학교 불어교육학과 일반전형**

▶ **제시문 1: 세 제시문의 환경을 대하는 태도 비교**

(가)에는 사슴 시체를 손질하는 두 사람이 등장합니다. 이들은 비록 죽은 사슴이나 소중히 다루고 있고, 동시에 자연에 감사와 애정을 느끼므로 생명중심주의입니다. (나)는 자연을 개발할 때 그 자연물의 가치를 저울질해야 진정한 자연 보전을 달성할 수 있다는 내용입니다. 글쓴이는 소나무와 자작나무를 비교하고 있는데, 소나무는 나에게 노래를 불러 주고, 딱따구리에게 집이 되어 줍니다. 즉 자작나무에 비해서 인간과 자연 모두에게 이득이 되는 자연물이고, 이를 고려하여 자연을 보전해야 한다는 주장을 담고 있습니다. 이를 보았을 때 온건한 인간중심주의입니다. (다)는 생명공학의 예시를 들고 있습니다. 자연을 인간이 유용하게 활용해야 한다는 의견이므로, 인간중심주의입니다.

▶ **제시문 2: 인간이 마주하고 있는 문제를 해결하려면 세 제시문 중 어떤 태도가 필요한가, 다른 관점의 비판을 들고, 이에 반박해 보시오.**

▶ **제시문 3: (한 여성의 이야기)왜 여성에 대한 사회적 차별과 배제가 발생하고 지속하는지 이유를 말하시오.**

– 서울대학교 불어교육과(이경은)

서울대학교 국어교육과

오창엽

"면접에서 중요한 것은 정답이 아니다"

출신 고등학교명	경기 명문고등학교	고등학교 유형	평준화 일반
합격 사범대학교			
대학교	학과		전형
서울대학교	국어교육과		지역균형선발
고려대학교	국어교육과		학교장추천

자기소개서, 나는 이렇게 준비했다

1. 고등학교 재학 기간 중 학업에 기울인 노력과 학습 경험에 대해, 배우고 느낀 점을 중심으로 기술해 주시기 바랍니다. (1,000자 이내)

'나누면 두 배가 된다'는 말이 있습니다. 저는 제가 고등학교 생활 동안 했던 공부를 이 말로 설명하고 싶습니다. '수석 입학'이라는 이름표를 달고 고등학교에 들어온 제게 주변 사람들은 경쟁을 부추겼습니다. 남을 이기기 위한 공부는 제게 부담을 주었고 저는 공부에 대한 흥미도 점차 잃게 되었습니다.

2학년 때 담임선생님께서 반 학생들에게 강의하는 ST(Student Teacher)라는 활동을 제게 제안하셨습니다. 작가를 꿈꿀 만큼 문학을 좋아했기에 저는 〈문학〉 과목의 선생님 역할을 맡았습니다. 강의를 준비하며 친구들에게 도움을 주기 위해선 친구들의 눈높이에 맞는 수업을 만들어야 한다고 생각했습니다. 그래서 〈유충렬전〉과 같은 고전소설은 내용을 정리하여 강의 내용을 구연동화처럼 구성했고, 〈가는길〉 등의 현대시 작품들에 대한 확인 문제들을 직접 만들고 함께 풀어 보면서 자연스레 내용을 이해하도록 했습니다. 이렇게 준비한 수업을 마치고 고마워하는 친구들을 보며 저는 묘한 감정을 느꼈습니다. 경쟁은 필연적으로 패배자를 만들지만, 나눔은 모두를 승리자로 만들 수 있다는 것을 알게 되었습니다. 또 친구들을 돕는다는 새로운 목표 덕에 수업 시간에 접하지 못했던 심화된 내용까지도 흥미를 가지고 공부할 수 있었고 이것이 친구들뿐만 아니라 제게도 큰 도움이 된다는 것을 깨달았습니다. 그래서 학급 친구들과 멘토링을 조직했습니다. 멘토로서 저는 수업을 진행하기도 했지만, '1일 멘토제'를 도입하여 멘티들로부터 제가 부족했던 부분을 보충받기도 했습니다.

ST 활동과 멘토링을 통해 '삼인행필유아사'라는 공자의 말씀을 깨달을 수 있었습니다. 이러한 경험은 뚜렷한 목표 없이 수동적으로 공부하던 제가 스스로 공부할 수 있는 동기가 되었습니다. 또 저의 잘못된 지식이 남들에게 피해가 될 수 있다는 책임감을 느껴 두 세 번씩 꼼꼼히 공부하는 습관도 기를 수 있었습니다. 무엇보다도 저는 남들을 가르치는 활동에서 성취감을 느꼈고, 이것은 〈국어〉 교사라는 진로를 설정하는 계기가 되었습니다.

2. 고등학교 재학 기간 중 본인이 의미를 두고 노력했던 교내 활동을 배우고 느낀 점을 중심으로 3개 이내로 기술해 주시기 바랍니다. 단, 교외 활동 중 학교장의 허락을 받고 참여한 활동은 포함됩니다. (1,500자 이내)

학생회장에 출마하면서 '우리가 바라는 보충수업'이라는 공약을 내걸었습니다. 보충수업을 들으면서 주요 교과 외에 학생들이 원하는 다양한 유형의 수업이 개설되지 않는 것에 의문이 생겼고, 이것을 학생들의 다양한 수요에 맞게 바꾸고 싶었기 때문입니다.

학생회장에 당선된 2학년 2학기부터 바로 제 공약을 실행했지만 학생들의 참여는 저조했습니다. 혼자서 급하게 공약을 실천하다 보니 홍보가 제대로 이뤄지지 않았기 때문이었습니다. 저는 학생회 학습부 임원들에게 도움을 구했습니다. 학습부 임원들과 함께 공약을 알리는 홍보지를 만들었고, 다음 학기가 되자 반마다 다니며 홍보지를 부착하고 학생들에게 공약을 소개했습니다. 그 결과 모의 면접반과 배드민턴반이 학생들의 참여로 새롭게 개설되었습니다. '빨리빨리'가 항상 정답은 아니었습니다. 오히려 한 학기 동안 기간을 두고 꼼꼼히 준비했기에 성공적으로 공약을 실천할 수 있었습니다. 또 학습부 임원들과 함께 활동을 준비하며 제가 미처 보지 못했던 부족함을 발견하고 대처할 수 있었습니다. 이후 학생회 활동뿐만 아니라 매사에 모두와 함께 생각하고 철저히 준비하는 태도를 가지게 되었습니다.

작가를 꿈꿨던 제게 글쓰기는 단순한 취미 이상이었습니다. 2학년 때 좋은 글을 쓰는 방법을 배우고 글을 쓰는 친구들과 교류하고 싶어서 방과 후 학교 논술반에 참여했습니다. 가장 기억에 남는 것은 '신은 존재하는가'라는 주제로 글을 썼던 것입니다. 성서의 신빙성을 근거로 신을 부정했던 저와 달리 실제로 발견된 '토리노의 수의' 등을 근거로 신의 실재를 주장하는 친구들도 있었습니다. 친구들과 글을 공유하고 비평을 주고받으며 나와 다른 생각을 가진 이들을 이해할 수 있었고 생각의 폭을 넓힐 수 있었습니다. 또 '좋은 글'이란 작가 혼자 쓰는 것이 아니라 독자와 소통하고 그들의 의견을 수용하면서 만들어지는 것이라고 생각했습니다. 저는 이를 계기로 10년 후의 동창회를 그린 〈재회〉라는 단편을 창작하여 학급 문집에 실었습니다. 반 친구들 모두가 주인공인 소설을 통해 평소 서먹했던 친구와도 즐겁게 대화를 나눌 수 있었습니다. 이때 느낀 보람으로 저는 소통을 통해 긍정적인 감정을 전파하는 사람이 되겠다고 다짐하게 됐습니다.

저는 중학교부터 기타 연주를 하며 밴드 활동을 했었고, 친구들과 함께하는 음악이 즐거워서 고등학교에 진학해서도 밴드 동아리 'ON'에 들어가게 되었습니다. 1학년 때 시에서 주최하는 밴드 경연 대회를 준비했습니다. 합주를 하면서 친구들이 만드는 박자에 제 기타 소리가 따라가지 못하고 있음을 느꼈습니다. 저는 부족한 부분을 파악하여 손에 익을 때까지 연습했고, 이후 친구들과 함께 연습하며 박자를 맞춰 나갔습니다. 이렇게 준비한 곡으로 대회에서 좋은 결과를 거뒀습니다. 더 좋은 곡을 위해 제 소리를 줄여야 할 때도 있듯이, 저는 이 경험으로 단체를 위해 자신을 희생할 줄 아는 자세를 배웠습니다. 또 공연을 하면서 남들에게 저를 드러낼 수 있는 용기를 얻었고 이를 통해 다양한 활동에 더욱 적극적으로 참여할 수 있었습니다.

3. 학교생활 중 배려, 나눔, 협력, 갈등 관리 등을 실천한 사례를 들고, 그 과정을 통해 배우고 느낀 점을 기술해 주시기 바랍니다. (1,000자 이내)

1학년 때 반 친구들과 함께 '과학송 UCC 대회'에 참가하게 되었습니다. 하지만 UCC를 제작하는 것은 생각만큼 쉽지 않았습니다. 조원들 모두 UCC 제작 경험은 없었고, 참여 의욕도 부족하여 회의마저 잘 진행되지 않았습니다. 조장으로서 저는 조원들의 참여를 유도하고 조를 이끌어야 한다는 책임을 느꼈습니다.

우선 조원들이 활동에 흥미를 느끼게 해야 한다고 생각했습니다. 그래서 저는 남들과 다른 '코믹' 컨셉의 UCC를 만들자고 주장했습니다. 몇몇 조원들이 그에 관심을 보였고, 당시 유행하던 '풍문으로 들었소'라는 노래를 패러디하여 갱스터 컨셉의 UCC를 만들자는 의견에 모두가 동의했습니다. 물꼬가 트이자 UCC 제작은 차례차례 진행됐습니다. 저는 2명의 조원과 함께 빅뱅이론의 개념을 담은 가사를 만들었고, 다른 조원들은 구체적인 UCC 장면을 구상하고 그에 맞는 소품을 만들었습니다. 하지만, 노래를 직접 개사한 가사로 불러 녹음하는 일만은 모두가 꺼렸습니다. 몇몇은 굳이 노래를 직접 불러야 하냐며 노골적인 불만을 보였습니다. 저는 더 좋은 작품을 위해 꼭 필요한 단계라며 조원들을 설득했고, 먼저 자원하여 녹음에 참가하겠다고 말했습니다. 제가 먼저 적극적인 자세를 보이자 친구들도 함께 녹음에 참가했습니다.

이런 과정을 통해 제작한 '빅뱅으로 생겼소'라는 제목의 UCC는 신선한 방식으로 과학을 재미있게 설명해 냈다는 칭찬을 받았습니다. 조장으로서 가장 뿌듯했던 것은 9명의 조원 모두가 동등하게 활동에 참여했다는 것이었습니다. 조원들의 의견과 각각의 특성을 고려하여 각자 역할을 분담했기에 소외되는 사람 없이 진행할 수 있었다고 생각합니다. 또 먼저 나서서 UCC 제작을 이끌어 가며 한 사람의 적극적인 행동이 많은 사람의 변화를 만들 수 있다는 것을 알게 되었습니다. 이 깨달음으로 저는 인간관계에서 수동적이었던 제 모습에서 벗어나 적극적인 자세를 가지게 되었고 이후 전교회장에 출마하여 더 많은 학생들을 긍정적으로 변화시킬 수 있는 활동을 기획하여 진행했습니다.

4. 고등학교 재학 기간(또는 최근 3년간) 읽었던 책 중 자신에게 가장 큰 영향을 준 책을 3권 이내로 선정하고 그 이유를 기술하여 주십시오.

▸ '선정 이유'는 각 도서별로 띄어쓰기를 포함하여 500자 이내로 작성

▸ '선정 이유'는 단순한 내용 요약이나 감상이 아니라 읽게 된 계기, 책에 대한 평가, 자신에게 준 영향을 중심으로 기술

선정 도서		선정 이유
도 서 명	리더는 사람을 버리지 않는다	야구는 어렸을 때부터 친구들과 함께 즐겨 했던 운동 중 하나였습니다. 그렇기에 저자가 김성근 감독님이라는 말을 듣고 호기심이 생겨 이 책을 읽게 되었습니다. 승패가 명확히 갈려 결과 중심이 될 수밖에 없는 스포츠에서도 감독님은 끝까지 선수들을 믿었습니다. 특히, 부상으로 은퇴를 생각하던 윤재국 선수에게 마지막까지 선수로 뛸 기회를 주었던 감독님의 모습을 보며 저는 진정한 리더에 대해 생각해 보게 되었습니다. 리더 혼자서 할 수 있는 일은 많지 않습니다. 그러므로 좋은 리더라면 자신과 뜻을 함께해 주는 구성원들을 끝까지 믿어 주어야 한다고 생각했습니다. 이후 학생회장으로서 리더의 자리에서 여러 활동을 하면서 이러한 저의 생각을 더욱 확고히 할 수 있었습니다. 뿌린 대로 거둔다는 말처럼, 임원들에게 보낸 신뢰가 저를 향한 존중이 되어 돌아오는 것을 느낄 수 있었습니다. 앞으로 어떤 자리에 가더라도 일보다는 '사람'을 중요하게 여기고 그들을 끈질기게 믿어 주는 사람이 되고 싶다고 생각했습니다.
저자/역자	김성근	
출 판 사	이와우	

선정 도서		선정 이유
도 서 명	서준호 선생님의 학교 흔들기	교사라는 직업을 꿈꾸게 된 후로, 만약 교사가 된다면 학교의 문제들을 어떻게 해결해야 할까 하는 의문이 들곤 하였습니다. 이에 대한 해답을 찾기 위해 '학교는 무엇 때문에 상처받고 아파하는가?'라는 부제를 가진 이 책을 읽게 되었습니다. 심리치료사이자 교사인 작가가 만난 상처 입은 학생, 교사, 부모들의 이야기였습니다. 가장 가슴 아팠던 것은, 주변 사람들이 상처 입은 이들을 단순히 '부적응자'로 인식해 버리는 것이었습니다. 타인을 이해하기 위해서 그들의 행동이 어디서 비롯되었는지 다각도로 생각해 봐야 한다는 것을 느꼈습니다. 또 교사의 감정 변화가 아이들에게 큰 영향을 미칠 수 있다는 것을 알게 되었습니다. 작가는 이것을 '모빌 구조'로 설명했습니다. 모빌에서 한쪽의 진동이 전체로 퍼져 나가듯이, 학교라는 모빌 속에서 교사의 진동은 학생에게 고스란히 퍼져 나갔습니다. 저의 감정적 발언에 상처 입는 사람을 만들지 않기 위해 자기 자신을 우선 돌아보는 자세를 가져야겠다고 다짐했습니다.
저자/역자	서준호	
출 판 사	지식프레임	
도 서 명	오발탄	〈문학〉 보충수업을 통해 처음으로 이 작품을 접한 뒤, '철호'가 충치를 뽑고 정신을 잃어 가는 장면이 인상 깊어 책을 찾아 읽게 되었습니다. 피폐하고 비극적인 삶을 살아가는 '철호'를 비롯한 주인공들을 보며 전쟁 직후의 비참했던 우리나라의 모습을 짐작해 볼 수 있었습니다. 또 제대로 된 직업을 구하지 못하고 권총 강도, 양공주 같은 잘못된 길을 택하는 가족들을 보며 〈경제〉 수업 시간에 '힐더월드'를 읽고 알게 된 '사회연대은행'이 떠올랐습니다. 당시에도 그와 같은 복지 제도가 있었다면 소설의 결말은 달라지지 않았을까 생각했고, 사회복지제도의 중요성을 실감했습니다. 이는 사회복지에 대한 관심으로 이어져 저는 처음으로 저소득층 자녀들을 위한 교육 봉사에 참여하게 되었습니다. 언제나 밝고 쾌활했던 아이들로부터 긍정적이고 낙천적인 태도를 배울 수 있었습니다. 또 제 행동이 사회에 보탬이 될 수 있다는 기쁨도 알게 되었습니다. 이를 통해 더 나은 사회를 위해 꾸준히 봉사하겠다고 다짐하게 되었습니다.
저자/역자	이범선	
출 판 사	문학과지성사	

184

면접, 이것만은 기억하라

준비해도 망칠 수 있는 면접, 준비하지 않으면 확실히 망친다

9월 말, 학교 선생님들을 앞에 두고 한 '1차 모의 면접'은 제게 있어 다시 기억하고 싶지 않은 경험 중 하나입니다. 그야말로 아무런 준비도 하지 않고 저는 면접실에 들어갔습니다. 답하지 못한 질문이 더 많았고, 그나마 답했던 내용도 머릿속이 정리되지 않아 앞뒤가 맞지 않는 문장으로 말하거나 더듬더듬 말하기 일쑤였습니다. 사실 그전에는 1회로 끝나는 면접은 아무리 준비해도 그날 제대로 발휘하지 못하면 끝이 아닌가 하는 생각에 면접 준비를 회의적으로 생각했습니다. 하지만 모의 면접을 통해 깨달았습니다. 준비해도 망칠 수 있는 것이 면접이니, 준비하지 않으면 확실히 망칠 수밖에 없다는 사실을.

신문 사설 요약으로 논리력을 기르다

면접에서 가장 중요한 것은 얼마나 논리적으로 자신의 주장을 피력할 수 있는가입니다. 그렇기에 실제로 말하는 연습을 하는 것만큼 중요한 것이 '말할 내용'을 미리 정리해 두는 일입니다. 저는 가장 먼저 신문 사설을 읽고 요약했습니다. 일주일 치 신문 사설을 모아 놓은 자료를 읽고 하루에 1개씩 신문 사설의 주요 내용을 요약하는 작업을 시작했습니다. 이는 제시문 면접과 학생부 면접 모두를 위한 준비였는데, 제시문 면접의 경우는 제시문을 읽고 해석하는 능력을 기르기 위함이었고 자

서울대학교 국어교육과(오창엽) · 면접에서 중요한 것은 정답이 아니다

소서 면접의 경우는 사회의 동향이나 이슈, 국제 정세 등을 파악하여 조금 더 현실적인 답변을 제시할 수 있는 능력을 기르기 위함이었습니다.

신문 사설 요약은 제가 한 어떤 면접 준비보다도 큰 힘이 되었습니다. 신문 사설을 요약하면서 얻은 능력을 기반으로 좀 더 실제에 가까운 면접 대비를 시작했습니다. 제시문 면접에 관해선 학교에 올라와 있는 기출문제를 뽑아 나름의 답변을 정리하고, 신문 사설 요약과 비슷한 맥락으로 수능 국어 독서 지문을 읽고 요약하여 중심 내용을 말하는 연습을 하기도 했습니다. 학생부 면접을 준비할 땐 학생부와 자소서를 읽고 직접 예상 질문을 만들어 보거나 면접 기출문제를 구한 뒤 제 학생부와 자소서를 바탕으로 답변을 달아 보는 방식으로 면접을 대비했습니다.

면접관 역할 경험도 중요하다

10월 중순부터는 직접 말하는 연습을 시작했습니다. 몇몇 마음이 맞는 친구들과 함께(저는 그러지 못했지만, 비슷한 과를 가는 친구들과 함께 조를 짜면 더욱 효과적입니다.) 조를 짠 뒤, 돌아가면서 1명씩 피면접자가 되어 모의 면접을 하며 서로에게 피드백을 주는 방식으로 모임을 진행했습니다. 피면접자가 되어 친구들이 준비한 질문에 답변하면서 준비했던 답변의 부족함을 깨닫고 보충할 수 있었고, 잘못된 언어 사용이나 습관 등을 고칠 수 있었습니다. 하지만 더 큰 도움이 되었던 것은 면접관 역할이었습니다. 면접관의 자리에서 친구들을 바라보며 잘못된 점을 지적해 주고, 질문에 대한 다양한 답변을 듣고 그에 대한 피드백을 해 주는 과정에서 제 스스로를 돌아보고 발전시킬 수 있었습니다. 10월 말, 학교 선생님들 앞에서 '2차 모의 면접'을 했습니다. 1차에 비해 훨씬 수월하게 면접을 진행할 수 있었습니다. 결국 면접도 연습을 통해 향상될 수 있다는 것을 몸소 느낀 것입니다. 면접 날짜가 다가올수록 신문 사설 요약보다 '실전 연습'의 비중을 늘려 나갔습니다. 최대한 실전에서의 긴장감을 줄이기 위해서였습니다.

면접은 수능 다음으로 많은 학생들이 부담을 느끼는 부분이라고 할 수 있습니다. 길 가다 낯선 사람한테 말 거는 것도 쉽지 않은데, 생판 처음 보는 사람이 캐묻는 질문에 나름의 논리를 이용해서 답변해야 한다는 점은 확실히 부담입니다. 그렇기에 실전과 같은 연습을 통해서 면접이 주는 '부담감'과 '분위기'에 조금씩 적응해 나가야 합니다.

면접에서 중요한 것은 '정답'이 아니다

면접에서 중요한 것은 '정답'을 말하는 것이 아닙니다. 입학처에서 면접을 통해 보고자 하는 것은 학생의 지식 수준이 아닙니다. '이 학생이 우리 학교에 들어와 학업을 이어 나갈 수 있을 정도의 교양과 논리적 능력을 갖고 있는가?'를 보고자 합니다. 정답이 아니어도 반박 당해도 좋습니다. 다만, 자신이 가지고 있는 논리를 꾸준히 끝까지 밀고 나가는 모습을 보여 주어야 합니다. 날카로운 반박에도 자신만의 관점을 유지하세요.

면접, 내가 받은 질문

서울대학교 국어교육과 지역균형선발전형

면접 유형	면접 시간	면접관 수	면접 절차
교직 적성·인성 면접	15분	2명	제출 서류 → 서류 내용 확인 → 기본적 학업 소양 확인

Q · 1학년 때는 작가라는 꿈을 가지고 있었네요. 그러면 좋은 글을 위해 가장 중요한 것이 무엇이라고 생각하나요?

글의 형식이 잘 잡혀 있거나 좋은 단어와 문장을 구사하는 것도 중요하지만 가장 중요한 것은 역시 좋은 주제를 골라 그것을 글에 담아내는 것이라고 생각합니다. 독자들에게 유의미한 주제를 글에 충실히 담아내어야 좋은 글이 될 수 있다고 생각합니다.

Q · 국어교육과에 지원했는데, 12년간 국어 교육을 받으면서 느낀 문제점이 무엇이라고 생각하나요?

제가 가장 문제라고 느꼈던 것은 문학 교육에서 사람마다 다양하게 문학작품의 해석이 달라질 수 있는데 이를 인정하지 않고 한 가지의 해석을 일률적인 주입식으로 가르치는 것이 문제라고 생각했습니다.

Q • 문학의 해석이 사람마다 달라진다고 답했는데, 그 예를 들어 볼 수 있나요?

대표적인 예는 '향가'의 해석이라고 말씀드릴 수 있습니다. 고전문학의 한 갈래인 향가는 지금까지도 여러 개의 해석이 나오고, 어떤 것이 올바른 해석인지 명확히 규명하지 못하고 있는데 이것을 봐도 문학의 해석이 사람마다 다를 수 있다는 점을 알 수 있습니다. 또 같은 문학작품을 보더라도 절대론적 관점에서 보느냐, 반영론적 관점에서 보느냐에 따라 작품의 해석이 달라지기도 합니다.

Q • 답변에서 '반영론적 관점'이라는 용어를 사용했는데, 반영론적 관점이 뭔가요?

반영론적 관점이란, 문학이 그것이 창작되는 당시 사회의 모습을 반영하고 있다고 보고 사회의 모습과 문학을 결부시켜 해석하는 관점입니다.

Q • 그럼 이런 문제점에 대한 해결 방안은 무엇이 있을까요?

기존의 수업 방식에서 벗어나야 할 필요가 있다고 생각합니다. 학생들이 조를 짜서 토론식으로 수업을 진행하거나, 최근 화제가 되고 있는 '하브루타 교육' 방법을 문학 교육에 적용시키는 것도 좋을 것이라고 생각합니다.

Q • 네, 알겠습니다. 독서 목록을 보면 여러 권의 책을 읽었는데, 가장 인상 깊게 읽은 책이 무엇인가요?

저는 한스 라트의 《그리고 신은 얘기나 좀 하자고 말했다》라는 책이 가장 인상 깊었습니다. '신의 존재'라는 무거운 주제를 익살맞은 방식으로 풀어낸 것도 좋았고, '신'에 대한 세상 사람들의 다양한 인식을 담고 있어 생각의 폭을 넓힐 수 있었습니다.

Q · 그렇다면 본인이 읽은 책 중 〈국어〉 교육 분야에 가장 필요하다고 생각하는 책은?

(처음에 질문 이해를 못해서 다시 물어보고 답변함) 아, 네.《서준호 선생님의 학교 흔들기》라는 책입니다. 이 책은 심리학자 겸 초등학교 선생님인 서준호 씨가 직접 학교를 다니면서 느낀 학교의 문제점들을 심리학적으로 분석한 책인데요. 모든 교육이 그렇겠지만, 특히 '정서'와 가장 직접적으로 연관되어 있다고 할 수 있는 〈국어〉 교육 분야에 이렇게 심리학을 접목시켜 아이들 개개인의 성장을 돕는 방식의 교육이 필요할 것이라고 생각합니다.

서울대학교 영어교육과

"자신의 사례를 활용해 답하라"

출신 고등학교명	경남 진주동명고등학교	고등학교 유형	평준화 일반
합격 사범대학교			
대학교	학과		전형
서울대학교	영어교육과		일반(학생부종합)
서울대학교	영어교육과		학교장추천(학생부교과)

자기소개서, 나는 이렇게 준비했다

1. 고등학교 재학 기간 중 학업에 기울인 노력과 학습 경험에 대해, 배우고 느낀 점을 중심으로 기술해 주시기 바랍니다. (1,000자 이내)

다른 세상을 보여 주는 '창'이자 다른 나라의 문화를 만날 수 있는 '문'인 영어를 좋아합니다. 그래서 영어 학습에 집중하여 능숙한 회화가 가능하며 번역 봉사와 영어 일기 쓰기를 통해 쓰기 실력까지 겸비하고자 노력하고 있습니다. 〈그레이 아나토미Grey's Anatomy〉 등의 미국 드라마를 반복해 시청하고, 여러 영어 원서를 읽고 감상문도 써 보면서 다양한 표현을 익히고 즐겁게 영어 실력을 키우고 있습니다. 또 주한미국대사관 Youth Leadership Camp 등에 참가해 영어권 국가의 문화를 체험하고 있습니다.

그런데 문득 '이렇게 재밌는 영어를 무엇 때문에 흥미를 잃고 어렵게만 느끼는 친구들이 많을까?' 하는 문제의식이 생겼고, 어떻게 해야 더 재밌는 〈영어〉 수업을 할 수 있을지 고민하게 됐습니다.

이를 풀기 위해 영어교육학 책도 읽고 〈영어〉 선생님과 대화도 나누며 고민한 결과 독해 및 문법 중심의 〈영어〉 교육이 가장 큰 문제점이라는 생각이 들었습니다. 해결 방안 마련을 위해 '우리나라 영어 읽기 교육의 문제점 및 개선 방안에 관한 연구'라는 주제로 탐구했고, 그 결과를 제6회 교내 자기성장 점보漸步학술제에 제출했습니다.

이를 연구하며 입시 위주의 〈영어〉 교육으로 인해 평가에 용이한 독해와 문법 중심의 교육이 이루어지고 있다는 점을 재삼 확인하게 되었습니다. 그래서 2018학년도 수능부터 시행되는 〈영어〉 절대평가를 기점으로 〈영어〉가 평가의 부담을 벗어야 한다고 생각습니다. 그리고 학생들의 영어 읽기에 대한 흥미를 위해 크라센 교수의 자율 독서 이론과 인근 중학교의 적용 사례를 찾아봤고, 이를 토대로 자율 독서를 적용한 교실 수업을 구상하여 선생님과 토론해 봤습니다.

그 외에도 교육학에 대한 관심을 바탕으로 교원 양성 체제 개선 방안 등에 관한 학술 보고서를 썼습니다. 〈영어〉와 교육에 대한 그동안의 열정과 노력이 결실을 맺어 한국장학재단 인문100년 장학생에 선정되었고, 진정으로 학생들을 아끼며 학창 시절 선생님들께 받은 사랑을 돌려줄 수 있는 마음과 〈영어〉 교사로서의 지식과 실력을 고루 갖춘 교육자가 되도록 노력하자는 각오를 다졌습니다.

2. 고등학교 재학 기간 중 본인이 의미를 두고 노력했던 교내 활동을 배우고 느낀 점을 중심으로 3개 이내로 기술해 주시기 바랍니다. 단, 교외 활동 중 학교장의 허락을 받고 참여한 활동은 포함됩니다. (1,500자 이내)

영어 회화 능력을 기르고 영어로 사고하는 연습을 하고자 교내 영어 토론 동아리 'Objection'을 만들고 회장으로서 동아리를 위해 힘썼습니다. 그런데 의도와 달리 회원들 간의 영어 실력 차가 큰 걸림돌이 되었습니다. 원어민 수준의 실력을 갖춘 회원이 있는 반면, 기본적인 토론 표현조차 간신히 구사하는 회원이 있을 정도로 실력 차가 컸기 때문입니다.

어떻게 하면 이를 극복하고 더 재밌는 토론을 할 수 있을까 고민을 거듭했습니다. 그리고 〈국어〉 시간에 접한 CEDA 토론 방식을 변형시켜 3~4명씩 팀을 만들고, 총 6팀이 찬성/반대 측의 각 입론과 질의응답, 최후 변론을 분담하도록 했습니다. 각 팀에서도 구성원들이 역할을 나누어 더 체계적이고 원활한 토론을 할 수 있었는데, '전면 무상 급식 실시'라는 주제를 비롯한 여러 주제로 토론하며 동아리의 취지를 잘 살릴 수 있어 보람이 컸습니다. Objection에서의 경험은 후에 제가 구상하는 영어 토론 수업을 실현하는 데 큰 도움이 될 거라고 생각합니다.

교사에게 논리적인 사고력과 의사 전달력이 중요한 자질이라고 생각했고, 이를 위해 영어 토론 동아리의 경험을 살려 제2회 경상남도 고교생 토론 대회(경남교육청), 제1회 흥사단 전국 중고등학생 토론 대회 등에 학교 대표로 참가하며 그 능력을 길렀습니다. 그중 '학생 대표의 학교운영위원회 참여를 보장해야 한다'라는 주제로 흥사단 토론 대회에 참여하며 학교운영위원회에 관해 배울 수 있었습니다. 또 학생자치의 현주소를 점검하며 엄연한 교육 주체인 학생의 목소리가 학교 운영에 잘 반영되지 않는다는 것을 알게 됐고, 학생 대표의 학교운영위원회 배석과 학생회 예산집행권 부여 등 실질적인 학생자치를 위한 방안을 제시하며 학생자치의 중요성을 인지하게 되었습니다. 그 외 여러 토론 대회에서 입상하며 능력을 인정받아 경남교육청이 주최한 대학진학박람회에 초청 토론 시연을 보였습니다. 이를 통해 사고력과 표현력은 물론 팀장으로서 팀의 의견을 조정하며 다른 사람의 의견도 수용할 줄 아는 균형 잡힌 시각을 갖게 되었습니다.

교내 솔리언 또래 상담반 멘토링제 멘토로 활동했습니다. 제가 담당한 멘티는 영어 읽기와 듣기 능력이 부족했고, 독해 속도도 느려 수업을 따라가기 힘들어했습니다.

소리 내어 말할 수 없는 단어는 들을 수 없기에 멘티의 영어 읽기 실력 향상을 목표로 같은 지문을 반복해 읽히고, 글의 구조와 표현, 문법 요소를 분석해 주었습니다. 글의 구조를 분석하는 능력을 키워 줌으로써 독해의 정확도와 속도를 향상시킬 수 있었습니다. 거기에 드라마를 활용한 제 공부법을 적용해 쉬운 드라마를 반복해 보며 듣기 학습을 즐길 수 있도록 했습니다. 다행히 멘티도 적극적으로 임해 주었고 영어 성적을 올리는 성과도 보였습니다.

더 나은 멘토가 되기 위해 아는 것을 점검하고 가르치며, 누군가를 가르치는 일이 내가 배우는 것만큼이나 즐겁고 뿌듯하다는 것을 깨달았고, 가르치는 사람은 늘 배우는 사람의 입장에서 내용을 이해해야 하는 것이 중요하다는 점도 확실히 느꼈습니다. 멘토링 경험을 마음에 새기고 더 좋은 교사가 될 것이라고 다짐했습니다.

3. 학교생활 중 배려, 나눔, 협력, 갈등 관리 등을 실천한 사례를 들고, 그 과정을 통해 배우고 느낀 점을 기술해 주시기 바랍니다. (1,000자 이내)

1:1 아동결연기구 컴패션을 통해 니카라과의 Wendy를 후원하고 있습니다. Wendy를 후원하며 지구상에는 도움이 필요한 아이들이 많다는 것을 실감하게 되었고, 저의 능력을 발휘하여 그 아이들을 도울 수 있는 방법은 없을지 생각해 봤습니다.

그러던 중 한국컴패션의 후원자와 결연 아동의 편지를 번역해 주는 봉사 활동을 알게 됐고, 번역 메이트에 자원해 틈틈이 시간을 내어 지금까지 봉사 활동을 하고 있습니다. 2년이 넘는 시간 동안 약 500통의 편지를 번역하며 다양한 표현을 배우고 영어 쓰기 실력을 키움과 동시에 후원자님의 따스한 사랑을 늘 접하고 있습니다.

결연 아동의 지진 소식에 혹여 다치지는 않았을지 걱정하는 편지, 고사리 손으로 멀리 있는 친구를 보고 싶다고 쓴 편지를 만나며 세상에는 아무런 조건 없이, 대가 없이 사랑을 실천하는 분들이 아직 많다는 사실에 깊은 감명을 받았습니다. 나중에 저 역시 학생들 앞에 서게 됐을 때 아무 조건 없이 학생들을 대해야겠다는 마음을 갖게 되었습니다.

다리가 불편하신 아버지를 보고 자라며 장애인들에게 관심을 가졌고, 중증장애인복지시설 '행복한 남촌마을'에서의 장애 이해 교육을 계기로 정기 봉사 활동을 하고 있습니다. 처음에는 제게 거부감을 느끼는 분들이 많았고, 저도 중증장애인 분들은 겪어 본 적 없어서 힘들었습니다. 그래도 틈나는 대로 자주 방문해 그분들과 친해지려고 노력했습니다.

하루는 한 분과 산책을 하며 이야기를 나누었습니다. 휠체어를 타시는 그분을 보며 제 아버지도 걸음이 불편하시고 그래서 어릴 때는 같이 뛰어놀지 못해 속상했다고 말씀을 드렸습니다. 그러자 그분께서도 당신의 딸 이야기를 해 주셨습니다. 지금은 큰 딸이지만, 어릴 때는 같이 놀아 줄 수 없어 가슴 아팠다고 말입니다.

이야기를 나누며 어릴 적 함께 놀아 줄 수 없어 마음 아프셨을 제 아버지를 이해할 수 있었습니다. 그리고 장애인도 비장애인과 같은 감정을 느낀다는 점을 되새기고, 신체적인 한계로 인해 그분들이 포기하셨을 많은 일들을 그분들의 입장에서 바라보게 되었습니다.

4. 고등학교 재학 기간(또는 최근 3년간) 읽었던 책 중 자신에게 가장 큰 영향을 준 책을 3권 이내로 선정하고 그 이유를 기술하여 주십시오.

▶ '선정 이유'는 각 도서별로 띄어쓰기를 포함하여 500자 이내로 작성

▶ '선정 이유'는 단순한 내용 요약이나 감상이 아니라 읽게 된 계기, 책에 대한 평가, 자신에게 준 영향을 중심으로 기술

선정 도서		선정 이유
도 서 명	당신의 영어는 왜 실패하는가?	영어에 많은 시간과 비용을 투자함에도 왜 여전히 영어를 어려워하는 학생들이 많은지 궁금해 이 책을 읽어보게 되었습니다. 그리고 입시를 위한 평가에 대한 부담으로 학생의 흥미를 고려한 창의적인 〈영어〉 수업이 어렵다는 문제를 비롯해 책을 읽기 전에는 간과했던 우리나라 〈영어〉 교육의 문제점들을 자세히 알아보는 계기가 되었습니다.
저자/역자	이병민	이 책을 읽기 전에는 영어에 대한 학생들의 고충을 충분히 이해하지 못하고 학생 개인이 노력만 한다면 충분히 영어를 배우고 회화 실력을 키울 수 있을 거라고 생각했습니다. 그런데 책을 읽고 학생들의 영어 학습의 전체적인 틀을 결정짓는 교육정책과 교수법이 잘 뒷받침되어야 학생들의 가시적인 영어 실력 향상이 이루어질 수 있다는 것을 깨닫게 되었습니다.
출 판 사	우리학교	특히 학교 〈영어〉 평가를 입시에서 어느 정도 자유롭게 해 줘야 한다는 내용이 인상적이었고, 대학수학능력시험 〈영어〉 절대평가 도입을 발판 삼아 지금보다 교사에게 평가의 자율성을 보장해 줄 수 있는 방법과 교실 수업 개선 방안에 관해 구상해 봤습니다.

196

선정 도서		선정 이유
도 서 명	세계사를 품은 영어 이야기	단순히 영어만 공부하는 것을 넘어서 영어라는 언어가 어떻게 발전해 왔고 세계 제1의 언어라 불릴 만한 지금의 위상을 가지게 되었는지의 과정이 알고 싶어 영어의 역사를 다룬 이 책을 읽었습니다.
저자/역자	필립 구든 / 서정아	앵글로색슨인의 침략으로 인한 초기 영어의 발달, 노르만 프랑스어의 영향 및 인쇄술의 발달과 관련된 중세 영어, 그리고 영어의 어휘를 풍성하게 만든 셰익스피어에 이르기까지 영어의 역사에 중요한 역할을 했던 많은 사건과 인물들을 만나 볼 수 있었습니다. 근현대에 영국과 미국이 세계에 영어를 전파하는 과정에서 식민지 언어 역시 영어에 많은 영향을 미치며 함께 발전했다는 점이 인상적이었습니다.
출 판 사	허니와이즈	책을 읽으며 영어가 한 민족만의 언어가 아니라 여러 민족의 삶이 융합해 온 과정을 통해서 발전해 왔다는 것을 알게 되었고, 이제는 비영어권 국가에서도 많은 사람들이 사용하는 국제어(lingua franca)의 역할을 하고 있다는 점을 확인함과 더불어 영어와 그 역사에 대한 저의 시야를 넓히는 계기가 되었습니다.
도 서 명	Tuesdays with Morrie	루게릭병으로 죽음을 앞둔 스승 Morrie Schwartz와 제자 Mitch Albom의 인생과 삶에 관한 마지막 수업을 다루고 있는 책으로 사제 간의 따뜻한 모습이 인상 깊었습니다. 근육이 굳어가는 고통에 운신할 수조차 없음에도 화요일마다 찾아오는 제자를 밝은 모습으로 반겨 주고 농담도 주고받으며 끝까지 긍정적인 모습을 잃지 않는 교수님의 모습에 감동을 받았습니다.
저자/역자	Mitch Albom	Schwartz 교수의 말씀처럼 내 일신만의 성공을 위해서 달려가는 삶이 아니라 주변 사람을 사랑하고 내가 가진 것을 그들과 나누며 만족을 느끼는 그런 삶을 살아가기 위해 노력할 것입니다.
출 판 사	Anchor Books	그리고 이 책의 Schwartz 교수처럼 가르침을 받은 제자들이 학교를 마치고 사회에 나가 각자의 자리에서 맡은 바 최선을 다하고, 가끔 살며 힘든 일을 마주하게 되었을 때 떠올릴 수 있는 최고의 교육자가 되도록 노력할 것입니다. 제자들의 기억과 삶 속에 영원히 남는 교육자라는 너무도 행복한 꿈을 가지게 해 준 감동적인 책이었습니다.

서울대학교 영어교육과(신대한) ▶ 자신의 사례를 활용해 답하라

면접, 이것만은 기억하라

토론 대회나 동아리에 적극 참여하라

면접을 준비하는 데 있어서 가장 중요한 일은 즉석에서 바로바로 생각해서 말하는 경험을 가능한 한 많이 해 보는 것입니다. 저는 특별히 면접과 관련된 학원을 다니거나 강의를 들어 본 경험은 없어요. 대신 교내 학술제나 여러 토론 대회에 적극적으로 참여했어요. 토론은 특정 주제에 대해 토론자들이 찬성과 반대로 나뉘어 상대를 설득하는 과정이죠. 상대와 생각을 주고받는 일련의 과정 속에서 자기주장을 논리적으로 펼치고, 어떤 질문이 주어져도 당황하지 않고 답할 수 있는 연습을 할 수도 있습니다. 토론 대회를 준비하는 과정에서 시사 상식을 기를 수 있어서 면접 준비에 많은 도움이 됩니다.

뿐만 아니라 학술제 발표는 여러분이 공부한 바를 청중이 이해하기 쉽게 체계적으로 전달하는 연습입니다. 발표가 끝나면 이어지는 질의응답 시간을 통해서는 전공 분야에 대해 깊이 있는 공부를 할 수 있고, 질문에 즉석으로 대응하는 경험도 할 수 있습니다. 물론 처음에는 토론이나 여러분의 생각을 구두로 표현하는 데 미숙하고 어색할 수도 있습니다. 한 가지 분명한 사실은 연습을 하면 할수록 스스로 성장하고 있다는 것을 느낀다는 것입니다.

　많은 대학이 학생부종합전형 2차 시험으로 구술 면접을 진행합니다. 구술 면접은 글로 길게 쓰는 논술 시험을 구두, 즉 말로 짧고 간결하게 답하는 시험이라고 볼 수 있습니다. 보통 인문 계열의 구술 면접에서는 인문학 지문 또는 사회과학 지문과 함께 3~4개의 질문을 제시합니다. 서울대처럼 두 종류의 지문을 모두 제시할 수도 있습니다.

　어떤 유형의 질문이 제시되든 잘 답변하기 위해서는 평소 인문학 또는 사회과학과 관련된 책을 활발히 읽는 것이 좋습니다. 인문학에는 철학·역사·문학·종교 등이 포함되고, 사회과학에는 지리·시사·정치 등이 포함되지요. 그 분야들에 대한 기본적인 배경지식이 없다면 면접에서 관련된 지문을 받을 때 당황할 수밖에 없습니다. 틈틈이 짬나는 시간에 다양한 교양 도서를 읽고 자신의 생각을 짧게나마 정리해 두는 것이 구술 면접 대비에 가장 효과적입니다. 또 시중에 논술 관련된 책이 많이 나와 있으니, 읽고 제시된 질문을 말로 답하는 연습을 해 보세요.

　다양한 읽기 지문을 접해 보면 면접 현장에서 어떤 지문이 제시되어도 당황하지 않고 침착하게 답변할 수 있습니다. 그리고 설사 현장 대기실에서 제대로 답변을 생각하지 못하고, 면접실에 들어갔다고 해도 위축될 필요 없습니다. 제 동기 중에는 제시된 2개의 지문 중 1개의 지문을 아예 읽지 못하고 들어갔음에도 임기응변으로 합격한 친구도 있어요. 그러니 혹여 제대로 된 답변이 떠오르지 않는다면 면접실에 들어가서 면접관에게 정중한 태도로 말씀드리고, 지문에 대해 조금만 더 알려 달라고 요청하세요. 아마 십중팔구 대부분의 면접관은 힌트를 주실 겁니다. 제시된 질문 이외에 추가 질문을 하는 경우도 있습니다. 이때 역시 무슨 답을 해야 할지 막막하다면 잠시 생각할 시간을 달라고 요청하도록 합니다. 당황해서 아무 말이나 하는 것보다 훨씬 더 효과적인 방법입니다.

교직 인·적성 면접, 자신의 사례를 활용하라

교직·인적성 면접 역시 보통 3개 정도의 지문을 제시합니다. 학교 현장과 관련된 지문과 이론적인 지문이 주어지되, 최근 교육계의 이슈를 다룬 내용이 주로 나옵니다. 제가 면접을 봤을 때는 스마트폰과 같은 간접경험이 학생들의 비판적 사고력 신장에 부정적인 영향을 끼친다는 내용과 관련된 지문이 나왔습니다. 교육과 관련된 이슈를 다루는 면접인 만큼 평소에 교육 관련 뉴스와 교육학 관련 도서를 읽어 보는 것이 많은 도움이 됩니다. 저는 항상 교육 현장과 관련된 소식을 주의 깊게 살피며, 그 상황에서 혹은 그 이슈에 대해서 내가 현장의 교사라면 또는 교육정책가라면 어떤 입장을 취할지 고민했습니다.

저는 교육학의 여러 분야 중에서도 특히 교육행정학과 교육공학에 관심이 있었기 때문에 그 분야들과 관련된 책들을 주로 읽었습니다. 물론 교직을 꿈꾸는 학생들보다는 교사들을 대상으로 쓰인 책들이기에 와닿지 않고 어렵게 느껴질 수도 있어요. 하지만 학생의 입장에서는 알 수 없는 우리나라 교육 현장에 대해서 배울 수 있습니다.

교직·인적성 면접에서는 학생으로서의 경험을 십분 활용하세요. 이 면접의 특성을 고려할 때 학교 현장과 관련된 논쟁거리가 지문으로 제시될 것이고, 그에 대해 여러분이 학교의 선생님이라면 어떻게 대처 또는 대응할지를 반드시 물어봅니다. 그런 질문을 만났을 때 여러분의 경험이나 사례들을 활용하면 훨씬 더 답변이 풍부해집니다. 최대한 일반화된 답변을 제시하려고 노력하되 자신의 답변을 뒷받침할 작은 사례들을 덧붙이는 것이 좋습니다.

면접, 내가 받은 질문

서울대학교 영어교육과 일반전형

면접 유형	면접 시간	면접관 수	면접 절차
면접 및 구술고사 (제시문 면접)	15분 (준비 시간 30분)	2명	준비 → 답변
교직 적성·인성 면접	15분 (준비 시간 15분)	2명	준비 → 답변

구술 면접과 교직·인적성 면접 모두 기본적으로 지문과 함께 제시된 질문에 답변을 먼저 하고, 추가적으로 질문을 받습니다. 다음은 추가 질문과 답변입니다.

서울대학교 영어교육과(신대한) ▸ 자신의 사례를 활용해 답하라

1. 구술 면접

Q · **여성이나 사회적 소수자들을 위한 차별을 없애기 위해 가장 먼저 무엇을 할 수 있을까요?**

사회적 소수자들에 대한 사람들의 인식을 개선할 수 있는 계몽 활동이 우선되어야 한다고 생각합니다. 학생들에게 여성이나 성적 소수자와 같은 사회적 소수자들 역시 같은 가치를 지닌 사람이라는 사실을 교육시킬 필요가 있다고 봅니다. 또 성인들에게도 지속적으로 같은 내용을 교육해야 한다고 생각합니다.

Q · **그렇다면 그런 계몽 활동 말고 제도적으로 할 수 있는 방안이 있을까요?**

사회적으로는 사회적 소수자들을 위한 실질적 평등을 가져올 수 있는 제도가 필요하다고 봅니다. 예를 들면, 여성의 진출이 어려운 직종에 대해 여성고용할당제를 적용하거나 장애인고용할당제를 의무화하는 방안 역시 제도적으로 실질적 평등을 실현할 수 있는 방안이라고 봅니다.

Q · **자연에 대해 제시된 관점 중 본인의 관점에 가장 부합하는 관점이 무엇인가요?**

자연에 대한 저의 생각은 세 번째 내용과 가장 비슷합니다. 저는 우리 인간이 단순히 자연에서 원하는 자원을 사용할 것이 아니라 최대한 자연의 원래 사이클을 해치지 않는 선을 지켜야 한다고 생각합니다.

Q • **멀티미디어를 활용해서 영어 공부를 했다고 했는데, 구체적으로 어떻게 활용했나요? 그리고 어떻게 도움이 되었나요?**

저는 주로 미국 드라마와 영화를 통해 영어 공부를 했습니다. 〈그레이 아나토미〉나 〈빅뱅 이론〉 같은 미국 드라마를 주로 봤습니다. 여러 에피소드를 보기보다는 동일한 에피소드를 최소한 3번 이상 시청하며 세세한 부분까지 놓치지 않고 보며 공부하려고 노력했습니다. 그리고 영어에 많이 노출되기 어려운 ESL 환경인 우리나라에서 영어에 노출되는 시간을 늘릴 수 있어 많은 도움이 되었습니다.

Q • **학교를 다니며 비판적 사고력을 기를 수 있는 수업 방식에는 무엇이 있을까요?**

학생들의 비판적 사고력을 기르는 데는 토론 활동이 가장 큰 도움이 된다고 생각합니다. 토론 활동을 하기 위해서는 주어진 주제에 대해 자신의 입장을 결정하고, 그 입장을 뒷받침할 수 있는 근거를 마련해야 하기 때문입니다. 뿐만 아니라 예상하지 못한 상대의 질문에 대해 답변을 제시해야 하기 때문에 토론 활동이 학생들의 사고력을 증진시킬 수 있는 가장 좋은 활동이라고 생각합니다.

Q • **영어 원서를 많이 읽었다고 했는데, 주로 어디서 책을 골라 읽었나요?**

인터넷 서점에서 추천해 주는 도서 목록을 살펴보거나 〈영어〉 교과 선생님들의

서울대학교 영어교육과(신대한) ▸ 자신의 사례를 활용해 답하라

도움을 얻었습니다. 상대적으로 영어 원서는 많이 접할 수 없어 추천을 받아 읽

을 책들을 골랐습니다.

서울대학교 영어교육과

이지우

"실전과 같은 조건으로"

출신 고등학교명	서울 명일여자고등학교	고등학교 유형	평준화 일반
합격 사범대학교			
대학교		학과	전형
서울대학교		영어교육과	일반
서울교육대학교		초등교육과	학교장추천
고려대학교		영어교육과	학교장추천
이화여자대학교		초등교육과	고교추천
한양대학교		영어교육과	학생부교과
경인교육대학교		초등교육과	교직적성잠재능력우수자

자기소개서, 나는 이렇게 준비했다

1. 고등학교 재학 기간 중 학업에 기울인 노력과 학습 경험에 대해, 배우고 느낀 점을 중심으로 기술해 주시기 바랍니다. (1,000자 이내)

〈사회〉 시간에 '독도, 법정에 서다'라는 영상을 본 뒤 독도 문제가 국제사법재판소에 회부되었을 때 독도를 지키기 위해 마련해야 할 대책에 관한 논설문을 작성했습니다. 재판소가 망끼에, 에크레오 등에 내린 판결들을 고려했을 때, 역사적 정통성보다 실효적 행정 절차에 의한 근거가 재판에서 더 중시된다는 점에서 계획뿐이던 독도 개발 사업을 실행해야 한다는 주장을 내세웠습니다. 이후 국제분쟁에 관심을 갖게 되어 《변화하는 세계의 아틀라스》를 읽었고 국제분쟁이 영토뿐만 아니라 자원, 종교 등에서도 비롯된다는 사실을 알게 되었습니다. 이후 국제분쟁 단원의 '명예교사'를 맡아 수업을 준비하면서 국가들 간의 갈등에 관한 지식을 더 확장할 수 있었습니다. 쿠르드족과 터키, IS, 동아시아 영토 분쟁에 대한 수업을 준비했는데, 이 과정에서 교과서가 한 집단의 입장만을 서술한 경우가 많다는 점을 알게 되었습니다. 예를 들어 두 나라의 분쟁에서 터키가 자행하는 탄압에만 초점을 맞추고 쿠르드족의 무장 폭동은 언급하지 않았습니다. 이 부분이 아쉽게 느껴졌습니다. 객관적 시각에서 정보를 전달하고자 당사국들의 입장을 국내 언론뿐만 아니라 'The Times' 'BBC news'와 같은 외신 보도 매체를 통해 조사했습니다. 이외에도 IS와 연관된 시리아 난민 수용 정책에 대한 찬반 입장을 표로 만들어 갈등 당사국을 제외한 국가들의 입장도 정리하여 학급 친구들에게 설명해 주었습니다.

이를 계기로 하나의 주제를 다양한 관점에서 바라보기 위해서는 지식을 있는 그대로 받아들이기보다는 주도적으로 찾아보고 정리하는 것이 중요함을 알게 되었습니다. 또 국가들 간의 이해관계를 객관적으로 전달하고 끊임없이 변화하는 국제 관계의 흐름을 반영한 수업이 이루어져야 한다고 느꼈습니다. 이후 교내 영자 신문에 '영어 절대평가 제도 시행'에 대한 기고문을 작성하는 등의 활동을 통해 다양한 시각에서 사회 문제를 바라보는 계기가 되었습니다.

2. 고등학교 재학 기간 중 본인이 의미를 두고 노력했던 교내 활동을 배우고 느낀 점을 중심으로 3개 이내로 기술해 주시기 바랍니다. 단, 교외 활동 중 학교장의 허락을 받고 참여한 활동은 포함됩니다. (1,500자 이내)

▸ **영어 동화책 제작**

동아리에서 원서를 읽고 독후감을 쓰거나 감상문을 작성하는 활동들을 하면서 저희만의 차별화된 결과물을 이루어 내고자 영어 동화책을 제작하게 되었습니다. 4명씩 조를 구성한 뒤 주제를 정하고 이야기를 구상했습니다. 저희 조는 '나눔을 통해 얻을 수 있는 행복'을 주제로 선정하였습니다. 작업은 역할을 분담하여 진행했습니다. 저는 작문, 삽화 스케치 및 첨삭을 맡았습니다. 영어로 동화책을 만들어 보는 것은 처음이여서 첫 작문 결과는 좋지 못했습니다. 말투가 문어체에 가깝고 딱딱한 느낌이 강했습니다. 그래서 조원들과 학교 영어 도서실에 있는 영어 동화책을 연구했습니다. 평소 접하던 영어 소설책들과 달리 주로 짧은 문장을 사용하며 의성어와 의태어를 많이 활용한다는 특징을 갖고 있다는 점을 알게 되었습니다. 이 점을 고려하며 아이들이 이해할 수 있는 단어를 찾아가며 원고를 수정했고 삽화와 원고를 종합하여 동화책을 완성했습니다.

이 활동을 통해 여러 매체에서 영어를 접하는 것이 중요하다는 것을 배웠습니다. 평소 영화나 소설책을 통해 접하지 못했던 회화 표현이나 음성 상징어 등을 동화책을 읽으며 알게 된 것처럼 다양한 매체를 통한 학습이 영어에 대한 풍부한 이해를 도와준다는 것을 깨달았습니다. 또 영어 독서 동아리의 취지에 맞는 특색 있는 활동을 찾아 실행했다는 점에서 보람을 느꼈습니다.

▸ **과제 보고서 작성**

2학년 학급 회장으로서, 학급의 수업 분위기를 좋게 만들기 위해 반 아이들을 관찰하면서 친구들이 〈수학〉 시간에 가장 집중하지 못한다는 점을 발견했습니다. 이유가 무엇일까 고민하던 중, '수포자'와 관련된 신문 기사를 접했습니다. 다른 나라에 비해 우리나라가 〈수학〉 포기 학생이 많다는 내용이었는데, 읽으면서 타 국가의 수학 교육과 무슨 차이가 있는지 궁금했습니다. 그래서 이를 탐구하고자 '수학포기학생, 우리나라에 왜 많은가'라는 주제로 과제 보고서를 작성하게 되었습니다. 먼저 학급 구성원들을 대상으로 〈수학〉 시간에 어려움을 느끼는 이유에 대한 설문 조사를 했습니다. 그러나 제가 선정한 주제가 여러 나라 교육과정에 대해 심도 있게 분석하고 이를 바탕으로 우리나라와 비교해야 하다 보니 단순 설문 조사만으로는 한계를 느꼈습니다. 그래서 우리나라, 일본, 중국, 핀란드 등의 〈수학〉 교육과정을 다루는 논문들을 읽고 비교 분석했습니다. 이런 과정을 거쳐 우리나라는 〈수학〉에서 개념을 이용해 활용하는 방법에 대한 설명과 질문의 다양성이 부족하며 다른 나라에 비해 생활과 수학의 연관성이 강조되지 못한다는 결론을 내렸습니다.

저는 실생활에 활용이 되지 못하는 수학 교육의 문제점이 문법과 독해 위주의 교육으로 외국인과의 대화를 두려워하는 영어 교육의 실태와 유사하다고 느꼈습니다. 최근 영어 교육에서 말하기 및 듣기가 강조되는 것처럼 수학도 개념의 실생활적 활용을 강조하기 위한 방법을 모색할 필요가 있다고 생각했습니다. 그래서 저는 학급의 학습 도우미로서 〈수학〉 교과를 정리하는 역할을 맡았을 때 문제점을 해결하고자 저만의 문제 해결 방안을 마련해 보기도 했습니다. 그림을 사용하여 수학적 개념을 설명하였고 개념을 활용하는 방법에 많은 비중을 할애하여 정리했습니다.

3. 학교생활 중 배려, 나눔, 협력, 갈등 관리 등을 실천한 사례를 들고, 그 과정을 통해 배우고 느낀 점을 기술해 주시기 바랍니다. (1,000자 이내)

초등학교 3학년 때부터 6학년 때까지 부모님의 직업으로 인해 인도에서 살면서 가난으로 충분한 교육을 받지 못하는 아이들을 자주 보았습니다. 학교에 가지 못하고 일을 하는 아이들의 모습을 보며 저는 자연스럽게 교육 문제에 관심을 갖게 되었습니다. 그래서 고등학교 1학년 때부터 '강동지역아동센터'에서 저소득층 아이들의 학습을 도와주는 교육 봉사를 시작했습니다. 일주일에 1시간씩 격주로 〈수학〉과 〈영어〉를 번갈아 가며 수업했습니다. 처음에는 아이의 집중력이 쉽게 떨어지고 수업이 원활하지 않아 많은 고민을 했었습니다. 그래서 이를 개선하고자 가족 이야기나 학교생활 등 개인적인 이야기를 나누며 친밀한 관계를 형성했습니다. 또 수업의 진행보다는 아이 개인에게 관심을 가지고 끊임없이 질문을 하며 흥미를 유발했습니다. 함께 영어 단어 카드를 만들면서 아이 스스로 무슨 활동을 왜 하고 있는지 인식할 수 있도록 "왜 이 단어에 이런 그림을 그렸을까?"와 같은 질문들을 물어봤습니다. 〈수학〉을 풀 때는 지루하지 않도록 10문제를 풀 때마다 원하는 그림을 그려 주기도 했습니다. 그런데 격주로 수업을 진행하다 보니 아이가 내용을 잊어버리는 문제가 발생했습니다. 복습의 중요성을 느끼며 〈영어〉 수업 전에는 이전 주에 배운 〈수학〉 문제를 5개 정도 풀게 했습니다. 〈수학〉 수업 전에도 동일한 방식을 적용했습니다. 예전보다 배운 내용이 잘 기억나서 좋다는 아이의 말에 뿌듯함을 느꼈습니다. 매번 수업이 끝나면 개선할 점을 기록하며 부족한 부분을 채우기 위해 노력했습니다. 스스로를 되돌아보고 평가하는 과정에서 저의 장단점을 객관적으로 인식하는 눈을 갖게 되었습니다. 또 제 꿈을 위해 할 수 있는 일이 있다는 사실에 자신감이 생겼고 아이와 만나는 시간은 제 삶의 활력소가 되었습니다. 아이가 저로 인해 성장하는 과정을 보며 좋은 교사가 되겠다는 다짐을 했습니다. 이외에도 나눔이란 제가 가진 것을 나누어 주고 남은 빈 공간을 새로운 것으로 채워 주는 일이라는 것을 깨달았습니다.

| 서울대 자율 문항 |

4. 고등학교 재학 기간(또는 최근 3년간) 읽었던 책 중 자신에게 가장 큰 영향을 준 책을 3권 이내로 선정하고 그 이유를 기술하여 주십시오.

> ▶ '선정 이유'는 각 도서별로 띄어쓰기를 포함하여 500자 이내로 작성

> ▶ '선정 이유'는 단순한 내용 요약이나 감상이 아니라 읽게 된 계기, 책에 대한 평가, 자신에게 준 영향을 중심으로 기술

서울대학교 영어교육과(이지우) ▶ 실전과 같은 조건으로

선정 도서		선정 이유
도 서 명	The Merchant of Venice	영어 독서 동아리에서 《로미오와 줄리엣》의 원서를 읽으며 셰익스피어의 작품에 관심을 갖게 되었습니다. 그의 작품을 더 접해 보고 싶은 생각이 들어 《베니스의 상인》을 읽었습니다. 이 작품에서 잔인한 대금업자로 나오는 '샤일록'이라는 인물에 주목했습니다. 〈세계사〉 시간에 유대인들이 기독교인들에게 고리대금업자의 이미지로 인식되었다는 내용을 배운 적이 있었는데 인물의 설정에 이러한 고정 관념이 담겨 있다고 느꼈습니다. '샤일록'을 'Jew'라고 지칭하는 대목에서 작가가 유대인 집단을 한 인물을 통해 비판하는 듯한 느낌을 받았습니다. 그 시대 사람들의 고정 관념이 작품에 남아 있는 것을 보며 제가 가진 편견에 대해서 생각해 보게 되었습니다. 편견이 타인에게 상처를 줄 수 있다는 사실을 인식하면서 이에 대한 경각심을 갖게 되었습니다. 또 문학작품에 당대의 인식이 미치는 영향을 느끼며 작품을 읽기 전 시대적 배경을 찾아보는 습관을 갖게 되었습니다.
저자/역자	William Shakespeare	
출 판 사	wordsworth classics	
도 서 명	교사와 학생 사이	이론적으로는 좋은 교육이 무엇인지 알고 있지만 여전히 교실에서의 문제를 극복하지 못하는 교사들을 위한 책이라는 소개를 보고 이 책을 읽게 되었습니다. 책은 의사소통, 칭찬, 훈육, 동기 부여라는 측면에서 교사와 학생의 관계를 서술합니다. 이론이 아닌 사례를 중심으로 접근하는 점이 매력적이었습니다. 많은 사례 중 '훈육'과 관련된 부분들이 흥미롭게 느껴졌습니다. 작가는 훈육의 본질은 처벌을 대신할 효과적인 대안을 찾는 것이라고 하며 학생들의 입장에서 처벌이 어떻게 받아들여지는가가 중요하다고 이야기합니다. 처벌보다는 믿음과 설득이 훈육의 핵심이며 교사의 말이 아이들 내면의 감정을 건드린다는 대목에서는 제 언어생활을 돌아보았습니다. 학급 회장으로서 아이들을 제지할 때 "너네 조용히 안 하면 불이익을 줄 거야"와 같이 이야기하던 태도를 바로잡는 계기가 되었습니다. 또 이 책에 나오는 교사들처럼 아이들의 입장에서 생각하며 자신의 신념을 실천하는 교사가 되고 싶다는 생각을 했습니다.
저자/역자	하임 G. 기너트 / 신홍민	
출 판 사	양철북	

선정 도서		선정 이유
도 서 명	한 권으로 읽는 인도사	영어 말하기 대회 원고를 작성하는 과정에서 '카스트제도'라는 주제에 대해 더 많은 정보를 얻고자 이 책을 읽게 되었습니다. 선사시대부터 현재까지 인도의 역사와 신화, 종교, 언어에 관해 설명하는 이 책을 통해 〈세계사〉 수업 시간에 배운 것보다 실제의 인도사가 훨씬 흥미롭게 다가왔습니다. 아울러 역사를 보는 눈이 바뀌게 되었습니다. 제국주의에 의해 무너지는 인도의 모습은 주로 유럽 중심으로 다루어지는 〈세계사〉 교과서 편성의 문제점을 인식하는 계기가 되었습니다. 예를 들어 근대사에서 제국주의 열강들의 침략 과정을 피지배 국가들의 독립운동 과정보다 더 비중을 두고 서술하는 점입니다. 저는 이런 방식의 서술이 서구의 제3세계 침탈을 당연시하는 것 같아 교과서의 구성 방식에 변화가 필요하다고 생각했습니다. 서구중심주의에서 벗어나 객관적 시각에서 접근해야 한다고 생각했습니다.
저자/역자	김진섭	
출 판 사	지경사	

211

면접, 이것만은 기억하라

서울대학교 영어교육과 일반전형

면접 유형	면접 시간	면접관 수	면접 절차
면접 및 구술고사 (제시문 면접)	15분 (준비 시간 30분)	2명	준비 → 답변
교직적성 · 인성 면접	15분 (준비 시간 15분)	2명	준비 → 답변

1. 제시문 면접

▶ **제시문 1:** (가) 인생은 그 자체로 의미를 지니지 않는다. 인생을 오랫동안 고통 없이 즐겁고 행복하게 살아왔다고 하더라도, 그 인생은 덧없고 의미 없는 것일 수 있다. 우리 인생은 그 자체로 귀중하다고, 그래서 태어나서 하루하루 숨을 쉬고 살아가고 있다는 사실만으로도 다른 동물의 삶이 지니지 못한 의미를 가진다는 말에 사람들은 자동적으로 고개를 끄덕이곤 한다. 하지만 그들이 고개를 끄덕이는 이유는 그 말에서 위안을 얻기 때문이지 그 말이 진실을 담고 있어서가 아니다. 몇몇 예외적 경우를 제외하면 우리는 각자의 인생에 강한 애착을 가진다. 허나 그렇다고 해서 그 사실이 인생을 의미 있게 만들지는 못한다. 자기 보존에 대한 강한 열망은 동물에게나 사람에게나 맹목적으로 주어진 것일 뿐이니 말이다. 그럼 유의미한 인생이란 어떠한 인생인가? (ㄱ) 유

의미한 인생이 무엇을 뜻하는지 보다 명료하게 이해할 수 있는 방법은 분명히 무의미하다고 생각되는 인생의 사례를 고려해 어떤 특징 때문에 그 인생이 무의미하게 판단되는지 알아보는 것이다. 그러면 우리는 이를 바탕으로 유의미한 인생의 조건을 알 수 있게 된다.

(나) 행복할 때면 우리는 항상 '좋은 상태'에 있는 거지만 좋은 상태에 있다고 우리가 항상 행복한 건 아니야. 좋은 상태라는 것이 무엇이냐고? 좋은 상태란 자신과 조화를 이루고 있는 거지. 부조화는 억지로 다른 사람과 조화를 이루려는 거고. 자신의 삶, 그게 중요한 거야. 도덕 군자인 척하거나 청교도가 되고 싶어 하는 사람은 자기 이웃의 삶에 대한 도덕적 견해들을 떠들어 대겠지만 이웃들은 정작 그의 관심사가 아니야. 현대의 도덕은 자기 시대의 기준을 받아들이는 것으로 되어 버렸어. 하지만 나는 교양 있는 사람이 자기 시대의 기준을 받아들이는 것이 가장 천한 부도덕이라고 생각해.

Q • **(가)의 밑줄 친 (ㄱ)을 토대로 무의미하다고 생각되는 인생의 사례를 둘 이상 고려하여 유의미한 인생은 어떠한 인생인지 자신의 의견을 말하시오.** (단, 고려할 인생의 사례 중 최소한 하나는 문학작품에서 택할 것.)

(ㄱ)에서는 유의미한 인생이 무엇을 뜻하는지는 무의미하다고 생각되는 인생의 사례를 고려하면 알 수 있다고 이야기하고 있습니다. 즉, 무의미한 인생에 반하는 인생이 유의미한 인생임을 이야기하고 있습니다. 저는 무의미한 인생의 두 가지 사례를 다음과 같이 생각해 보았습니다. 첫 번째는 타인과 소통하지 않는 삶입니다. 정확한 제목은 기억나지 않지만, 교과서에서 나온 소설의 주인공이

무의미한 삶을 살고 있다고 생각했습니다. 소설 속 주인공은 모든 사물에 자신만의 단어를 만들어 부릅니다. 의자에게는 책상, 책상에게는 개미 등과 같이 말입니다. 그러면서 서서히 고립되어 갑니다. 저는 이 사람의 삶이 매우 무의미하다고 생각했습니다. 다양한 사람을 만나는 것을 좋아하는 제게 이 삶은 너무 무의미하게 느껴졌습니다. 또 저는 앞으로 나아가고자 노력하지 않는 삶이 무의미하다고 생각했습니다. 꿈을 위해 노력하지 않는 삶이 무의미하다고 느낀 이유는 제가 현재 꿈을 위해 노력하고 있기 때문입니다. 이 노력이 가끔은 좋은 결과를, 가끔은 안 좋은 결과를 만들어 낼 수 있겠지만 결과에 상관없이 노력하는 것 자체가 유의미하다고 생각하기 때문입니다. 노력 없으면 발전도 없다고 생각하기에 이러한 삶이 무의미하다고 느꼈습니다.

Q · (나)의 화자가 말하는 '좋은 상태'의 인생을 자신이 제시한 유의미한 인생과 비교하여 평가하시오.

(나)의 화자는 좋은 상태란 우리가 자기 자신과 조화를 이루며, 타인과 억지로 조화를 이루려고 하지 않는 것이라고 이야기합니다. 즉 자신의 삶을 기준으로 사는 삶을 좋은 상태라고 이야기하고 있습니다. 좋은 상태는 제가 생각하는 유의미한 인생과 비교했을 때 비슷한 점이 많다고 생각합니다. 특히 앞으로 나아가기 위해 노력하는 삶과 연관이 크다고 생각했습니다. 자기 자신이 발전하고자 지속적으로 노력하는 삶은, 자신의 삶을 기준으로 삼는 삶이기 때문입니다. 또 타인과 소통하며 살아가는 삶도, 제가 생각했을 때 본인과 잘 맞는 사람과 소통하는 삶이 유의미하다고 생각하기에 화자의 견해와 제 견해는 크게 다르지

않은 것 같습니다.

▶ **제시문 2:** (가) For more than half an hour, 38 respectable, law-abiding citizens in Queens watched a killer stalk and stab a woman in three separate attacks in Kew Gardens. Twice the sound of their voices and the sudden glow of their bedroom lights interrupted him and frightened him off. Each time he returned, sought her out and stabbed her again. Not one person telephoned the police during the assault; one witness called after the woman was dead. *law-abiding: 법을 준수하는 *stalk: 몰래 따라가다 *stab: 찌르다 *glow: (전등 따위의)불빛 *assault: 공격

(나) 우리는 설사 우리의 이웃 중 누군가를 죽임으로써 처벌받을 염려가 전혀 없고 얼마간의 재산을 얻게 된다 하더라도 결코 그런 악행을 저지를 생각을 하지 않을 것이다. 그러나 만약 1억 명이나 되는 먼 이국땅의 사람들이 조만간 천재지변에 의해 죽게 된다는 사실을 알았을 땐 어떨까? 내일 자신의 새끼손가락을 잃어야 한다는 걸 안다면 결코 잠들지 못할 테지만 자신이 한 번도 만나 본 적이 없는 사람들에 대한 일이라면 아주 편안히 코까지 골며 잘 것이다.

Q · (가), (나)의 상황을 근거로 하여 인간의 도덕적 행위를 저해하는 요소들이 무엇인지 설명하시오.

문제 (가)와 (나)에서 알 수 있는 인간의 도덕적 행위를 저해하는 요소는 바로 본인과의 관련성이라고 생각했습니다. 인간은 자기 자신과 관련된 일이 아닐 경우

에 나서지 않는 성향이 있음을 이 제시문들에서 이야기하고 있습니다. 즉, 본인에게 해가 가지 않거나 자신과 연관성이 없는 사람에게 일어나는 일에는 관심을 갖지 않는 인간의 특성이 인간의 도덕적 행위를 저해한다고 생각합니다.

Q • **기아로 고통받는 외국의 아이들을 위해 기부를 요청하는 국제 구호단체의 편지를 받았다고 가정해 보자. 편지에 따르면 3만 원을 기부하면, 10명의 아이들이 한 달을 살 수 있지만 이를 외면하면 이들은 곧 죽게 된다고 한다. 국제 구호의 실효성과 한계를 고려하여, 당신은 이런 상황에서 어떤 선택을 할 것인지 설명하시오.**

저는 국제 구호가 해외의 아이들을 구제할 수 있다는 점에서 의미 있다고 생각합니다. 물론 이 기부가 지속적이지 않다면 문제가 생길 수 있다는 한계가 분명 존재하지만, 국제 구호 자체가 갖는 의미는 이로 인해 퇴색되지 않는다고 생각합니다. 그리고 저라면 반드시 기부를 할 것입니다. 왜냐하면 제가 한 기부가 한계를 갖긴 하지만, 지속적으로 기부한다면 이것이 시너지 효과를 낼 것이라고 생각하기 때문입니다. 조금은 이상적이지만, 제가 읽었던 책 중에 기부로 인해 구제된 아프리카 소년이 이후 자신의 과거 안타까운 삶에 대해 책을 쓰고 이것을 출판하여 국제적인 관심을 모아 그 나라에 많은 구호가 갔다는 책이 있었습니다. 조금은 이상적인 내용이지만 이러한 시너지 효과를 저는 굳게 믿기 때문에 기부할 것입니다.

다른 합격 대학교의 면접 질문

● **한양대학교 영어교육학과 교과전형**

Q. 특기와 흥미에 영어 쓰기랑 회화라고 되어 있는데 어느 분야를 잘하나요?

Q. 영어를 잘하나 봐요?

Q. 한글과 레오나르도 다빈치 특강을 듣고 오른손잡이 문화에 대해 비판했다
고 했는데 그 내용이 무엇인가요?

Q. OOO 강의를 듣고 어떻게 생각이 바뀐 건가요?

Q. 행복 서약을 했는데, 행복이란 무엇인가요?

Q. 성격 자랑 좀 해 보세요.

Q. 여성 리더십이란 무엇이라고 생각하나요?

서울대학교 역사교육과

하승훈

"대학별 면접 특성을 파악하라"

출신 고등학교명	제주 세화고등학교	고등학교 유형	평준화 일반
합격 사범대학교			
대학교		학과	전형
서울대학교		역사교육과	지역균형선발
고려대학교		국어교육과	학교장추천
한국교원대학교		역사교육과	학생부종합

자기소개서, 나는 이렇게 준비했다

1. 고등학교 재학 기간 중 학업에 기울인 노력과 학습 경험에 대해, 배우고 느낀 점을 중심으로 기술해 주시기 바랍니다. (1,000자 이내)

'제주 정체성 찾기 교실'에 참여하면서 제주 설화가 현대에 관광 여행 상품, 미디어 콘텐츠 등으로 다양하게 변용되고 있음을 배웠습니다. 그 설화가 서비스업에서 새로 두각을 드러내면서 현대에 영향을 끼침을 안 후 '제주에는 어떤 설화가 있고 무슨 기능을 할까?'라는 궁금증이 생겼습니다. 그래서 "제주 설화문학 탐방"에 참여해서 저희 마을의 혼인지에서 제주 삼성신화에 대해 탐구했습니다. 강의 중 "설화 속 인물을 우

218

리 조상으로 인식한다면 우리는 그들의 손자"라는 말을 들으며 설화가 그 고장 사람들을 끈끈하게 연결시킬 수 있음을 깨달았습니다. 또 어려서부터 혼인지를 태고의 제주에 있던 삼성 신인들의 결혼식장으로만 알고 있었는데 이곳이 국제 합동 결혼식장이라는 더 큰 의미와 지리적 특성으로 인한 제주 농경 및 목축문화의 발원지라는 새로운 사실도 배웠습니다.

그 후 〈동아시아사〉 및 〈문학 시간〉에 《삼국유사》를 접했습니다. 처음에는 단지 '역사서임에도 불구하고 기이한 설화가 차지하는 양이 많은 이유는 뭘까?'라는 생각을 했지만 단순히 '민족의 자주성 고취 목적이겠지'라고 의의를 두며 이러한 호기심을 덮어버렸습니다. 그러나 탐방 후, 당시는 몽골 항쟁이 좌절되어 원나라에 의해 다방면에서 간섭을 받으며 몽골풍 문화가 유입되던 시기였기 때문에 '당시 사람들의 자긍심을 자극해 결속을 다지기 위함일 수 있겠군'이라는 생각을 하면서 그 맥락적 의미를 실감할 수 있었습니다.

이후에 '해녀 정신 계승을 위한 진로 프로그램'을 통해서도 과거의 단순한 유산이었던 설화가 현대에도 중요한 영향을 끼쳤듯 제주의 해녀도 과거에만 머물러서는 안 될 보물임을 알게 되었습니다.

이런 활동들을 통해 과거 사람들의 이야기와 삶의 모습을 현대에 어떻게 재해석하고 무슨 의미를 부여할지를 고민하게 되었습니다. 그리고 겸손한 자세로 과거를 만난다면 알지 못했던 지식을 확장시킬 수 있음을 느꼈습니다. 훗날 〈역사〉 교사로서 학생들과 같이 옛날을 들여다보고 현재에 그 의미를 적용해 보자는 목표를 세울 수 있었습니다.

서울대학교 역사교육과(하승훈) ▸ 대학별 면접 특성을 파악하라

2. 고등학교 재학 기간 중 본인이 의미를 두고 노력했던 교내 활동을 배우고 느낀 점을 중심으로 3개 이내로 기술해 주시기 바랍니다. 단, 교외 활동 중 학교장의 허락을 받고 참여한 활동은 포함됩니다. (1,500자 이내)

> ### ▸ 학습자의 동기 부여
>
> 〈동아시아사〉 수업을 받으면서 친구들로부터 내용이 어렵고 재미없다는 말을 들어 그 이유를 물었습니다. 그들은 내용이 우리 삶과 동떨어져 있는 것같이 느껴져 어렵고, 외울 것이 많기 때문이라고 답했습니다. 이에 저는 실생활과 역사가 관련된다면 그들이 재미있게 역사를 배울 수 있을 것이라 추측했습니다. 이를 시도해 보고자 '고려 시대 여성의 사회적 지위'라는 주제로 I-teaching 경연 대회에 참가했고, 현대 여성의 사회적 지위와 관련된 기사를 인용해서 동기를 유발하여 고려시대와 현대의 유사함을 보여 나갔습니다. 실생활 사례, 자료를 통해 당시 여성에 감정이입하여 일기를 쓰는 활동을 진행했고 이를 통해 그 사회를 잘 이해할 수 있었다는 평을 받았습니다. 결과적으로 다양한 자료를 활용하여 학생들이 흥미를 갖고 능동적으로 참여하게 한다면 이해를 쉽게 하고 오래 기억할 수 있다고 느꼈습니다.
>
> 모두가 동기 부여를 받고 주도적으로 참여하는 수업의 효과성을 깨닫고 이를 멘토링 활동에 적용시켰습니다. 친구들이 자신감과 재미를 갖고 참여할 수 있도록 '3 Step 학습법'이라는 수준별 활동을 만들어 진행했고, 친구들 스스로 수준에 맞는 단계를 선택하여 활동에 참여했습니다. 한 친구로부터 공부에 자신감을 갖게 되었다는 말을 들으며 학습자를 고려한 수업 진행이 동기를 부여해 학구열을 향상시키는 효과도 거둠을 알게 되었습니다.
>
> ### ▸ 폭넓은 시각
>
> 가끔 수학을 질문하는 친구들이 "이렇게 풀어도 돼?"라고 묻곤 했습니다. 접근 방식이 다를 뿐 틀린 것이 아닌데도 하나의 시각만을 고집하는 것이 문제일 수 있다고 생

각했습니다. 그래서 저는 다양한 시각을 공유해 보고자 '교사와 함께하는 독서 토론 모임'을 조직했습니다. 《우리들의 행복한 시간》을 읽고 독서 캠프의 일환으로 사형제에 대해 토론 활동을 했었습니다. 각자의 의견만 내세우는 것을 보시며 선생님께서는 "너흰 다른 시각을 가지고 있을 뿐이니까 이번엔 왜 그렇게 생각했을지 초점을 맞춰 봐"라고 말씀하셨습니다. 저희는 준비한 근거를 바탕으로 상대의 의견을 들어 보고 궁금한 것을 질문하는 시간을 가졌습니다. 이를 통해 자기주장만 하는 것보다 상대를 경청하는 것이 독서 중 놓쳤던 점을 채워 나가 토론의 목적인 설득을 더 잘 이룰 수 있겠다고 생각했습니다.

'발해가 한국사인 이유에 대한 탐구'를 진행할 때도 문득 경청의 유용함을 느끼게 되었습니다. 처음엔 '단순히 근거 나열로 주장을 전개하자'는 생각으로 내용을 정리하다가 '너무 내 주장만을 내세우는 것은 아닐까?'라고 생각했습니다. 상대 입장을 고려하는 자세로 '중국은 어떤 가치를 두면서 만주의 역사를 노리는 것일까?'라고 고민하며 탐구를 했습니다. 그러면서 그들의 논리가 우리의 허점이 될 수 있음을 느꼈고 역사적 측면에서 우리나라가 보완해야 할 점도 떠올렸습니다. 이를 통해 역사 갈등은 각자의 주장만을 고집해서 해결되는 것이 아니라 상대국의 입장에서 그 논리를 생각하다 보면 타협점에 이르러 설득과 대화가 가능해지고 미래의 방향을 설정할 수 있음을 깨닫기도 했습니다.

3. 학교생활 중 배려, 나눔, 협력, 갈등 관리 등을 실천한 사례를 들고, 그 과정을 통해 배우고 느낀 점을 기술해 주시기 바랍니다. (1,000자 이내)

학급 활동 때 친구들끼리 서로의 장단점을 적은 적이 있었습니다. 그때 저도 모르게 감정에 휘말려 남을 생각하지 않고 제 기준으로 대한다는 단점을 알게 되었습니다. 그리고 몇 달 후 담임선생님께 제가 가끔 친구들의 기분을 상하게 말하는 경향이 있다는 말을 들었습니다. 의도치 않았음에도 이렇게 비춰지는 것에 고민하던 저는 친구들을 대하는 자세를 바꿔야겠다고 생각했습니다.

그러던 중 EBS 〈한국사〉 강의에서 현대인의 시각으로 과거를 바라보지 말고 그들의 삶 속에서 생각하는 것이 바람직함을 들었습니다. 저는 이를 통해 '과거 사람들의 삶을 느끼고(Feel) "왜 그랬을까?"라고 물어보며(Ask) 그에 대한 답과 그것을 현재 자신의 삶에 어떻게 적용할 것인지를 생각한다면(Think) 역사의식을 살찌울 것이다.(FAT)'라는 명제를 내렸고 그 순간, 이것이 제 단점을 극복하는 데 도움이 될 수 있으리라 판단했습니다.

친구들을 고려하며 말하기를 노력하다가 이 명제를 〈수학〉 시간에 적용시켰습니다. 수학을 포기한 친구들은 수업에 잘 참여하지 않았고 선생님과 갈등을 빚곤 했습니다. 이에 저는 그 명제를 떠올리며 친구들의 사정을 듣고 그 이유를 알아보고자 학급 회의를 열었습니다. 아는 것이 없다고 스스로를 가두는 것이 문제임을 알게 된 후 이를 친구들에 적용하여 대안을 내놓았습니다. 그것은 수학을 잘하는 친구와 흥미 없는 친구를 같이 앉히는 것이었습니다. 모르는 것을 짝꿍한테 물어보며 내용을 파악하면 친구들의 자세가 바뀔 것이라 생각했기 때문입니다. 친구들은 이에 동의했고 저는 자리 배치를 맡아 친구들을 고려하며 자리를 바꿨습니다. 이후 저희 반은 서로 협력하는 분위기를 만들어 나가기 시작했습니다.

시간이 지나고 친구들로부터 수학에 자신감이 생겼다는 말을 들으면서 타인을 고려하는 것이 인간관계에서 중요하게 작용한다는 것을 또 한 번 느꼈습니다. 쉬운 듯 느껴져 가장 잘 잊곤 하는 것이 역지사지의 자세임을 느낀 저는 말과 행동을 할 때 이를 항상 유념하며 살겠다고 다짐했습니다.

4. 고등학교 재학 기간(또는 최근 3년간) 읽었던 책 중 자신에게 가장 큰 영향을 준 책을 3권 이내로 선정하고 그 이유를 기술하여 주십시오.

- ▶ '선정 이유'는 각 도서별로 띄어쓰기를 포함하여 500자 이내로 작성
- ▶ '선정 이유'는 단순한 내용 요약이나 감상이 아니라 읽게 된 계기, 책에 대한 평가, 자신에게 준 영향을 중심으로 기술

선정 도서		선정 이유
도 서 명	명화로 배우는 서양 역사 이야기	I-teaching 경연 대회 참가 이후 '역사에 어떻게 흥미를 줄 수 있을까?'라는 생각을 했습니다. 그러던 와중에 1학년 때 〈한국사〉 선생님께서 해 주신 "눈이 자극받으면 기억은 오래간다."가 떠올랐습니다. 저는 이 말을 시각적 자료를 통해 학습자의 동기 부여가 이루어진다면 흥미를 갖게 할 수 있을 것이라고 해석했습니다. 〈역사〉와 시각적 자료를 연결시키다 보니 그림이 떠올랐고, 미술로 접근하는 역사는 어떤 매력을 가지고 있을지 궁금해서 읽게 되었습니다. 그림 속 담겨 있는 이야기들을 읽으면서 〈영어〉 시간에 배운 "A picture is worth a thousand words"라는 말이 생각났습니다. 즉, 글로 빽빽이 기술된 내용보다 하나의 그림이 사람들의 흥미를 자극하고 당시 상황을 이해하는 데 더 효과적일 수 있음을 느꼈기 때문입니다. 뿐만 아니라 현장 답사 등의 다양한 체험도 동기를 유발시켜 교과서 속 역사를 다채롭게 하고 역사에 관심을 갖게 하는 데 도움이 될 수 있음을 깨달았습니다.
저자/역자	최경석	
출 판 사	살림Friends	

선정 도서		선정 이유
도 서 명	마지막 한 번을 더 용서하는 마음	반장으로서 학급 분위기를 바로잡고자 다양하게 노력해 봤으나 결국 원점에 머무르는 것을 느끼면서 '내가 부족한 것인가?'라는 생각을 했습니다. 이에 대해 담임선생님께서는 "교사가 되어 이런 상황을 마주했을 때도 그렇게 네 탓으로 돌리면 너만 힘들 거야"라고 말씀하셨습니다. 이 말을 들으며 '내가 교사라면…'이라는 생각을 했고, 교사의 마음에 대해 궁금해졌습니다. 그래서 저는 이 책을 읽었고 '뼛속까지 교사'에 대해 정의를 내릴 수 있었습니다. '학생들의 긍정적인 변화를 이끌어 내려는 교사가 학생들의 정체, 일탈을 보면서 좌절할 필요는 없다. 그의 잘못이 아니기에 산 정상에 바위를 밀어 올리는 것처럼 멈추지 않고 자신의 열정을 쏟아붓는 교사'가 바로 그것입니다. 그 후 반장으로서 더 이상 자책을 하지 않게 되었습니다. 3학년 멘토링 활동에서 학업에 대해 고민하는 친구들 때문에 좌절할 뻔했을 때도 이를 생각하면서 기다려 주고 때론 다독이면서 활기찬 멘토링 수업을 할 수 있게 됐습니다.
저자/역자	도종환	
출 판 사	사계절	
도 서 명	호밀밭의 파수꾼	제목을 보면서 '호밀밭은 어떤 가치가 있기에 소중히 지키려고 하는 것일까?'라는 호기심이 생겨 책을 읽어 보니 호밀밭은 여동생의 순수함이고 주인공이 이를 동경하기에 지키는 것임을 알았습니다. 그런데 주인공이 학교라는 교육제도를 싫어하는 것을 보면서 사회 문화의 갈등론적 관점이 떠올랐습니다. 이 시각에서는 학교가 지배층 위주의 질서를 고착화한다고 보는데, 주인공도 학교를 기성세대의 질서만을 강요하는 곳이라 여긴다고 생각했기 때문입니다. 저는 그런 그가 사회 부적응자로 느껴졌습니다. 하나 그가 여동생의 파수꾼이라는 점에서는 나쁘게만 바라볼 수 없기에 '내가 보수적인 기능론적 관점에서 바라본 것은 아닐까?'라고 반성하게 됐습니다. 그래서 '교육제도가 다양성을 저해한다는 갈등론적 관점으로 학교를 바라보는 학생을 만난다면 나는 어떡할까?'라고 고민하게 되었습니다. 이를 숙고하면서 교사로서 학생들의 다양성을 존중하고 창의력을 신장시키는 수업을 앞으로의 교육의 방향으로 세울 수 있었습니다.
저자/역자	J.D 샐린저	
출 판 사	민음사	

면접, 이것만은 기억하라

원론적인 내용일수록 확실히 준비하라

제가 면접을 처음 준비한 때는 고2 학생부종합전형 모의 면접 대회였습니다. 그때 학생부와 자소서를 꼼꼼히 분석하면서 혼자 또는 멘토 선생님과 예상 질문을 짰습니다. 대회를 치르면서 느낀 점은 면접은 끝날 때까지 끝난 게 아니라는 것입니다. 비록 모의 면접이긴 했지만 받았던 피드백과 스스로 반성해야 할 점들을 되짚어 보며 실수는 피하고 강점은 살려야 했습니다. 그리고 또 느낀 점은 연습이 무조건 필요하다는 것입니다.

본격적인 면접 준비는 3학년이 되어서 시작했는데 평소 면접에 필요한 기본적인 내용을 늘 생각했습니다. 교직관이나 바람직한 교사상, 교육 현장에서의 갈등 상황에 대한 의견, 학생들에게 어떤 자세를 보일 것인지, 역사관, 역사 교육관 등을 생각했습니다. 원론적인 내용일수록 면접에서는 크게 당황시키는 요소가 될 수 있기 때문에 철저한 준비가 필요합니다. 아직 학과를 정하지 못한 학생이더라도 '내 꿈은 무엇일까?'라는 질문에 가지를 치면서 마인드맵을 그리다 보면 어느 정도 윤곽을 잡을 수 있을 것입니다.

모의 면접으로 스스로를 정비하라

2~3번 정도 교육청에서 주관한 모의 면접에 참가한 적이 있는데

서울대학교 **역사교육과**(하승훈) ▶ 대학별 면접 특성을 파악하라

의외로 많은 도움이 되었습니다. 한 조에 5명 정도 있었는데 전부 다 지망하는 학과가 달랐습니다. '내 차례만 얼른 끝내고 쉬어야지'라는 생각을 하고 있었는데, 막상 실전에 임하니 생각이 달라졌습니다. 이과 학생이 절반 정도 있었는데, 그들이 받는 질문들을 역사와 교육과 관련해서 재구성하니 충분히 도움이 될 만한 질문들이 되는 것을 보고, 경청하면서 질문들을 적었습니다. 이것은 단체로 하는 어떤 모의 면접에서든 상관없이 도움이 되는 자세입니다. 자신의 일이 아니라고 해서 무시한다면 실전에서 받을 가능성이 있는 유형의 질문을 놓치는 위험이 있기 때문에 자기 것으로 만들어 놓는 것도 하나의 대비책이 될 것입니다. 예를 들어, 지리학과를 가고 싶어 했던 학생의 질문에서 "인간의 삶에서 지리학은 왜 필요한가?", "지리를 전공하면서 무엇을 이루고 싶은가?" 등이 있었는데, 이것을 들으며 저는 지리학과 역사학을 치환하여 생각했고, 생각의 폭을 더 넓힐 수 있었습니다.

대학의 면접 특성에 유의하라

면접 전에 제가 꼭 했던 작업은 각 대학의 교육 목표, 인재상 등을 파악하는 것입니다. 자소서를 쓸 때도 그랬지만 대학이 원하는 인재가 되어야지 무작정 입학사정관들이 뽑아 주기만을 기다려서는 안 되기 때문입니다. 이 작업에서 자신의 지원 동기를 뽑아내야 하는데 자신의 활동과 생각하는 점 등이 인재상과 교육 목표에 어떻게 부합하는지를 적극적으로 드러내야만 합니다. 그리고 면접 특성도 중요합니다. 한

양대의 블라인드 면접, 즉 자신의 이름, 학교 등등의 정보를 발설해서는 안 되는 경우에는 면접관들도 자체적으로 걸러서 질문하긴 하지만 스스로도 유의해야 합니다. 그리고 고려대와 같은 제시문 면접은 상당히 까다로운 경우입니다. 본인이 지망한 학과뿐만 아니라 여러 학과가 공통으로 받는 제시문이기 때문에 계열적 특성이 강합니다. 즉, 역사교육과뿐만 아니라 다른 학과도 같은 제시문을 받기에 사회 계열 특성이 강합니다. 그럼에도 불구하고 제시문 면접에서 가장 중요한 점은 공통의 제시문에서 지망하는 학과에서 요구하는 지식을 어떻게 뽑아내느냐입니다. 저는 마지막에 전공에서의 혼종화의 사례를 이야기해 보라는 질문을 받았는데 역사적인 교류를 중심으로 사회 문화의 문화적 개념을 연관시켜서 답을 했습니다. 다시 말해 제시문이 있는 경우는 기출문제의 영향력이 가장 약한 유형인 데다 평소 전공 지식에 대한 생각을 하지 않으면 어렵게 느낄 수 있습니다. 서울대 면접은 까다롭지 않았지만 4번 문항에 대한 질문 대비를 충분히 해 놓아야 합니다. 독서와 관련된 것이기에 답변을 제대로 못할 때는 책을 읽지 않은 것처럼 보이거나 면접 준비를 제대로 안 한 것처럼 보일 수 있기 때문에 감점 요인이 될 수도 있습니다.

표정 관리도 중요하다

면접 상황은 예측할 수 없기에 당황하기 쉽습니다. 하지만 당황하는 기색을 보이는 즉시, 틈을 타서 면접관들의 폭탄 질문이 나오기 때문에 표정 관리를 잘해야 합니다. 가끔 머릿속이 하얘지거나 당황해서 말을 못할 경우가 있을 수 있는데, 시간을 끄는 것보다는 죄송하다는 말 등으로 무마하여 다음 질문에서 만회하는 방법이 훨씬 낫다고 생각합니다.

가끔 교과 전형과 같은 면접에서는 학과와 관련 없는 질문도 할 경우가 있으니, 학생부를 꼼꼼하게 살펴볼 필요가 있습니다. 예를 들어, 수학 질문을 한다거나 글짓기 대회에 관한 질문을 할 수 있습니다. 허를 찌르는 질문일수록 당황하기 쉬우니 앞서 말한 방법처럼 시간을 끌지 않는 것이 중요합니다.

면접, 내가 받은 질문

서울대학교 역사교육과 지역균형선발전형

면접 유형	면접 시간	면접관 수	면접 절차
교직 적성·인성 면접	10분 내외	2명	대기실 입실 → 임의로 순서가 부여 → 면접실 입실(학교나 이름이 공개되면 불이익이 있기 때문에 교복은 피해야 함)

Q • 발해가 한국사인 이유에 대해 탐구했다고 나와 있는데, 왜 발해가 한국사죠?

발해가 한국사인 이유는 첫째, 일본에 보낸 외교 문서에 발해 문왕이 고려국왕이라고 자신을 표기한 것입니다. 둘째는 고구려 문화와의 유사성입니다. 고분이나 불상 등이 고구려의 것과 상당히 유사하기 때문입니다. 셋째는 발해 지배층의 구성비입니다. 발해 지배층의 대다수는 고구려 유민임을 서술했습니다. 마지막은 고문헌에서 찾아볼 수 있습니다. 《구당서》나 《발해고》에서 발해에 대한 서술을 보면 알 수 있습니다.

Q • **《명화로 배우는 서양 역사 이야기》를 읽었는데, 가장 인상 깊었던 부분은 무엇이었죠?**

그 책을 읽으면서 서양화가 보티첼리의 〈비너스의 탄생〉이 기억에 남습니다. 그 그림에는 탈중세, 즉 중세에서 벗어나고 있는 사회상이 반영되어 있다고 느꼈고, 그리스 로마 문화, 즉 인간 중심의 문화가 그 그림에 담겨 있다는 것이 가장 인상 깊었습니다.

Q • **우리 학교에 왜 지원했는지, 그리고 서울대학교가 학생을 왜 뽑아야 하는지를 말해 보세요.**

제가 서울대학교에 지원한 이유는 아까 물어보셨던 《명화로 배우는 서양 역사 이야기》를 읽으며 느꼈던 점을 이룰 수 있을 것이라 생각했기 때문입니다. 그 책을 읽으며 책으로만 이루어지는 역사 교육보다는 시각 자료나 답사를 통해 생생한 역사 교육이 이루어질 수 있음을 느꼈습니다. 서울대학교 역사교육과가 방점을 찍고 있는 춘계, 추계 답사를 통해 이것을 제 밑거름으로 삼을 수 있을 것이라 생각해서 지원하게 되었습니다. 그리고 서울대학교가 왜 저를 뽑아야 하는지를 말씀드리자면 저도 중·고등학교 생활 중 고장 유적지로 답사를 다니면서 답사의 자세를 갖췄기 때문입니다. 저희 마을에 있는 혼인지 등을 다니면서 제주 역사나 설화 등을 생생하게 접했습니다. 답사를 통해 제주에서 흔히 볼 수 있는 오름이 없고 평지가 많은 점, 다우지라는 점 덕분에 제주 농경, 목축문화가 발원할 수 있었다는 점도 알 수 있었습니다. 이렇게 미리 경험을 해 봤기 때문에 서울대학교가 저를 뽑아야 한다고 생각합니다.

Q · **자기소개서에 '현대인의 시각으로 과거를 바라보지 말고 그들의 삶 속에서 생각한다'라고 나와 있는데, 왜 그렇게 생각했죠?**

현대인의 시각에서 과거, 역사를 바라보면 현대인의 시각이 반영되어 역사가 뒤틀릴 것이라고 생각했기 때문입니다. 예를 들자면 조선시대 성리학자가 고구려의 형사취수제를 연구한다면 분명히 야만적이라고 할 것입니다. 여성 노동력 손실을 보완하기 위한다는 당시의 사회상을 고려하지 않았기 때문이라고 생각합니다. 이런 점 때문에 그 사회상을 고려하면서 그들의 삶 속에서 생각해야 한다고 서술한 것입니다.

Q · **우리가 답사를 다닌다는 것은 어떻게 알았어요?**

서울대학교 역사교육과는 어떤 커리큘럼에 따라 운영되는지 궁금해서 살펴보다가 알게 되었습니다.

Q · 오, 그럼 답사 자료도 본 적 있나요?

당시 제가 열람 자격이 안 돼서 못 봤습니다.

Q · 시간이 다 된 것 같네요. 나가기 전에 마지막으로 하고 싶은 말 있으면 해 보세요.

제 목표는 F.A.T 명제를 이루는 교사입니다. F.A.T는 영어 단어 세 개의 앞 글자를 따서 제가 직접 정의 내린 것입니다. F는 '느끼다'로, Feel이고, 과거의 사실을 느껴 본다는 의미입니다. A는 Ask, '물어보다'로, 과거 사람들에게 왜 그랬을지 물어본다는 의미입니다. T는 Think, '생각하다'로 그 답과 그것을 어떻게 현재에 적용할지 생각해 본다는 의미입니다. 이를 통해 역사의식을 살찌울 수 있다는 것입니다. 이 명제를 통해 제가 궁극적으로 이뤄 내고 싶은 것은 역사 지식에서의 결과적 평등입니다. 이상입니다. 감사합니다.

서울대학교 교육학과

한진모

"면접에서 중요한 네 가지"

출신 고등학교명	경기 고양국제고등학교	고등학교 유형	국제고
합격 사범대학교			
대학교		학과	전형
서울대학교		교육학과	일반
연세대학교		교육학과	학교생활우수자

자기소개서, 나는 이렇게 준비했다

1. 고등학교 재학 기간 중 학업에 기울인 노력과 학습 경험에 대해, 배우고 느낀 점을 중심으로 기술해 주시기 바랍니다. (1,000자 이내)

가장 의미 있게 탐구했던 주제는 참여도를 높이는 교육 환경에 대한 것입니다. 중학생 때 수업 시간에 다양한 질문을 던졌던 저의 태도가 진도에 방해된다며 선생님들로부터 자주 일침을 들었습니다. 그래서 진도 위주의 수업에 반감을 갖고 학생 참여 위주의 수업을 원하게 되었습니다. 그러다 학생 참여 수업을 실천 중인 본교에 입학해, 학습자가 지식 생산에 직접 참여해 스스로 지식을 구성해 나간다는 구성주의 교육철학을 알게 되었습니다. 이후 구성주의 학습이론의 대표적인 수업 모델인 토론 수업에 관심을 가지게 되었습니다. 하지만 학생들의 저조한 참여로 인해 토론 수업이 실패하는 경우가 있음을 보고, 이를 해결하고자 사회과학방법론 과제로 토론 참여도에 영향을 미치는 요인에 대해 연구했습니다. 그 결과 토론의 참여도에 핵심적인 두 가지 요소가 논제와 전개 과정임을 알게 되었습니다. 구체적으로 논제와 토론 전개 과정의 속성이 어떠해야 하는지 알고자 했는데, 논제의 경우 '페다고지'를 읽고 현실의 문제 상황과 연관되면서 이와 관련된 핵심 주제들을 생성하는 '생성적 주제'가 흥미를 유발한다는 것을 알게 되었습니다. 전개 과정의 경우 대학 연계 심화 〈서양 윤리와 사상〉 시간에 배웠던 소크라테스의 '산파법'이 연속적인 문답으로 상대에게 끊임없는 사고의 정교화를 요구하기 때문에 유의미한 방법이 될 것이라고 생각했습니다. 이후, 고전 교과 〈성과 속〉 학생 발표 수업 때 이 둘을 모두 활용했습니다. 당시 교실에는 유신론자와 무신론자 간의 의견 차이가 있었던 현실에 근거해 성스러운 것과 세속적인 것의 차이를 다루던 논제를 '종교를 과학적 근거로 비판하는 것은 정당한가?'라는 생성적 주제로 확장할 수 있었습니다. 이 논제를 가지고 산파법으로 종교와 과학 중 하나만 옳다고 믿던 친구들의 논리에 반문하는 과정을 반복했습니다. 그리고 결국 적극적인 토론 분위기를 조성하는 데 성공했습니다. 이렇게 참여도를 높이는 교육 환경에 대한 이론을 탐구하고 직접 실천해 보면서, 참여도 문제에 관심을 갖고 더 깊게 연구하고 싶어졌습니다.

2. 고등학교 재학 기간 중 본인이 의미를 두고 노력했던 교내 활동을 배우고 느낀 점을 중심으로 3개 이내로 기술해 주시기 바랍니다. 단, 교외 활동 중 학교장의 허락을 받고 참여한 활동은 포함됩니다. (1,500자 이내)

저는 수학 독서 대회에 참가해 평소 즐겨 했지만 왜 해야 하는지 몰랐던 수학 공부의 의미에 대해 탐구했습니다. 우선 '역사란 무엇인가' 수업에서 과거의 역사적 사건을 기반으로 현재의 사건을 해석할 수 있음을 알고 수학도 역사와 같은 역할을 할 수 있겠다고 생각했습니다. 실제로 《세상은 수학이다》를 읽으면서 수학도 수와 공식을 통해 세상을 구조화한다는 것을 깨달았습니다. 하지만 이렇게 세상을 굳이 수학으로 표현할 필요가 없다고 생각한 저는 선생님께 수학이 세상을 바라보는 데 꼭 필요한 학문이냐고 여쭸습니다. 그때 선생님께선 보편타당한 도덕법칙을 세우려고 했던 칸트의 시도가 수학, 과학에서 보편적 법칙을 발견했던 뉴턴의 업적에서 착안한 것임을 언급하시며, 수학적 개념이 세상을 살아가는 관점과 밀접하게 연관되어 있다고 하셨습니다. 이를 토대로 수학적 원리는 모든 사유의 뿌리가 되므로 이를 공부하는 것은 세상을 더 정교하게 이해할 수 있는 것임을 깨달았습니다. 이러한 탐구 과정을 수학 독서 대회에서 독서록으로 정리해 제출했고, 전보다 더 즐겁게 수학을 공부할 수 있게 되었습니다.

교내 인문학 특강 '시인되는 법'에서 모든 일상이 시인의 눈에서는 색다르게 보일 것이고, 여기서 받는 감동이 곧 시가 된다는 것을 알게 되었습니다. 강의가 있던 그 주 주말, 파주 감악산에 올랐는데 산 위에 있던 돌, 나무, 풀 따위가 저와 같은 등산가라는 생각이 들었고, 인간보다 훨씬 먼저 산에 올랐음에도 인간에게 자리를 내주는 여유로운 자연의 모습에 감동을 받았습니다. 그들과 달리 성과주의에 매몰되어 있던 자신을 반성했고, 이 내용을 시로 쓰면서 시인의 눈이 무엇인지 경험적으로 알게 되었습니다. 이 감동을 다른 사람들과 함께 나누고 싶어 문예 창작 자율 동아리 '달걀 깨는 아이들'을 조직하여 일상에서 느낀 정서적 울림들을 친구들과 나누었습니다. 이 활동으로 일상적인 삶의 자잘한 의미를 풍부하게 느끼며 지친 심신을 위로할 수 있었습니다. 그리고 작은 것 하나하나를 아름답게 바라볼 수 있게 되어 살아가는 매 순간을 소중히 여기게 되었습니다.

학교에서 대자보나 대토론회 등의 민주적 문화가 확산될 때, 일부 학생이 집단 이기주의를 보이고 막말을 하는 미숙한 모습을 보였습니다. 사랑하는 모교에서 민주주의에 대한 친구들의 의식이 퇴보하는 모습을 방관하지 못해 인문학 동아리 '지혜의 숲'에서 건전한 학내 민주 의식을 주제로 특강을 맡을 것을 자원했습니다. 강연 내용을 구성하고자 사회학 자율 동아리 'RNA'와 학술 동아리 'The EDitUde'에서 관련 주제를 다루며 획일화된 교육에 의해 다양성을 수용하지 못한 점을 지적하고 나와 다른 의견을 존중하면서 자신만의 주관을 가져야 한다는 것을 알게 되었습니다. 이를 중심으로 강의 내용을 구성했고, 《페다고지》《가르칠 수 있는 용기》 등의 도서를 추천하며 마무리했습니다. 이 경험으로 저는 문제 상황에서 스스로 할 수 있는 것을 먼저 찾아보고 행동으로 실천하는 용기가 얼마나 중요한지 깨닫고, 앞으로도 이러한 태도로 삶을 살아가겠다고 다짐했습니다.

3. 학교생활 중 배려, 나눔, 협력, 갈등 관리 등을 실천한 사례를 들고, 그 과정을 통해 배우고 느낀 점을 기술해 주시기 바랍니다. (1,000자 이내)

저는 한밤중에 거동이 불편했던 취객을 초면이지만 20분 거리의 집까지 부축해 주거나, 지역아동센터에서 많은 아이들이 양질의 수학 교육을 받지 못하는 것을 보고 곧바로 수학 동아리 차원에서의 재능 기부 활동을 추진할 만큼 적극적인 편입니다. 이런 저의 태도는 대인 관계가 매끄럽지 않았던 고1 초에 형성됐습니다. 당시 친구들과 친해지려면 웃겨야 한다는 생각에 경박하게 행동한 것이 오히려 대인 관계에서의 역효과를 낳았고, 이를 극복하고자 저에 대한 친구들의 마음을 열기 위해 노력했습니다. 그래서 친구들이 힘들 때 정성스럽게 곁을 지키고 위로해 주었습니다. 친구들이 고민을 안고 찾아올 때마다, 시험 기간일지라도 개의치 않고 시간과 마음을 썼고, 그렇게 한두 명, 이후 전교의 남학생들뿐 아니라 대부분의 여학생들까지 저와 친해지고 고민을 나누기에 이르렀습니다. 이후 저는 친구들의 대표적인 멘토가 되었고, 무슨 일이 있을 때마다 스스로를 아끼지 않고 그 친구들과 함께하는 사람으로 성장할 수 있었습니다.
하지만 2학년 반장 때, 이타적인 목적에서 모두를 위해 바람직하다고 생각하고 추진했던 시험 기간 쉬는 시간 정숙 캠페인이나 학급 공용 물품 구비와 같은 사안들에 대해 몇몇 친구들이 자신의 의견이 받아들여지지 않았다며 불참하곤 했습니다. 그래서 그 친구들의 생각을 바꾸고자 했는데, 여기서 개인의 의사를 묻지 않은 채 단지 리더가 공동체에 유익하다는 판단만으로 무언가를 강제하는 것은 옳지 않다는 의견을 듣고 이에 일리가 있다고 생각하게 되었습니다. 사람들은 누구나 다양한 가치관을 지니고 있는데, 이를 무시하고 이타심만을 근거로 획일화된 행동을 강요한 것이 문제였습니다. 이후, 저는 제아무리 바람직한 일이라도 구성원들의 동의 없는 결론은 무의미하다는 것을 절실히 깨닫고, 민주적 과정과 절차의 의미를 체화하고 이를 지키기 위해 노력했습니다. 더불어 경청하는 것이 진정한 리더의 자세라는 말의 뜻은 구성원들의 가치관을 존중하는 민주적인 태도의 체화가 중요하다는 것이었음을 알게 되었습니다.

| 서울대 자율 문항 |

4. 고등학교 재학 기간(또는 최근 3년간) 읽었던 책 중 자신에게 가장 큰 영향을 준 책을 3권 이내로 선정하고 그 이유를 기술하여 주십시오.

- ▶ '선정 이유'는 각 도서별로 띄어쓰기를 포함하여 500자 이내로 작성
- ▶ '선정 이유'는 단순한 내용 요약이나 감상이 아니라 읽게 된 계기, 책에 대한 평가, 자신에게 준 영향을 중심으로 기술

선정 도서		선정 이유
도 서 명	페다고지	모교에서 대토론회와 같은 학생 참여 문화가 확산될 때 몇몇 친구들이 학교가 쓸데없이 학생들의 의견을 반영해서 신속한 의사 결정을 포기한다며 비웃었습니다. 이렇게 자신의 의견을 주체적으로 말할 권리를 중요시하지 않는 모습에서 이 책에서 말한 '억압의 내면화'가 떠올라 마음이 무거웠고, 2학년 때 가볍게 읽었던 이 책을 다시 꼼꼼하게 읽었습니다. 프레이리는 지금까지 민중의 주체적인 생각이 억압적인 상황 때문에 좌절되어 왔다고 하며, 이러한 현실을 타개하기 위해 학습자가 세계를 능동적, 비판적으로 의식해서 세계의 진보에 적극적으로 참여하는 주체가 되는 교육 환경이 필요하다고 말합니다. 저희 학교는 이런 면에서 양호한 편이지만, 아직도 우리 학교 교육에서 학습자는 충분한 주체성을 함양하지 못하는 것 같습니다. 이 책은 이런 우리 교육의 현실을 비판적으로 통찰하게 하여 학생의 주체적 사고 능력 신장이라는 교육적 목적을 일깨워 준 최고의 고전이며, 앞으로도 저와 함께할 불후의 텍스트가 될 것입니다.
저자 / 역자	남경태	
출 판 사	그린비	

선정 도서		선정 이유
도 서 명	나는 루소를 읽는다	이 책은 삶의 근원으로서 사랑에 대해 생각하게 해 주었습니다. 루소는 《인간 불평등 기원론》《에밀》 등 당대에 비춰 봤을 때 매우 급진적인 책으로 인해 거의 평생 도망을 다녔지만, 불굴의 의지로 자신의 신념에 따라 저술 활동을 이어 나갔습니다. 저는 그 의지를 가능케 한 것은 진실한 인류애였다고 느꼈습니다. 루소는 인간의 주권 사상을 떠올리고 그러한 사상의 체계를 세워 나가기 위해 평생을 바친 초인이었습니다. 이러한 삶은 부와 권력이 소수 귀족에 집중되어 대다수의 프랑스 국민들이 하루 한 끼 해결할 수도 없었던 부조리한 현실에 대한 분노에서 비롯되었고, 이러한 부조리를 극복하기 위한 그의 사랑이 현실적 장벽뿐만 아니라 이념, 민족 등을 넘어서 보편적 신념을 일관되게 추구하는 초인으로 거듭나게 한 것이었습니다. 루소의 초인적인 힘이 진실한 인류애로부터 비롯되었던 것처럼, 저 또한 진실한 인류애와 초인적인 열정으로 한국 교육의 한 획을 긋고 싶습니다.
저자/역자	김의기	
출 판 사	다른세상	
도 서 명	주홍글씨	이 책은 저의 삶의 태도에 큰 영향을 미쳤습니다. 먼저, 내면의 낙인에 관한 것입니다. 저는 상대적으로 능력이 부족하고 집이 부유하지 않다며 스스로를 낙인찍고 열등감에 사로잡힌 적이 있습니다. 그러다 프린이 스스로가 더럽다는 자책에서 벗어나 과거에 초연해져 결국 주체적인 인물로 거듭나는 것을 보고, 저 또한 저의 모자람을 솔직하게 인정하여 그것이 저의 정체성임을 받아들이면서 외적 능력에 관계없는 제 존재 자체를 존중하게 되었습니다. 다음으로 사회와 개인의 관계에 대한 것입니다. 사람들은 프린에 대한 온갖 편견으로 그녀에게 부당한 낙인만 찍을 뿐, 당시 과하게 엄격했던 사회적 기준을 비판하지 못했습니다. 문제의 원인을 개인의 품성에서만 찾느라 사회 구조의 문제를 소홀히 하면 개인의 고통만 가중시킬 뿐 사회 진보가 외면될 수 있음을 깨달았습니다. 이를 통해 저는 문제 상황에서 스스로는 물론 타인에게 무조건 낙인을 찍기보단 그 행위의 사회적 맥락을 더불어 살펴보는 태도를 갖게 되었습니다.
저자/역자	나다니엘 호손 / 조승국	
출 판 사	문예출판사	

면접, 이것만은 기억하라

면접에서 중요한 네 가지를 들자면, 첫 번째는 응집력 있는 답변의 내용, 두 번째는 전달력, 세 번째는 마음가짐, 네 번째는 겸손입니다.

응집력 있는 답변

답변 내용에 응집력이 있다는 것은 글과 마찬가지로 말의 덩어리에도 구체적인 하나의 주제가 있다는 뜻입니다. 가장 중요한 것은 자신의 주관입니다. 주관은 결코 단기간의 훈련으로 준비되지 않습니다. 평상시에 얼마나 많이 보고 들었는지, 그 보고 들은 것에 대한 자신의 의견과 입장을 얼마나 깊게 생각했는지가 주관을 성장시킵니다. 그러므로 단기간으로 다니는 학원이 답변의 질을 바꿔 주긴 힘듭니다. 평소 열심히 자신의 의견을 정리하고 말하는 연습을 하는 것이 중요합니다. 그다음으로 중요한 것은 면접 문제의 핵심을 파악하는 일입니다. 단순히 문항의 문장을 분석하는 것이 아닙니다. 이 문제를 왜 냈을지, 출제자의 마음을 분석하는 것입니다. 이는 내신·수능 문제를 풀 때 출제자의 의도를 파악한다는 말과 질적으로 다릅니다. 출제자가 어떤 고민을 하며 문제를 냈는지 자신의 주관적인 생각을 토대로 헤아려 보아야 한다는 의미입니다. 예컨대 출제자가 어떤 사회적인 상황(공감 부족, 인간 소외 등)으로 인해 고민을 갖게 됐는지, 어떤 철학적인 문제(참과 거짓이란, 문자의 이데올로기적 폭력성 등)로 씨름하고 있는지 등 문제의 배경을 생각하는 것입니

238

다. 이를 파악하고 하나의 주제로 응축되는 자기 나름의 답변을 구성하면 됩니다.

전달력을 키워라

답변에 전달력은 기본적으로 큰 목소리, 반/비언어적 표현의 활용, 답변 구성의 논리성에 좌우됩니다. 하지만 사원을 뽑는 것이 아니라 학문에 뜻이 있는 학생을 뽑는 것이기에 답변의 내용이 전달력보다 더 중요한 요소라고 생각합니다. 그러니 모든 형식적 요소에 있어서 완벽해지려는 강박에서 벗어나야 합니다. '적당하게' 노력해서 고칠 수 있는 것들을 고친다는 가벼운 마음가짐으로 임하도록 합니다. 목소리는 평소 수다를 떠는 정도로, 반/비언어적 표현은 절대 과하지 않게, 답변할 땐 항상 질문을 의식하면서 생각한다는 세 가지 원칙을 지킨다면 걱정할 필요가 없습니다.

마음가짐

마음가짐은 준비하는 기간에도, 면접실에서도 정말 중요합니다. 면접을 준비하는 짧은 기간 우리는 면접 답변의 일반적인 틀을 배우고 문제를 분석하는 훈련을 해서 분명한 성과를 얻을 수 있지만, 화술을 완벽하게 익힐 수는 없습니다. 이는 모든 면접을 준비하는 사람들이 마찬가지입니다. 그러므로 준비할 수 있는 부분에서 최대한 노력하고, 준비할 수 없는 부분에 대해서는 다른 사람들도 마찬가지일 것이라고 생각하는 것이 좋습니다. 사실 면접 기간 동안 제가 가장 공을 많이 들인 부분이 이러한 마음가짐이었습니다. 원래 저는 걱정이 많은 성격이어서 사소한 실수에도 무너지곤 했는데 면접을 준비하면서는 대수롭지 않게 생각하려고 노력했습니다. 그러자 면접에서 오히려 임기응변이 늘었습니다. 자신만의 방법으로 자신감을 얻으세요.

겸손한 태도

교수진은 보수적인 집단이라고 합니다. 지금까지 학문적으로 쌓아온 엄청난 것들을 쌓아 왔기 때문에 프라이드가 강할 수밖에 없습니다. 몇천 권의 책을 읽은 사람들입니다. 그러므로 겸손하게 보이는 데 신경을 써야 합니다. 예컨대 문장을 말할 때 "A는 B입니다"라고 말하는 대신 "저는 저의 어떠한 경험 때문에 A는 B라고 생각하게 되었습니다"라고 말하면, 설령 교수님과 반대되는 생각을 말해도 어떠한 맥락에서 답변한 것인지를 이해할 확률이 높아질 것입니다. 교수님의 생각과 자신의 생각이 정면으로 대치될 때는 교수님의 생각에 무조건 수긍하는 것도, 교수님의 생각을 정면으로 반박하는 것도 좋지 않습니다. 어떠한 맥락에서 여러분이 그런 생각을 갖게 되었던 것인지를 진솔하게 설명하고, 논리적으로 판단해 보았을 때 교수님의 입장에 일리가 있음을 표명하면 됩니다. 자신감도 중요하지만 이는 겸손 속에서 저절로 드러나는 것입니다. 자신감을 일부러 드러내려고 "그럼 입학식 때 뵙겠습니다"와 같은 애드리브를 하는 것은 오히려 악수가 될 수 있습니다.

면접, 내가 받은 질문

서울대학교 교육학과 일반전형

면접 유형	면접 시간	면접관 수	면접 절차
면접 및 구술고사 (제시문 면접)	15분 (준비 시간 30분)	2명	준비 → 답변
교직 적성 · 인성 면접	15분 (준비 시간 15분)	2명	준비 → 답변

1. 구술 면접

▶ **〈인문〉 제시문 1:** 모든 삶이 유의미한 것은 아니다. 무의미한 삶의 사례를 생각해 봄

으로써 그와 반대되는 유의미한 삶이 무엇인지 알 수 있다.

▶ **〈인문〉 제시문 2:** 사회적 기준이 아닌 나만의 기준에 따라 살아가는 삶이 유의미한

삶이다.

Q • **자신이 생각하는 무의미한 삶의 사례를 최소 2가지 이상 든 뒤, 이를 토**
대로 자신이 생각하는 유의미한 삶이란 무엇인지 말해 보시오(무의미한 삶의 사

례 중 최소 한 가지는 문학작품에서 그 예시를 드시오).

우선 저는 무의미한 삶의 유형을 크게 두 가지로 나누어 보았습니다. 첫 번째

는 자기 자신만을 생각하는 이기적인 삶입니다. 철학적인 용어로 말하자면 자

아와 세계 중에 자아만 있는 삶이라고 말씀드리겠습니다. 그 사례로 스폰지밥의 집게 사장, 참회하기 전의 스크루지, 〈악마를 보았다〉의 연쇄살인범 장경철 등을 들 수 있겠습니다. 스폰지밥의 집게 사장은 귀엽게 묘사돼서 그렇지, 돈을 전혀 소비하지 않으면서 남들을 위해 베풀지 않고 모으기에만 연연한 채 금고 안에만 넣어 둘 것이라면 그 돈을 왜 벌었는지 의문입니다. 이는 스크루지의 경우도 마찬가지라고 볼 수 있을 것 같습니다. 〈악마를 보았다〉의 주연 장경철의 경우는 살인과 섹스 등 자신의 쾌락과 원초적 욕망을 충족시키는 것만을 목표로 삼았으며, 이 과정에서 타인에 대한 배려는 찾아볼 수 없었습니다. 살인과 강간을 하는 그 순간만큼은 좋았겠지만, 장경철이 죽고 나서 결국 그에게 무엇이 남을지, 그 삶에 과연 어떤 의미가 있었을지 생각해 보면 그의 삶도 넓은 맥락에서는 이기적이어서 의미 없는 삶이었다고 볼 수 있을 것 같습니다. 두 번째 유형은 사회의 기준을 무조건 좇으려는 삶입니다. 철학적으로 풀이하자면 자아와 세계 중 자신만의 자아가 없는 삶이라고 볼 수 있을 것 같습니다. 그 사례로 우선, 만약 제가 이곳 서울대학교에 아무런 비전도 없이 지원했다면 이는 맹목적으로 대학이라는 사회적 기준을 좇은 것에 불과하기 때문에, 만약 제가 그랬다면 저 자신의 삶이 무의미했다고 비판했을 것입니다. 또 시의 제목은 기억나지 않지만, '나는 아버지의 아들이고 / 아들의 아버지이고 / 국가의 납세자이고 ~'와 같은 식으로 외부에 의해 규정된 자신의 정체성을 나열하면서, 마지막에 '그렇다면 / 순수한 나는 무엇인가'와 같이 마무리한 시가 있습니다. 이 시는 외부에 의한 정체성이 아닌 순수한 자신만의 정체성에 대해 묻고 있는데, 이 시의 화자가 마지막에 이러한 질문에 답을 얻지 못했다면, 혹은 이러한 질문을 할 기회조차 가지지 않았다면, 저는 이 또한 무의미한 삶이라고 비판했을 것 같습니다. 결국 이 두 가지를 종합하면, 유의미한 삶이란 자아와 세계가 온전히 조화되어 자기만의 주체적인 삶을 영위하면서도 타인을 지속적으로 배려하는 삶이라고 생각합니다.

Q ▪ **문제 1에서 세운 자신만의 유의미한 삶의 기준을 토대로 제시문 2의 관점을 평가하시오.**

저는 앞서 문제 1번에서 유의미한 삶이란 저만의 가치를 저의 의지로 실현해 나가면서도 그것이 타인에 대한 배려와 조화되는 것이라고 말씀드렸습니다. 이를 토대로 제시문 2의 관점을 평가하자면, 저는 이에 대해 부분 긍정을 하겠습니다. 제시문 2는 사회의 기준에 종속되지 말고 오로지 자신만의 기준에 따라 살아 나갈 것을 주문하고 있습니다. 모든 것을 사회의 기준에 맞춰 나가지 말 것을 주문한다는 점에서는 주체성을 실현해야 한다는 점에서 부분적으로 긍정할 수 있습니다. 하지만 이런 삶은 자칫하면 타인에 대한 배려가, 사회적 기준에 대한 고려가 배제될 수 있습니다. 자신의 기준만을 생각하다 보면 타인의 기준에 대해 생각하는 것이 소홀해질 수 있기 때문입니다. 따라서 이런 부분에서는 부분 부정합니다. 종합하면, 저는 제시문 2의 관점이 자신의 주체적인 삶을 권장한다는 점에선 부분적으로 긍정하지만, 타인에 대한 배려가 소홀해질 수 있다는 부분에 대해선 부정하겠습니다.

서울대학교 교육학과(한진모) ▶ 면접에서 중요한 네 가지

▶ **〈사회〉 제시문 1:** 당장 내일 우리 집에 경미한 지진이 난다면 안절부절못하겠지만, 지금 아프리카 아이들 수백 명이 죽어 가는 것에 대해선 발 뻗고 잘 수 있다. 우린 타인의 삶에 대해 무관심하다.

▶ **〈사회〉 제시문 2:** 국제 구호 기구의 실효성과 한계에 대해 생각해 보고, 이를 토대로 자신이 국제 구호 기구에 돈을 줄지 말지를 선택해야 한다고 할 때 어떤 선택을 할 것인지 논하시오.

우선 국제 구호 기구는 도움을 주고 싶은 사람들과 도움을 받아야 하는 현지 사람들이 멀리 떨어져 있는 등 현실적인 제약을 많이 받을 때 이들을 연결시켜 준다는 점에서 실효성이 있습니다. 궁극적으로는 이들 단체의 목적이 사람을 살린다는 데 있다는 점에서부터 가치가 있다고 볼 수 있을 것 같습니다. 하지만 이러한 단체들이 가지고 있는 한계점에는 크게 두 가지가 있다고 생각합니다. 우선 제시문에 언급된 대로 사람들은 대부분 타인의 이익에 대해선 무관심한 모습을 보입니다. 하지만 국제 구호 기구는 자금의 대부분을 이렇게 타인의 이익에 대해서 대체로 무관심한 인간이 타인의 이익에 보이는 동정심으로부터 출원한다는 점에서 기구 운영에 확실성이 담보되지 못하는 상황에 처해 있습니다. 두 번째로 우리가 순전히 도움이 필요한 현지 사람들의 손에 지급될 것이라고 믿고 기부한 돈이 그대로 그들에게 돌아가지 않는다는 점에서 한계가 있습니다. 국제 구호 기구를 운영하는 데 필요한 돈, 직원들에게 주어야 할 월급 등등으로 인해 빠져나가는 돈이 절반에 달한다면, 비록 이러한 운영비가 국제 구호 활동에 있어 반드시 필요하긴 하지만, 결과적으로 보았을 때 이는 도움을 주고 싶었던 사람들의 의도를 왜곡해서 실천한 것에 해당합니다. 이런 실효성과 한계점을 비교해서 생각해 보았을 때 저는 그래도 기부를 하겠다는 쪽을 선택했습니다. 왜냐하면 아무리 인간이 타인의 이익보다 자신의 이익을 중시한다 하더라도, 적어도 저는 인간으로서 가지는 최소한의 동정심을 가지고 있기 때문입니다. 오늘 이 학교에 오는 길에 버스에서 중증장애인들의 자립을 위해 동정심에 기대 손수건을 사 달라고 부탁하는 아저씨를 보았습니다. 비록 그 활동이 체계적이지 않고 현대인들의 각박한 인심 등의 요소로 인해 실효성이 떨어질지 모릅니다. 하지만 그래도 그들을 돕고 싶다는 선천적인 도덕 감정이 우리에겐 남아 있습니다. 그래서 그 버스 안에서 두 명의 사람들이, 그 아저씨가 하는 활동이 근본적인 변화를 일으키기 힘들다는 것을 알면서도 그 손수건을 샀던 것이라고 생각하고, 저도 그런 이유에서 그 손수건을 사게 된 것이라고 생각합니다. 종합하면, 아무리 실효성이 없더라도 선천적인 도덕 감정, 동정심으로 인해 저는 기부 활동을 할 것을 선택할 것입니다.

Q • **앞서 인문 문제에서 "자아와 세계가 조화된다"라고 답했죠. 말은 좋지만 이게 사회적 조건이 좋지 않은 상황이라면, 그러니까 나치 시대를 살아간다거나 하는 상황에서라면 그런 삶을 살기가 현실적으로 힘들잖아요? 이런 상황에서도 학생이 말한 유의미한 삶의 기준대로 살아가는 것이 가능할까요?**

생각할 시간을 가지겠습니다. (3초 경과) 네, 답변을 시작하겠습니다. 물론 그런 상황에서라면, 구조적인 문제로 인해 상당수의 사람이 교수님께서 지적하셨던 것처럼 타인에게 배려하는 일이 힘들어질 것이라고 생각합니다. 하지만 그럼에도 불구하고 그런 상황에서도 배려를 실천하려고 했던 쉰들러, 혹은 끝까지 살아남아 전쟁의 참상을 전해 더 나은 세계의 발전을 이룩하려고 했던 빅터 프랭클 박사 등이 있습니다. 이런 사례를 보았을 때, 아무리 구조적인 문제로 인해 대부분의 사람들이 그런 삶을 유지하기 어려워지긴 하겠지만, 제가 말씀드렸던 그런 유의미한 삶을 실천하는 것이 불가능하진 않을 것으로 생각합니다.

Q · 시간이 얼마 없긴 한데 〈사회〉 제시문으로 한번 들어가 볼게요. 앞서 학생이 동정심 이야기를 했거든요. 동정심에 의해 기부를 하게 된다고… 물론 그 동정심이 정말 아무것도 없이 발현될 수도 있지만 그 단체의 입장에서 동정심이 발현되도록 하는 것이 무엇일까요?

저희 학급에서 하고 있는 국제 구호 기구에 대한 경험으로 미루어 짐작해 봤을 때, 그 아이들의 사연과 살아가는 삶에 대한 스토리가 바로 그러한 동정심을 유발한다고 생각합니다. 공부를 하고 싶다거나 아동노동에 의해 착취되고 있다거나 하는 이야기들 하나하나가 동정심을 유발했다고 생각합니다.

Q · 학생이 하는 그 단체에서 그렇게 한다는 이야기지요?

네, 그리고 비단 저희가 했던 단체뿐만 아니라 유니세프의 경우에도 그런 식으로 후원을 유도하는 것을 볼 수 있었습니다.

2. 교직·인적성 면접

▶ **제시문 1:** 교사는 지식의 전문가, 교수법의 전문가 혹은 아동 심리의 전문가로 불리기도 한다. 이 세 가지 정의 중 가장 타당하다고 생각하는 것이 무엇인지 근거를 대어 말하시오.

▶ **제시문 2:** 전문직으로서 교사와 의사가 가지는 공통점과 차이점이 무엇인지 근거를 대어 말하시오.

▶ **제시문 3:** 학원 강사도 전문가라고 할 수 있는가? 학교 교사가 학원 강사보다 더 전문가라면, 그렇게 말할 수 있는 이유는 무엇인가?

Q **· 일반 구술고사 잘 본 것 같아요?**

조금 어려웠습니다. 인문 같은 경우는 제시문이 비교적 직접적이어서 제 생각을 그대로 풀이했는데, 〈사회〉 제시문은 제시문의 의도를 파악하지 못한 것 같아 조금 아쉽습니다.

Q **· 네, 그럼 면접 시작해 볼게요. 제시문에 주어진 질문들을 소리 내서 직접 읽고 답변할게요.** (아, 소리 내서요?) **네.**

네. "질문 1. 교사는 지식의 전문가, 교수법의 전문가 혹은 아동 심리의 전문가로 불리기도 한다. 이 세 가지 정의 중 가장 타당하다고 생각하는 것이 무엇인지 근거를 대어 말하시오." 답변을 시작하겠습니다. 사실 세 가지 정의 중 한 가지만 고르는 것이 어려웠는데, 저는 '가장' 타당한 것을 고르라면 교사는 교수법의 전문가라는 두 번째 입장을 취하겠습니다. 왜냐하면 지식의 전문가는 해당 분야의 박사, 교수가 따로 있습니다. 심리의 전문가도 마찬가지로 임상심리학자나 심리학 교수, 전문 상담가 등이 따로 존재합니다. 하지만 교수법의 전문가는 오로지 교사만이, 혹은 교육학 교수만이 맡을 수 있는 것입니다. 이 교수법이라는 것은 단순히 수업 시간 전달력을 높이기 위한 방법론만을 말하지 않습니다. 넓게는 아이들을 지도하는 능력, 아이들의 심리를 들어 주는 능력, 잘 가르치는 능력에다 더불어 사랑이라는 무지막지한 감정까지 포함하는 것입니다. 이렇게 교수법이 다양한 분야를 포괄하기 때문에 교육학이 넓은 범위를 한꺼번에 다루는 것이라고 생각합니다. 결론적으로 저는 교사는 교수법의 전문가로 보는 것이 가장 타당하다고 생각합니다.

Q · 네, 그럼 2번 질문 대답해 주세요. 마찬가지로 소리 내서 읽어 보고요.

네, "질문 2. 전문직으로서 교사와 의사가 가지는 공통점과 차이점이 무엇인지 근거를 대어 말하시오." 답변을 시작하겠습니다. 전문직으로서 교사와 의사가 가지는 공통점은 아무나 접근하는 것이 어려운, 보편적이지 않고 학습하는 데 많은 노력을 기울여야 하는 지식과 이론이 필요하다는 점, 그리고 그 이론을 실제 상황에 응용하는 법을 알아야 한다는 점에 있습니다. 하지만 이 둘이 가지는 가장 핵심적인 차이점은 의사가 물리적인 인간, 분자의 집합으로서의 인체를 다룰 때 교사는 그 인간이 만들어 내는 다양한 상호작용, 심리적인 차원의 인간을 다룬다는 점에 있습니다. 앞서 저는 사랑에 대해 말씀드렸습니다. 이런 사랑은 물리적인 법칙으로는 설명할 수 없는 것이지만, 교사에게는 학생을 사랑하는 마음이 반드시 필요합니다. 이런 점에서 차이가 있다고 생각합니다.

Q • 네. 그럼 마지막 3번 질문 대답해 주세요. 똑같이 소리 내서 읽어 볼까요.

네, "질문 3. 학원 강사도 전문가라고 할 수 있는가? 학교 교사가 학원 강사보다 더 전문가라면, 그렇게 말할 수 있는 이유는 무엇인가?" 답변을 시작하겠습니다. 일단 학원 강사는 강의의 전문가라고 할 수 있다고 생각합니다. 지식을 체계적으로 조직하는 방법, 전달하는 방법, 주의가 흐트러졌을 때 흥미로운 이야기를 통해 다시 몰입시키는 타이밍 등 이런 부분들을 통괄한다는 점에서 학원 강사는 강의에 있어 전문가라고 할 수 있습니다. 하지만 학교 교사는 우선 학원 강사에게 요구되는 강의의 전문성뿐만 아니라 다양한 분야에서의 전문성을 요구합니다. 예를 들어 토론을 할 때 그것을 이끌어 나가는 능력, 학교 폭력과 같은 문제가 생겼을 때 이에 대처하는 능력, 뿐만 아니라 학생을 사랑하는 것 등 학교 교사에게는 이렇게 다양한 능력이 요구되기 때문에 학교 교사를 더 전문가라고 볼 수 있다고 생각합니다.

Q • 계속해서 사랑을 언급하는데 사랑이 무지막지하다고 이야기했잖아요. 왜 그런지 한번 이유를 설명해 볼래요?

네, 답변을 시작하겠습니다. 사랑이 무지막지하다고 한 것은 그것이 조건 없이, 대가 없이 실천되는 것이기 때문입니다. 부모님께서 이유 없이 자식에게 붓는 사랑, 연애할 때의 감정 등은 정말 말로 설명할 수 없는 그런 차원의 것들입니다.

Q · 아, 제 질문의 의도는 사실 그런 것이 아니라 왜 우리 교육계가 솔직히 말해서 그런 사랑을 실천하는 교사들이 많지 않잖아요. 그 이유가 뭐라고 생각하세요?

음, 잠시만 생각할 시간을 갖겠습니다. (5초 경과) 네, 답변을 시작하겠습니다. 두 가지 이유가 있다고 생각합니다. 첫 번째는 조금은 식상할 수도 있겠지만 수능과 대입 위주의 교육 때문이고, 두 번째는 교수법의 기술에 과도하게 집착해 학생들을 그런 기술의 대상으로만 생각하는 경우입니다.

Q · 네, 시간이 이제 얼마 안 남았는데 교육학을 지원한 계기가 뭐죠?

네, 사실 처음엔 뚜렷한 목표 없이 그냥 교육에 도움이 되는 인재가 되겠다고 교육학을 생각했는데, 이제는 우선적으로 교육학 교수가 되겠다는 목표를 가지고 있습니다.

Q · 혹시 간다면 어느 전공 분야로 갈 거예요? (전공이요?) 아, 몰라요? 교육학 교수들은 세부 전공 분야를 가지고 있거든요. (아, 교육철학, 교육사회학, 교육공학 이런 분야들을 말씀하시는 건가요?) 네.

네, 교육철학을 생각하고 있습니다.

● **연세대학교 교육학부 학교생활우수자전형**

▶ **제시문 1:** SNS를 통해 화산, 지진 등 자연재해 감시 시스템 망을 구축할 시 참여하는 사람이 많을수록 감지의 가능성과 효율성이 모두 높아진다는 내용

▶ **제시문 2:** 감시 시스템 협업에 참여하는 사람 수가 증가할수록 같은 일의 양 대비 1인당 들이는 노력의 양이 감소함. 뿐만 아니라 1인당 감시 가능성은 증가함. 이렇게 전반적으로는 양의 관계에 있으나 협업에 32명이 참여할 때 1인당 노력의 양이 1명이 참여할 때의 1/32배가 되지는 않았음. 마찬가지로 감시 가능성 또한 32명이 참여할 때 1명이 참여할 때보다 32배 높지도 않았음.

Q1. 자신의 사례를 2가지 이상 제시하여 성공적인 협업에 필요한 요소에는 무엇이 있는지 말하시오.

Q2. 자신의 사례를 바탕으로 제시문의 내용을 평가하시오.

고려대학교 교육학과

이주연

"고등학생은 고등학생의 답을 하면 된다"

출신 고등학교명	인천 부개고등학교	고등학교 유형	평준화 일반
합격 사범대학교			
대학교	학과		전형
고려대학교	교육학과		학교장추천
중앙대학교	교육학과		교과
한국외국어대학교	독일어교육학과		교과

자기소개서, 나는 이렇게 준비했다

1. 고등학교 재학 기간 중 학업에 기울인 노력과 학습 경험에 대해, 배우고 느낀 점을 중심으로 기술해 주시기 바랍니다. (1,000자 이내)

> ▸Like B.E.A.R 곰처럼!
>
> B: Become curious 호기심 갖기
>
> 2학년 〈영어〉 교과서에 아동 노동 해방 운동가 Iqbal Masih의 전기가 있었습니다. 초등학생 정도의 아이가 아이들의 손에 카펫을 짜는 도구가 아닌 연필을 쥐어 달라 호소하는 것을 보며 아동노동의 심각성을 느꼈고 외국이 아니라 우리 주위에서는 아동

노동이 일어나지 않는지 궁금했습니다.

E: Explore 탐구하기

가장 먼저 떠오른 것은 '북한'이었습니다. 인터넷으로 탈북자의 경험과 인권 단체의 자료를 확인한 결과, 학교에서 교육을 받아야 할 많은 아이가 교사의 통제 아래 강제 노역에 시달리고 있었습니다. 북한 아동을 돕기 위한 활동을 찾아보니 월드비전의 북한 사업 중에 북한 아동을 직접 도울 수 있는 사업이 있음을 알게 되었고 이것을 학급 친구들에게 소개하기 위해 PPT와 동영상을 활용해 발표하기로 했습니다.

A: Arrange 정리하기

친구들에게 소개하기 전에 생각을 정리해야 할 필요성을 느꼈습니다. 교육의 목적이 무엇인지, 북한 아동이 제대로 된 교육을 받지 못함으로써 무슨 일이 일어나는지, 그것이 우리와 무슨 상관이 있는지에 대해 고민했습니다. 해답을 얻기 위해 교육 관련 서적을 찾아 읽고 교내 선생님들께도 여쭈어 갔습니다. 그 결과, 교육은 인간이 사회 구성원으로서 주체적인 삶을 살아갈 수 있도록 안내하는 것이며 미래의 한반도를 이끌어 갈 주체가 바로 남한과 북한의 아이들이기에 제대로 된 교육이 필요한 것이라는 결론을 얻었습니다.

R: Realize 깨닫기

bear는 일반적으로 곰을 뜻하지만, 꽃을 피우고 열매를 맺는다는 의미도 있습니다. 제가 생각하는 교육자란 교육을 통해 사람들이 자신만의 꽃을 피우고 열매를 맺도록 돕는 사람입니다. 저는 이 활동을 통해 교육자가 사람들에게 그러한 도움을 주기 위해서는 하나를 보더라도 다양한 관점에서 살펴보아야 한다는 것을 깨닫고, 사람들이 다양한 관점으로 문제를 바라보고 해결해 가도록 돕는 교육자가 되고자 다짐했습니다.

2. 고등학교 재학 기간 중 본인이 의미를 두고 노력했던 교내 활동을 배우고 느낀 점을 중심으로 3개 이내로 기술해 주시기 바랍니다. 단, 교외 활동 중 학교장의 허락을 받고 참여한 활동은 포함됩니다. (1,500자 이내)

1학년 때 가입한 토론 동아리에서는 주로 시사 토론을 했습니다. 처음 시사 토론을 접했을 때는, 어려운 용어 때문에 주제를 이해하기 어려워 부원들을 따라가기 위해 수집한 정보를 노트에 정리했습니다. 그 과정에서, 저는 점차 토론에서 발언을 자주 하며 자신감을 찾았고 2학기 학급 논술 토론에서 팀의 승리를 끌어냈습니다. 그러나 저는 시사 토론에 익숙해지는 데 반년이 걸린 점이 아쉬웠고 다음 신입생들은 시사를 조금 더 쉽게 느꼈으면 하는 마음에 동아리 활동을 바꾸고자 부장을 맡았습니다. 우선, 시사 토론을 독서 토론으로 확장했습니다. 책과 사회 이슈를 연결 지어 보는 것이 시사 이해에 도움이 되리라 생각했습니다. 처음에는 서툴렀지만, 저와 부원들의 노력으로 점차 신입생들은 무리 없이 활동에 따라왔고 자유롭게 의견을 주고받는 분위기가 만들어졌습니다. 사회가 변하려면 여러 명의 노력이 필요하듯 제가 동아리를 바꿀 수 있었던 것도 부원들의 도움이 있었기에 가능했던 것입니다. 이 경험을 바탕으로, 미래 학생들에게 혼자 하기에 무리가 있을 땐 다른 사람들과 힘을 합치는 것도 좋은 방법이라는 것을 전할 것입니다.

교육에 흥미를 느낀 친구들과 함께 학습 부진아에 대한 연구팀을 만들었고, 저는 국내 학습 부진아 원인 중 '교육정책'을 조사했습니다. 국내외의 교육정책에 대한 문헌을 읽고 TED의 교육 강의를 시청하며 교내 선생님들을 인터뷰했습니다. 조사 결과, 자주 바뀌는 정책, 국가수준학업성취도평가의 후처리 부족, 교사들의 낮은 자율성이 원인이었습니다. 원인을 해결하고자 교육 강국인 핀란드에 관한 논문을 읽어 보니, 그곳은 교사의 자율성이 높아 교사가 학생의 수준에 맞는 교육과정을 제시하며 학습에 어려움을 겪는 학생들에게는 특수 교사와의 보정 교육을 제시함을 알게 됐습니다. 연구를 통해 저는 튼튼한 교육과정이 기반이 되어야 교사와 학생이 좋은 교육을 주고받을 수 있다는 것을 알게 됐습니다. 이를 통해, 저는 대한민국의 교사들이 학생들에게 더 좋은 교육을 줄 수 있도록 교육학적 지식과 기술을 활용하여 다양한 교육 문제들을 해결하는 교육정책 전문가가 되고자 하는 목표가 생겼습니다.

2학년 체육대회에서 저희 반은 피구 결승에 진출했습니다. 공을 잘 잡지도 피하지도 못하던 저는 반의 우승에 도움이 되고자 반의 에이스인 친구에게 연습시켜 달라 부탁했습니다. 단기간에 성과를 올리기에는 던지는 것보단 공 잡기가 적합하다 생각했고, 매일 친구가 던지는 공을 잡는 연습을 했습니다. 에이스답게 친구가 던진 공은 힘이 좋아 처음에는 팔에 멍이 들고 제 몸에 맞아 튕겨 나가기 일쑤였습니다. 그러나 체육 시간뿐만 아니라 점심시간과 저녁 시간을 이용해 계속해서 연습한 덕분에, 점점 공을 잡는 횟수가 늘었고 결승에서는 최후의 1인이 되어 한 경기에서 이겼습니다. 소질이 없다면 바뀌기 힘들 것으로 생각해 기대하지 않았던 체육에서, 팀의 승리에 도움이 됐다는 사실은 제게 노력하면 된다는 경험이 됐습니다. 이처럼 저는 난관에 부딪히더라도 피구를 통해 배웠던 노력의 힘으로 헤쳐 나갈 것입니다

3. 학교생활 중 배려, 나눔, 협력, 갈등 관리 등을 실천한 사례를 들고, 그 과정을 통해 배우고 느낀 점을 기술해 주시기 바랍니다. (1,000자 이내)

한 어린이 보호 단체에서 아프리카에 빨간 염소 보내기와 신생아 살리기 모자 뜨기 캠페인을 진행했습니다. 염소는 한 마리에 4만 원으로 모금 활동을 해 네 마리 이상 보내기로 했습니다. 학생들에게는 선생님들이 갖고 계신 문제집을 기부받아 2천 원 이하의 가격으로 판매하고 선생님께는 1일 봉사 활동권을 3천 원에 팔기로 했습니다. 동아리 인원만으로는 활동하기 부족해 동아리 담당 선생님의 반 학생들로부터 지원자를 받아 동아리 부원 1명과 지원자 3~4명을 한 팀으로 총 7팀을 만들었습니다. 우선 모든 선생님께 랩을 이용해 제작한 홍보 영상을 보낸 후, 각 팀은 문제집을 받

고 봉사 활동권을 팔 부서를 정해 움직였습니다. 선생님께 받은 문제집들은 이틀에 걸쳐 영역별로 나눈 후, 점심시간 구령대에서 전교생을 대상으로 판매했는데 남는 것들은 고물상에 팔고 인기 있는 것들은 따로 경매를 진행해 한 권도 남김없이 판매했습니다. 봉사 활동권은 일주일에 걸쳐 모두 판매했습니다. 모자 뜨기는 3가지 홍보지를 만들어 게시한 후, 각 반 담임선생님께 양해를 구한 후, 각 반에 들어가 간단한 설명을 한 후 신청을 받았습니다. 보호 단체에 모자 뜨는 법 강연을 신청하여 신청한 학생들을 대상으로 진행했고 한 달 후에 완성된 모자를 모았습니다. 그렇게 모은 약 56만 원의 기부금으로 염소 13마리와 모자 51개를 보호 단체에 보냈습니다. 몇 달 후, 보낸 것들이 잠비아와 에티오피아 등 필요한 곳에 도착했다는 메일을 받았습니다. 염소는 그들의 장기 생계 수단이 되었고 모자는 신생아들의 체온을 유지해 주고 있었습니다. 약 두 달 동안 진행한 이 활동이, 나와는 관련이 없을 거로 생각했던 이들의 삶에 풍요로움과 활기를 불어넣었다는 것이 놀라웠고 해외 사람들과도 함께하는 세상에 살고 있음을 느꼈습니다. 이 캠페인에서 제가 느낀 점들을 바탕으로, 저는 국내의 교육뿐만 아니라 교육이 필요한 해외에 나가 그들이 주체적인 삶을 살고 그들의 나라가 발전하는 데 그들이 힘을 보탤 수 있도록 돕고자 노력할 것입니다.

| 고려대 자율 문항 |

4. 해당 모집 단위 지원 동기를 포함하여 고려대학교가 지원자를 선정해야 하는 이유를 기술해 주시기 바랍니다. (1,000자 이내)

사람이 살아가는 데 중요한 것 중 하나는 자신의 삶을 스스로 개척해 나가려는 정신이라고 생각합니다. 그러나 요즘은 자신이 어떻게 살고 싶은지 고민하지 않은 채 그저 남들이 부러워하는 직업을 가지려고만 합니다. 트리나 폴러스의 《꽃들에게 희망을》이란 책을 보면 자신에 대한 고민 없이 남들이 오르는 탑의 정상을 가고 싶어 하는 줄무늬 애벌레가 있습니다. 탑 위엔 아무것도 없다는 것을 깨닫고 절망하는 줄무늬 애벌레의 길을 이끈 것은 노랑 애벌레였습니다. 줄무늬 애벌레는 노랑 애벌레의 도움으로 나비로 거듭날 수 있었습니다. 저는 줄무늬 애벌레가 자신의 삶을 찾아갈 수 있도록 옆에서 도와주었던 노랑 애벌레 같은 동반자의 역할을 하고 싶습니다. 저는 교육을 통해 이것을 이룰 수 있다고 생각합니다. 올바른 교육정책을 세워 사람들이 자신들의 삶을 스스로 살아갈 방법을 배우고 고민할 수 있는 좋은 교육 환경을 만들고 싶습니다.

남의 삶에 영향을 줄 수 있는 사람이 되기 위해서는 제가 먼저 성장해야 한다고 생각했습니다. 그래서 저는 공부뿐만 아니라 다양한 경험들을 통해 저의 삶을 만들어 가고 있습니다. 동아리 부장과 학급 반장을 하면서 친구들과 서로 협력하며 때로는 양보하는 것을 배웠고 리더십과 다른 친구들과의 갈등을 조정하는 방법을 길렀습니다. 토론 동아리 활동을 하며 삶을 다양하고 비판적인 시각으로 바라보는 능력을 향상시켰습니다. 특히 학습 부진아에 대해 팀 프로젝트를 하면서 좋은 교육을 하기 위한 방법들에 대해 생각하기도 하고 교육과 관련된 도서를 읽으면서 제 꿈의 방향을 구체화해 보기도 하였습니다.

제가 공부를 하고 책을 읽고 활동을 한 이유는 대학교에 진학하여 교육학에 대해 배우고자 함입니다. 이제 저는 고려대학교에서 심화된 지식과 경험을 쌓아 제가 되고자 하는 교육정책가로 나아가는 한 걸음을 더 걸어가고자 합니다. 고려대학교에서의 공부는 다른 사람들이 스스로의 삶을 고민하고 행복한 삶을 살아갈 수 있게 하고 싶다는 제 목표를 이루는 시작점이 될 것입니다.

면접, 이것만은 기억하라

모의 면접은 제시문 면접뿐만 아니라 모든 면접을 대비하는 데 좋은 방법입니다. 학생부 면접은 작년도 면접 후기들을 보며 예상 질문들을 만들어 미리 답변을 달아 보고 친구와 함께 서로의 면접관이 되어 면접을 준비할 수 있습니다. 제시문 면접은 시간을 정해 기출문제를 풀어 보고 전년도 혹은 그 전전년도 합격생들의 면접 답변과 비교하거나 제시문과 관련된 과목의 선생님께 찾아가 답변에 대해 질문하는 방법이 있습니다. 제시문 면접은 학교마다 문제 유형이 달라서 학교별로 따로 준비하도록 합니다. 사전에 시뮬레이션을 하다 보면 실제 면접실에서 덜 긴장하고 유연하게 대답할 수 있습니다. 저는 학교 선생님들과 함께 모의 면접을 했습니다. 실제 면접 고사장 같은 분위기 속에서 시간에 따라 입장하고 답변했습니다. 처음에는 너무나도 떨렸지만 여러 번 반복하다 보니 점점 답변이 부드러워지고 긴장이 풀려 가는 것을 느꼈습니다.

인문 계열 학생이라면 〈사회 문화〉와 〈생활과 윤리〉 과목을 열심히 공부해야 합니다. 제시문은 보통 이 두 과목에 연관된 대답을 유도하는 질문이 자주 나오기 때문입니다. 이 면접은 사실 논술과도 비슷하다고 볼 수 있는데요, 논술은 손으로 쓰지만 제시문 면접은 말로 한다고 생각하면 됩니다.

고등학생에게는 고등학생의 답을 원한다

기초가 탄탄해야 탑이 무너지지 않는다는 말이 있듯이 스스로 착실히 정보를 쌓고 그러한 정보들을 알아 가고 대비한다면 면접에서 당황스러운 문제가 나오더라도 유연하게 넘어갈 수 있을 것입니다. 저는 면접 고사장에서 순서를 기다릴 때 《교육학개론》을 읽는 한 학생을 보고 겁을 먹은 적이 있습니다. 면접관들은 우리 학생들에게 대학생 수준의 지식들을 바라지 않는다는 사실을 그때의 저는 몰랐습니다. 자신이 다른 친구들에 비해 초라해 보여서 초조하고 긴장하고 있다면, 다른 사람과 자신을 계속해서 비교하지 말고 자신만의 답변을 준비하세요. 면접에서는 자신이 정말 그 분야에 뜻이 있고 깊은 관심이 있다는 것을 보여 주어야 합니다. 그러니 남들보다 뛰어난 대답을 목표로 하기보다 기본에 충실한 대답을 목표로 삼는 것이 바람직하다고 생각합니다. 오히려 수식어가 많은 대답보다 꾸밈없는 대답이 더 진정성 있게 느껴질 것입니다.

> ▶ 같은 학교·학과 합격생의 또 다른 전략
>
> **"모범 답안만 고집하지 마라"**
> 사교육 과열화를 막기 위해 구술 면접 문제를 교과 과목에서 많이 출제하는 추세이고, 실제로 논술 문제나 면접 기출문제를 본 결과 〈생활과 윤리〉, 〈윤리와 사상〉, 〈경제〉, 〈사회 문화〉와 같은 사회탐구 영역과 관련 있다는 사실을 알았습니다. 저는 제 선택 과목이 아닌 경우도 스스로 기본 개념을 조금씩 공부했습니다.

고려대학교 **교육학과**(이주연) ▶ 고등학생은 고등학생의 답을 하면 된다

〈사회 문화〉 과목을 선택한 친구들에게 물어서 관련된 책을 읽기도 했습니다. 특히 교육과 관련된 개념, 예컨대 '사회화' 같은 개념은 친구의 자습서와 교과서를 빌려서 읽고 따로 정리해 두었습니다.

서울대 면접 기출문제는 서울대 홈페이지에 게시되어 있습니다. 고3 10월에 이를 찾아보았는데 매년 난이도와 내용이 급격하게 바뀌는 것 같았기 때문에 면접 진행 절차와 유형 정도만 익히고 모범 답안을 찾아보지는 않았습니다. 제 생각이 그 모범 답안에 갇힐 것을 우려했기 때문입니다. 면접 학원에서 구술 면접 반에 등록하여 수업을 듣긴 했지만, 수업 내용보다는 기출문제와 비슷한 유형의 문제를 제가 스스로 분석하고 답변한 것이 더 도움이 되었습니다. 같이 면접을 준비하던 친구와 함께 면접관과 학생의 역할을 맡아 서로의 답변에 날카롭게 질문을 던져 보기도 했습니다.

결과적으로 면접에서 자소서와 학생부 관련 질문을 받지는 않았지만 면접 준비 기간에 이 자료들도 꼼꼼히 읽어 두었습니다. 각 활동을 되돌아보면서 당시 느낀 점을 떠올려 보고, 이 활동들이 가지는 의미를 말로 표현할 수 있는지 점검했습니다. 특히 서울대 자소서 4번에 적은 세 권의 책을 다시 읽어야 했는데, 일주일이라는 짧은 기간 동안 그 책을 모두 읽는 것은 비효율적이라고 생각하여 수능 전에 미리 책을 요약해 두었습니다. 또 자소서와 학생부에 없는 교육 관련 도서를 도서관에서 빌려서 중요한 부분만 읽었습니다.

"나의 교육 가치관을 세워 두어라"

면접을 준비하는 동안 집중이 안 될 때는 전공에 관한 가장 기본적인 질문을 스스로에게 던졌습니다. 입학 후 전공 수업 시간에도 자주 등장하는 질문들로 '교육은 왜 해야 할까?' '교육은 어떻게 해야 할까?'와 같은 추상적인 질문들에 나름대로 답을 고민해 정리했습니다. 좀 더 구체적으로는 한 해 동안의 교육 이슈를 찾아보며 그것들에 대한 제 입장은 어떠한지, 그 근거는 무엇인지 정리했습니다. 저에게 해당되었던 2009 개정 교육과정을 찾아보고, 문 · 이과 통합을 포함하는 2015 개정 교육과정과 비교해 보기도 했습니다. 교육이라는 단어의 어원이나 교육의 역사 등 기본 지식도 다시 한 번 점검했습니다. 학과 동기 친구들 중에는 면접 때 뵐 교수님의 얼굴을 미리 홈페이지에서 사진을 통해 익혀 놓았다는 친구도 있었습니다. 저는 그 정도까지는 아니어도 긴장을 풀기 위해 교수님 사진을 한 번 훑어보았습니다. 면접 내용을 되돌아볼 때 제 가치관을 확립해 놓았던 것이 면접에 많은 도움이 되었습니다. 특히 교직 인·적성 면접에서는 제시문에 대한 제 경험을 많이 물어보셨기 때문에 제가 평소에 가지고 있던 생각들을 바탕으로 답변하기가 쉬웠습니다. 학과에 대한 관심을 심화 도서를 읽는 것보다 교육관을 고민하고 확립하는 방향으로 드러냈기 때문에 이런 노력들이 자소서 작성뿐만 아니라 면접에서도 도움이 되었습니다.

"제시문 면접은 키워드로 정리하라"

일단 고려대는 제시문 면접이라는 것을 파악한 후에 고려대 입학처 홈페이지에 들어갔더니, 면접 소개 영상과 기출문제가 있어서 면접 형식과 절차를 알 수 있었습니다. 제시문 면접을 준비하면서 제일 막막했던 점은 제시문으로 무엇이 나올지 모른다는 점이었습니다. 그래서 실전처럼 연습하려고 기출문제를 프린트해서 12분 동안 제시문을 보고 그 시간 내에 면접 문제에 대한 생각을 정리하는 시간을 가졌습니다. 두 분의 선생님이 면접 준비에 흔쾌히 응해 주셔서 혼자 따로 연습하는 시간을 제외하고, 면접실에 들어오는 것부터 나가는 것까지 실전처럼 그분들과 두 차례 연습했습니다. 첫 번째 연습 때 제가 선생님들께 받은 피드백은 처참했습니다. "이대로는 큰일인데 정말 어떻게 해야 하지?" "정말 뽑고 싶다, 이 친구 면접 기대된다'라는 생각이 드는데 면접이 그 기대를 따라가지 못한다."
제 문제점은 생각이 문서화되어 있지 않으면 제대로 말을 못 할 것이라는 생각에 모든 면접 문제의 답변을 완벽한 문장으로 쓰려 했다는 점입니다. 그러니 모든 면접 문제를 읽지 못한 채 12분이 흘러갔고, 3~4번 문항은 생각조차 못하다 보니 답변을 제대로 하지 못한 것입니다. 이처럼 시간이 제한된 제시문 면접에서

고려대학교 교육학과(이주연) ▸ 고등학생은 고등학생의 답을 하면 된다

면접, 내가 받은 질문

고려대학교 교육학과 학교장추천전형

면접 유형	면접 시간	면접관 수	면접 절차
심층(제시문) 면접	6분 (준비 시간 12분)	2명	면접 고사장 앞 복도에서 제시문에 대한 답변 준비 → 면접 고사장 입실

▶ **제시문 (가)**: 한류 콘텐츠는 한국의 독특한 민족성과 문화적 순수성을 반영하거나 아시아 정서를 반영하던 초창기 형태를 벗어나 서구 문화와의 혼종성, 즉 상이한 문화의 혼합을 특징으로 하고 있다. K팝의 경우 기존의 발라드에서 랩, 테크노 등 서구 장르를 적극적으로 도입했다. 특히 대형 기획사의 경우 외국 작곡가의 곡을 받거나 외국 작곡가와 한국 작곡가가 협력하여 함께 곡을 만드는 사례가 빈번하다. 북미 등지의 한류 팬들은 실제로 "한류가 한국적인 문화의 순수성을 고집하지 않고 서구와의 혼종화를 통해 새로운 형태의 문화 콘텐츠를

만들고 있기 때문에 이를 사랑하게 됐다"고 말한다. K팝이 한글과 영어가 뒤섞인 가사와 서구 음악 장르로 여겨지는 랩과 테크노 등을 적극적으로 활용하고 있어 해외 한류 팬들의 입장에서 이를 받아들이기 쉽기 때문이다.

▶ **제시문 (나):** 대한민국 사람 중에 김치를 우리나라의 대표 음식으로 꼽는 데 주저할 사람은 아무도 없다. 김치는 조상 대대로 먹던 우리 고유의 건강한 발효 음식으로 생각되어 김치에 대한 한국인의 자긍심은 한없이 높다. 그런데 김치에는 뜻밖에도 우리의 고유한 문화 요소 이외에 외래의 문화 요소도 포함되어 있다. 현재 우리가 '김치' 하면 떠올리는 빨간 배추김치의 역사는 불과 100년 정도밖에 안 된다. 고추는 남아메리카에서 일본을 거쳐 임진왜란 이후에, 배추 개량종은 중국을 통해 조선 말기에 도입되었다. 오늘날의 배추김치는 일본과 중국으로부터 도입된 새로운 재료에 우리 조상의 지혜로운 발효 기술이 어우러진 결과물이다.

▶ **제시문 (다):** 대한민국이 세계 초강대국이 된 어느 날 대한민국 국민인 호성이는 A국을 방문했다. 그런데 A국에 도착하고 보니 공항의 건물을 비롯해서 나라의 모든 건물이 한옥 양식이다. 반만년의 역사를 자랑하는 이 나라의 국민들은 왜 자신의 고유한 건축 양식을 포기했을까? 호텔로 가는 택시 안에서 기사는 호성이와 한국어로 대화하기 위해 애를 쓴다. 호성이는 한국어가 세계 공용어이므로 기사가 한국어를 하려고 애쓰는 것이 당연하다고 여기면서도 다른 한편으로는 기사가 한국어에 능숙하지 못한 것을 부끄러워한다는 사실에 의구심이 생긴다. 거리를 지나는 모든 사람이 한복을 입고 길거리 곳곳에는 한글 간판을 건 고급 식당이 눈에 띄기도 한다. 호성이가 보기에 이 나라는 의식주뿐만

아니라 거의 모든 것이 한국화되었다. 호성이는 과연 이 나라의 정체성은 어디에 있는가 하는 의문을 갖게 되었다.

Q · 제시문 (가), (나), (다)를 문화 혼종의 관점에서 서술하시오.

제시문 (가)의 위에서 다섯 번째 줄에 한류가 한국적인 문화의 순수성을 고집하지 않고 서구화의 혼종화를 위해 새로운 형태의 문화 콘텐츠를 만든다는 내용이 있습니다. 한국 문화에 서구 문화가 전파되어 새로운 문화가 등장했다는 점에서 저는 자극 전파라고 생각했습니다. (나)에서 김치는 외국에서 도입된 재료와 우리 조상의 지혜가 합쳐 어우러진 식품이기 때문에 문화 융합이라고 생각했습니다. (다)는 문화 동화입니다. 문화 동화라 함은 두 사회의 문화 중 한 곳의 문화가 다른 한 곳으로 전파되고 그곳에 있던 본래의 문화가 없어지는 것을 뜻하는데, A국은 자신의 문화보다는 강대국인 한국의 문화 요소들을 사용하고 있고 호성이 역시 A국의 정체성의 의문을 가졌다는 점에서 그렇게 생각했습니다.

Q · 제시문 (가)와 (나)를 활용하여 제시문 (다)에 묘사된 A국의 상황이 발생하게 된 다양한 원인에 대해 추측해 보시오.

(가)와 (나)의 상황과 (다)의 상황에서 보이는 가장 큰 차이점은 자국 문화의 유무입니다. 위의 두 개의 상황에서는 자국 문화가 존재하지만 (다)의 A국은 그렇지 못합니다. A국의 택시 기사가 강대국인 한국어를 쓰려고 노력하고 능숙하지 못함을 부끄러워한다는 점에서 저는 A국의 국민들이 문화 사대주의의 입장을 갖고 있다고 생각했습니다. 문화 사대주의를 갖게 되었다는 점에서 A국이 이러

한 상황에 이르렀다고 생각합니다.

Q • **제시문 (가), (나), (다)를 읽고 한국 고유의 전통문화를 강조하는 태도에 대해 의견을 말해 보시오.**

(가)와 (나)처럼 자국의 문화에 대해 어느 정도의 자긍심 또는 자부심을 갖는 것이 좋다고 생각합니다. 하지만 그 '강조'라는 것이 자문화 중심주의가 되어 다른 나라의 문화를 배타적으로 볼 정도로 강조되어서는 안 된다고 생각합니다. 저는 어려서부터 '지구촌'이라는 단어를 듣고 자라 왔고 현재 대한민국은 다문화 정책을 준비하는 등 점점 국가의 경계라는 것이 모호해지고 있습니다. 이렇게 점점 고유의 문화를 잃어버리기 쉬워지는 세태에서 자국의 문화 정체성을 갖고 K팝과 김치처럼 새로운 문화를 창조해 내는 것이 우리 대한민국의 경쟁력이 되는 것이지 우리 문화만을 강조하거나 혹은 아예 우리 문화를 강조하지 않는 것은 옳지 않다고 생각합니다.

Q • **지원 전공 분야에서 문화 교류를 통한 혼종화의 사례를 찾아 설명하시오.**

대한민국이 세워질 당시 외국에서 유학을 했던 지식인들이 많았던 만큼 교육 분야에도 서구의 교육 문화가 들어왔다고 생각합니다. 예로 들자면 〈유학〉과 〈실학〉 과목에서 〈국어〉나 〈영어〉 등의 과목으로 바뀐 것이 있고 선진국의 대열에 오르기 위해 계속되었던 주입식 교육에서 학생들에게 미치는 부정적인 영향들이 발견되자 학생들의 자기주도적인 학습을 보장하고자 실시되고 있는 자유학기제나 플립러닝이 있습니다.

고려대학교 교육학과(이주연) ▸ 고등학생은 고등학생의 답을 하면 된다

고려대학교 국어교육과

채현지

"면접관은 두려운 존재가 아니다"

출신 고등학교명	경기 덕현고등학교	고등학교 유형	비평준화 일반
합격 사범대학교			
대학교	학과		전형
고려대학교	국어교육과		학교장추천

자기소개서, 나는 이렇게 준비했다

1. 고등학교 재학 기간 중 학업에 기울인 노력과 학습 경험에 대해, 배우고 느낀 점을 중심으로 기술해 주시기 바랍니다. (1,000자 이내)

소설 〈미궁에 대한 추측〉에 등장하는 법률가, 건축가, 연극배우는 각자 자신의 경험이나 가치관을 바탕으로 서로 다른 미궁에 대한 추측들을 제시합니다. 저는 이 소설을 통해 문학의 진정한 재미는 각자가 가지고 있는 관점에서 출발하여 자신만의 상상력을 발휘해 다양한 해석을 더해 가며 읽어 나갈 때 얻을 수 있다는 것을 깨달았습니다. 이를 계기로 저는 문학작품을 주체적으로 이해하는 태도를 가지기 위해 '하브루타' 공부법을 적용해 친구들과 하나의 문학작품을 함께 읽고 저마다 생각한 것에 대한 이야기를 나눠 보는 시간을 가졌습니다. 정형화된 틀을 벗어나 우리들끼리 나누는 자유로운 해석을 통해 우리 문학의 무궁무진한 매력을 느낄 수 있었습니다. 저는 여기서 그치지 않고 작가와 다른 결말을 구상해 보거나 작품의 결말에 이어지는 이야기를 써 내려가 보는 등의 노력을 통해 문학작품 해석 방법을 만들어 가게 되었습니다. 예를 들면 소설 〈메밀꽃 필 무렵〉에서 '허생원과 동이가 실제로 부자 관계가 아니라면 어땠을까?' 등의 물음을 던져 보며 새로운 각도에서 접근하고자 노력했습니다. 이렇게 문학을 정해진 방식에 얽매이지 않고 자유롭게 접하다 보니 시험을 위한 공부가 아닌 진짜 즐기며 학습하고 있는 저 자신을 발견할 수 있었습니다. 또 이러한 경험을 통해 수동적인 문학작품 감상 태도가 최근 대중들이 한국 문학을 멀리 하는 이유 중 하나가 아닐까라는 의문을 갖게 되어 〈반영론적 관점이 대중들의 문학 수용에 미치는 영향〉이라는 소논문을 작성하게 되었습니다. 저는 이 소논문을 통해 많은 사람들이 다양한 각도에서 문학을 해석하는 기회를 가지고 문학 감상의 즐거움을 배운다면 독자들의 상상력이 풍부해질 뿐 아니라 더불어 우리 문학에 생명력을 불어넣을 수 있을 것이라 생각하게 되었고, 문학작품에 대해 열린 자세를 가진 학생들을 길러 내기 위해 우리나라의 문학 교육이 나아가야 할 방향과 이에 앞장서는 교사가 되기 위한 노력의 방안 등에 대해 고민해 보고 계획을 세워 보는 계기를 마련하게 되었습니다.

2. 고등학교 재학 기간 중 본인이 의미를 두고 노력했던 교내 활동을 배우고 느낀 점을 중심으로 3개 이내로 기술해 주시기 바랍니다. 단, 교외 활동 중 학교장의 허락을 받고 참여한 활동은 포함됩니다. (1,500자 이내)

▶ **'너에게 주는 채찍보다 당연한 교육'**

학교를 넘어 우리 사회가 처한 시사 문제에 대해 고민해 보고자 친구들과 함께 조직한 시사 토론 동아리 '가온누리'에서 활동을 했습니다. 많은 토론 활동 중 가장 인상이 깊었던 주제는 '강력 범죄를 저지른 청소년을 엄하게 처벌하는 것이 옳은가?'입니다.

평소 저는 청소년 범죄의 심각성에 대한 신문 기사를 자주 접하면서 청소년이란 이유로 강력한 처벌을 하지 않는 것이 청소년 범죄 증가의 원인이라고 생각했었습니다. 그러나 기존의 저의 입장과는 달리 청소년을 엄벌에 처하는 것에 대한 반대 입장에서 토론을 하게 되었습니다. 토론을 준비하면서 청소년 문제에 대한 논문과 통계 자료, 청소년들에게 회복적 교육을 실천한 사례가 실린 신문 등을 통해 범죄를 저지른 청소년들이 다시 우리 사회의 건강한 어른으로 성장하게 하기 위한 방안은 교육이라는 것을 깨닫게 되었습니다. 그리고 그 교육은 억압으로 이루어지는 처벌적 교육이 아니라 그들을 이해해 주고 존중해 주는 '회복적 생활교육'을 토대로 이루어져야 한다는 것을 배웠습니다. 이것은 어렵고 복잡한 과정을 거쳐야 하는 것이 아니라 문제를 일으키게 된 원인을 아이의 내면과 주변의 환경을 먼저 고려한 후 다시 바라봐 주는 교사의 작은 배려만으로도 근본적인 변화를 불러올 수 있게 되는 것입니다.

"저도 열아홉 청소년입니다"

저는 1년이 넘는 시간 동안 학교를 그만둔 '학교 밖 청소년'들과 함께 취약 계층 아동들을 위한 도시락 만들기 봉사 활동을 하였습니다. 그러나 저는 학교 밖 청소년들에게 편견을 가지고 있었고, 그 친구들도 저와의 공감대를 형성하지 못하고 거리감을 느끼는 것 같았습니다. 그렇지만 그 친구들과 저는 함께 봉사를 해 나가야 했기 때문에 어색함을 없애려 노력했습니다. '친구들과 내가 학교에서 만났다면 어떻게 다가갔을까?'라는 고민 끝에 저는 신학기 새로운 친구들을 사귀는 것처럼 먼저 말을 붙이거나 먹을 것을 나눠 먹는 등의 사소한 노력을 해 나갔고, 그러자 그 친구들도 저의 노력에 보답해 주듯 웃으며 이야기를 나누어 주었습니다. 처음에는 가벼운 이야기만 나누던 사이였지만 시간이 갈수록 저희는 더욱 깊은 대화까지 스스럼없이 나누게 되었고 어린 시절, 아버지가 돌아가신 저와 같은 아픔을 가진 친구의 이야기를 들으며 함께 아픔을 공유하고 공감할 수 있었습니다. 이런 과정을 통해 친구들에 대한 저의 편견도 깨어짐은 물론 편견을 가지고 타인을 대하는 것이 얼마나 성숙하지 못한 행동인지 깨닫고 뉘우치게 되었습니다. 저는 이 활동을 통해 학교 밖 청소년들이 학교를 외면할 수밖에 없었던 이유가 어쩌면 학교 안에서의 무관심이나 편견에서 비롯된 차별 때문이 아니었을까 생각하게 되었습니다. 그래서 제가 교사의 꿈을 이루게 된다면 적어도 제가 맡고 있는 학급에선 한 명의 낙오자도 생기지 않도록 모든 아이들에게 편견 없이 관심을 쏟고 보듬어 주겠다고 다짐했습니다.

3. 학교생활 중 배려, 나눔, 협력, 갈등 관리 등을 실천한 사례를 들고, 그 과정을 통해 배우고 느낀 점을 기술해 주시기 바랍니다. (1,000자 이내)

고등학교 1학년 때 저는 장애 청소년들과 친구가 되어 소통하고 싶은 마음에 주민센터에서 실시한 장애 청소년 멘토 봉사 활동에 참여했습니다. 저는 한 장애 청소년의 멘토를 맡아 각종 체험 활동들을 함께 했는데, 친구에게 도움을 주고 싶은 마음이 앞서 활동 중은 물론이고 활동을 마친 후에도 친구를 집까지 데려다 주려 했습니다. 그런데 친구는 제 도움을 거절했고 심지어 저를 뿌리치고 집까지 뛰어가 버렸습니다. 그땐 서운한 마음에 '나를 싫어하나'라는 생각까지 했습니다. 고민 끝에 선생님께 조언을 구했고, 선생님께서는 "친구가 스스로 할 수 있는 일은 스스로 하도록 지켜봐 주고 믿어 주는 게 현지가 해야 할 일이야"라고 말씀해 주셨습니다. 이 조언을 듣고 그동안 제가 친구를 믿지 못해 왔던 것을 깨달았습니다. 그럼에도 막상 친구를 보면 혹여나 위험에 처하지는 않을까 불안한 마음이 들어 혼자 집에 가는 친구가 걱정되었습니다. 그렇지만 예전처럼 직접 나서기보다는 집에 도착한 뒤 저에게 연락을 해 달라고 친구에게 부탁하였고, 친구는 집에 도착한 뒤 저에게 바로 전화해 밝은 목소리로 "누나! 나 집 도착했어"라고 말해 주었습니다. 이 일을 계기로 저는 친구가 모든 일을 스스로 할 수 있도록 믿고 맡겼고, 그러자 친구도 마음을 열고 먼저 도움을 청하기도 하고 제 도움에 고맙다는 말도 하였습니다. 활동을 마무리할 때쯤, 그 친구의 부모님과의 전화 통화에서 친구가 저와 활동을 하는 토요일을 매우 기다린다는 이야기를 전해 들었습

고려대학교 국어교육과(채현지) · 면접관은 두려운 존재가 아니다

니다. 이 전화를 받고 난 후, 제가 그 친구와 진정으로 친구가 되었다는 생각을 하게

되었습니다.

저는 이 활동을 통해 저의 섣부른 배려보다 진정한 믿음이 사람을 성장하게 한다는

것을 배우게 되었습니다. 그리고 믿고 기다려 주었을 때 한 걸음 더 성장한 모습을 보

여 주는 친구들을 보며 훗날 교사가 되어 학생들에게 문제를 해결해 주기보다는 학생

스스로 해결할 수 있도록 용기를 주고 격려하며 학생과 함께하겠다고 다짐하게 되었

습니다.

| 고려대 자율 문항 |

4. 해당 모집 단위 지원 동기를 포함하여 고려대학교가 지원자를 선정해야 하는 이유

를 기술해 주시기 바랍니다. (1,000자 이내)

저는 우연히 '한국 실질 문맹률 OECD 바닥권'이라는 기사를 접하게 되었고 스마트폰

과 같은 매체의 영향으로 즉각적인 정보에 익숙해져 버린 탓에 이 같은 결과가 나오

게 된 것은 아닐까 생각하게 되었습니다. 위대한 한글을 사용하는 우리나라가 '실질

문맹률 하위'라는 오명을 갖게 된 것에 충격을 받아 해결 방안에 대해 고민하게 되었

고, 이는 사고하는 과정의 결여를 충족시키는 문학 교육이 제대로 이루어져야 해결될

수 있다고 생각했습니다. 그래서 저는 학생들에게 교과서에 편성된 작품뿐 아니라 다

양한 작품들을 접할 기회를 제공하고, 정리된 해석을 내려 주기보다 열린 사고의 장

을 열어 주는 교사가 되고 싶습니다. 저를 통해 마음껏 상상력을 펼쳐 나가고, 독해 능

력에 섬세한 감수성을 겸비한 바람직한 사회성을 갖춘 인재를 양성하고자 고려대학교

국어교육과에 지원했습니다.

저 자신이 먼저 그러한 인재가 되고자 교과 시간 충족되지 못하는 부분을 소논문 작

성 활동을 통해 깊이 있게 채우려고 노력했습니다. 비록 부족한 점이 많은 논문이지

만 제가 관심 있는 분야에 대해 고찰해 볼 수 있어 의미 있는 시간이었습니다. 대학에 진학해서도 소논문 주제에 대해 더욱 깊이 있는 공부를 해 보고 싶고, 평소 제가 생각하던 교육관을 실현하고 있는 귀교 학회 활동을 함께하며 본질적인 의미를 잃어 가고 있는 문학 교육 회복 방법에 대해 의견을 나누고 연구해 나가고 싶습니다.

또 저는 고등학교 재학 기간 중 봉사 활동을 통해 다양한 학생들을 만나며 이해와 소통의 방법을 배울 수 있었습니다. 장애 청소년, 취약 계층 아동들을 대상으로 멘토 활동을 하면서 대화를 통해 그들을 이해하고 서로 다른 환경에 처한 학생들을 마음으로 대하는 법을 배웠습니다. 제 작은 행동에 변화하기도 하고 닮아 가기도 하는 모습을 보며 무거운 사명감을 느끼게 되었고 그 느낌이 왠지 모르게 벅찼습니다. 앞으로도 이 마음가짐을 잃지 않고 제 도움이 비록 미약할지라도 저를 필요로 하는 곳을 찾아 봉사하며 사회에 기여하는 시민으로 성장하고자 합니다.

면접, 이것만은 기억하라

모의 면접을 동영상으로 찍어라

저는 학교에서 실시하는 모의 면접에 적극적으로 참여했습니다. 교내 선생님들이나 외부 대학에서 모의 면접을 도와주기 위해 입학사정관들이 직접 오셨기 때문에 큰 도움을 받을 수 있었습니다. 물론 모의 면접 당시 받았던 질문들은 면접 때 나오지 않았지만, 그때의 경험이 전반적인 면접 태도를 준비하는 데 있어 큰 도움이 되었습니다. 인사하는 방법과 대답할 때의 목소리와 속도까지 개선할 수 있었습니다. 모의 면접에 임하는 제 모습을 동영상으로 찍었고, 그것을 보며 나의 자세가 어떤지, 말하는 속도가 빠른 것은 아닌지 계속 점검했습니다. 그리고 매번 개선해야 할 점을 메모장에 정리하고 면접실에 들어가기 직전에 읽었습니다. 긴장하면 평소 버릇이 나오기 때문에 고치기 어렵지만 직전에 개선점을 읽고 들어가면 조금은 의식한 상태로 면접에 임할 수 있습니다. 그러나 모의 면접은 한 학기에 2~3번 정도밖에 기회가 없기 때문에 친구들과 함께 모의 면접을 수시로 하는 것도 중요합니다. 친구들과 함께 자소서와 학생부를 공유하고, 교실을 빌려 면접실 분위기를 만들어 모의 면접을 매주 한 번씩 실시했습니다. 친구들은 내가 주목할 수 없는 의외의 부분에 주목해서 질문하기 때문에 면접실에서 예상치 못한 질문을 받았을 때 당황하지 않을 수 있습니다.

면접관을 두려워하지 마라

물론 이러한 준비들도 중요하지만 면접에서 가장 중요한 것은 마인드 컨트롤입니다. 저는 긴장하지 않고 면접실에서 준비한 모든 것을 보여 주기 위해 면접 일주일 전부터 항상 머릿속에 면접실을 그리고 면접을 보는 상상을 하며 계속 마음의 준비를 해 왔습니다. 그러자 막상 당일 면접실에 가서는 떨리지 않고 늘 해 왔던 것처럼 떨지 않고 면접에 임할 수 있었습니다. 면접관이 어떤 대답을 원하는지 눈치를 살피는 것이 아니라 내가 준비한 대답을 하고, 평소 내가 가지고 있던 생각을 솔직하고 구체적으로 말하는 것이 가장 중요합니다. 마지막으로 면접관을 두려워하지 마세요. 그들을 두려워하지 말고 자신이 준비한 것만 충실히 보여 주면 됩니다. 저는 면접을 준비할 때 책상에 이런 문장을 붙여 두었습니다. '면접관들은 내가 그 대학에 합격해야만 교수님이지, 지금 이 순간은 동네 아저씨, 아줌마와 다를 바 없다!'

면접, 내가 받은 질문

고려대학교 국어교육과 학교장추천전형

면접 유형	면접 시간	면접관 수	면접 절차
심층(제시문) 면접	6분 (준비 시간 12분)	2명	면접 고사장 앞 복도에서 제시문에 대한 답변 준비 → 면접 고사장 입실

▶ **제시문:** (262~263쪽 참조)

Q · 제시문 (가), (나), (다)를 문화 혼종의 관점에서 분석하시오.

제시문 (가)는 한류 열풍을 따라가기 위해 케이팝에 한글과 영어가 함께 등장한다는 내용이 드러나 있습니다. 그렇기 때문에 기존의 문화 요소와 외국의 문화 요소가 함께 공존하는 '문화 공존'의 사례로 볼 수 있습니다. 제시문 (나)는 외래 문화 요소가 김치에 결합되어 본래의 그 문화 요소의 모습을 드러내는 것이 아니라 '김치'라는 제3의 문화 요소가 탄생했기 때문에 '문화 융합'이라고 할 수 있습니다. 하지만 제시문 (다)는 기존 A국의 문화를 완전히 상실한 채 강대국인 한국의 문화만을 쫓고 있기 때문에 '문화 동화'의 사례로 볼 수 있습니다.

Q · 제시문을 바탕으로 한국의 고유한 전통문화를 강조하는 태도에 대하여 어떻게 생각하는지 답하시오.

한국의 고유한 전통문화를 강조하는 태도는 나쁜 태도가 아닙니다. 옛날부터 전해 내려오던 우리나라의 자랑스러운 문화를 보존하고 타국에 알리려는 태도는 긍정적으로 바라볼 수 있습니다. 하지만 그것이 전통문화를 강조할 때 자신의 문화만이 옳은 것이라는 자문화 중심주의의 태도가 아니라 자국의 고유문화가 중요한 것처럼 타국의 고유문화의 중요성도 깨닫고 존중하는 문화 상대주의적인 태도를 가지고 전통문화를 강조하는 태도를 지녀야 한다고 생각합니다.

Q · 제시문 (가)와 (나)를 바탕으로 (다)에 나타난 문화 혼종의 원인을 말해 보시오.

제시문 (다)에서는 자신의 문화마저 버리고 강대국의 문화를 무조건적으로 추종하는 '문화 동화'의 사례입니다. 이는 세계화의 시대 속에서 강대국의 문화를 따라가지 않으면 세계 속에서 뒤처지게 된다는 생각을 함으로써 이와 같은 현상이 나타났다고 생각합니다. 하지만 이는 올바르지 않은 문화 수용의 태도라고 생각합니다. 강대국일지라도 무조건적으로 모방하기보다는 자신들 고유의 문화를 발전시켜 나가며 세계화의 시대 속 새로운 경쟁력을 갖추는 것이 더 긍정적이라고 생각합니다.

Q • **제시문 (가)와 (나)의 내용과 관련 지어 지원 학과의 문화 혼종 사례를 설명하시오.**

저는 요즘 문학 수업 시간 한국의 전통 문학을 유대인들의 학습법인 '하브루타'로 학습하는 예시를 떠올렸습니다. 배움의 기본적인 내용은 한국의 전통적인 정서를 담은 한국 문학이지만 이를 교육하는 방법은 다른 나라의 효과적인 학습법을 차용해서 공부하는 수업을 떠올렸습니다. 한국의 전통적인 문학이 때로는 학생들에게 지루하고 빤하게 다가올 수 있지만 그것을 친구들과 토론하고 질문하는 방식으로 수업을 한다면, 조금 더 흥미를 이끌어 낼 수 있고 다양한 사고를 하는 능력을 기를 수 있다고 생각했습니다.

4부

입학사정관이 들려주는 면접 준비 전략

전 고려대학교 입학사정관

김은지

면접이 중요한 이유

학생부종합전형은 학생부, 자소서 등을 평가하는 서류 전형과 면접 전형으로 진행합니다. 면접 전형이란 입학사정관이 지원자와 질문과 대화를 통해 열정, 인성, 기본적인 학업 소양, 의지, 적성 등을 종합적으로 평가하는 단계입니다.

면접 전형 비중은 대학별로 1단계 20%에서 2단계 100%까지 다양합니다. 중요한 점은 면접 반영 비율과는 상관없이 선발 과정에서 합격 여부를 좌우하는 결정적 요소라는 것입니다. 보통 서류 전형을 통해 2~3배수로 선발된 학생들의 서류 전형 결과는 큰 차이가 없기 때문에 면접이 최종 합격의 당락에 영향을 미치는 중요한 요소가 됩니다.

면접은 서류 심사에서 평가하기 어려웠던 부분들을 재확인하고 평가합니다. 평가한 서류를 기초로 사실 여부를 확인하고, 지원 동기, 전공 적합성, 인성, 본교 인재상의 부합성 등을 종합적으로 평가합니다. 지원 학생 입장에서는 본인의 잠재력이나 발전 가능성 등을 보여 주는 중요한 과정입니다. 자신이 지원한 학교와 전공 탐색, 기출 유형 및 문제 분석, 자신의 서류(학생부, 자소서 등)를 바탕으로 한 예상 문제 대비를 철저히 한다면 합격의 문은 반드시 열릴 것입니다.

면접, 이렇게 준비하라

1. 대학의 인재상과 지원 전공을 분석하라

> "마지막으로 하고 싶은 말 있나요?"라는 발언 기회에 대다수의 학생은 안암
> 동의 호랑이가 되고 싶다고 대답한다. 한결같은 호랑이 발언은 면접관들에
> 게 매력적으로 들리지 않는다. 본인이 합격해야 하는 이유와 포부를 진정성
> 있게 언급하는 학생이 더 좋은 점수를 받는 것은 당연할 것이다.

기본적으로 대학은 지원한 학생이 본교 인재상에 부합하는 역량을 갖추고 있는지, 지원 전공에 대한 기초 소양과 열정이 있는지를 확인하고자 이를 적용한 평가 지표를 개발하고 평가에 활용하고 있습니다. 따라서 대학 홈페이지 또는 홍보물을 통해 대학 연혁, 인재상, 설립 목적 등을 파악하여 본인이 인재상에 적합한 이유를 설명할 수 있어야 합니다. 또 지원한 학과 홈페이지를 통해 학과의 특성, 커리큘럼 등을 확인하고, 지원 전공에 대한 본인의 열정과 어떻게 준비해 왔는지, 앞으로 계획 등의 답변을 준비해야 합니다.

2. 면접의 유형과 방식을 파악하라

면접은 기본 소양 면접, 심층 면접, 심층 구술 면접으로 구분되며, 형식도 개별 면접, 발표 면접, 집단 면접 등으로 다양합니다. 또 면접 전 사전 제시문(제시문을 활용하여 전공 적합성 및 학업 능력을 평가하는 방법)을 주어 답변 준비 시간을 주거나 사전 준비 없이 제시문을 활용하는 경우 등 대학마다 유형과 방식이 다릅니다. 지원 대학의 면접 과정을 미리 확인하여 면접 현장에서 당황하지 않도록 준비해야 합니다. 입학처 홈페이지에 올라와 있는 면접의 평가 기준과 전년도 기출문제를 확인해서 예상 질문에 대한 답변을 준비하도록 합니다.

3. 제출 서류도 다시 보라

우수한 학업 성적과 활동들이 눈에 띄는 어느 학생의 학생부. 그런데 1학년 때 여러 번의 지각이 눈에 들어왔다. 서류 평가 때 체크해 놓고 면접에서 확인하는데, 학생은 본인의 실수와 잘못을 들면서 지각하게 된 경위를 잘 설명했다. 또 이를 반성하고 2~3학년 때는 지각 없이 잘못을 개선한 점을 언급하여 진솔한 모습으로 면접관에게 좋은 인상을 주었다.

대다수의 대학은 면접을 통해 제출 서류에 대한 사실 여부와 내용의 미비했던 부분들을 확인합니다. 이를 통해 학생부, 자소서 등을 중심으로 활동 경력의 진위와 이유, 지원 전공과의 적합성 등을 평가합니다.

전 고려대학교 입학사정관(김은지)

실제로 대부분의 입학사정관은 준비된 문항 몇 개를 제외하고, 학생의 서류를 기반으로 궁금한 사항을 질문합니다. 따라서 제출 서류를 꼼꼼히 살펴보고, 설명이 명확하지 않거나 본인에게 불리하게 질문받을 만한 부분들을 정리하여 예상 문항과 답변을 준비해야 합니다. 잘 보이기 위해 과도하게 꾸민 화려한 말하기보다 진솔한 태도의 진실성 있는 답변이 면접관의 마음에 더 다가갈 수 있는 방법임을 잊지 마십시오.

4. 논리적 말하기를 연습하라

> 제시문을 읽고 입장한 한 남학생에게 내용과 관련한 질문을 했다. 그런데 한 문장을 너무 길게 말하다 보니 답변의 요지를 알아듣기 어려웠다. 어떤 문항에서는 자신이 가진 지식과 결부시켜 답변을 길게 구성하여 말하다가 요지에서 벗어나기도 했다. 그 학생의 답변마다 입학사정관이 무슨 뜻인지를 묻는 질문을 던지게 되어, 결국 그 학생은 시간이 부족해져 다른 문항을 상당 부분 답변하지 못했다.

심층 면접에서는 제시받은 지원 전공에 부합하는 문항을 분석하고, 얼마나 논리적으로 답변을 구성하여 표현하는지가 관건입니다. 이를 위해 결론부터 이야기하고 설명하는 두괄식 답변이 좋으며, 강조점에 대해서 명확하게 표현하는 것을 연습할 필요가 있습니다. 또 주어진 시간 내에 본인의 의견을 효율적으로 전달하기 위해 문장을 명료하게, 요지를 중심으로 풀어내는 능력이 요구됩니다. 따라서 제한된 시간 내에 문제의 요점을 파악하고 논리적으로 답변하기 위해 평소 관심 분야를 고민하고 자신의 생각을 말로 표현하는 연습이 필요합니다.

5. 기본에 충실하라

"다음 학생 들어오세요." 공손하게 인사하고 자리에 앉은 한 여학생에게 "짧게 자기소개해 보세요." 첫 질문을 했다. 예상치 못했다는 듯이 당황한 여학생은 자신의 고교명과 이름만을 대답한 채 침묵했고, 연이은 질문에도 너무 긴장하고 당황한 나머지 제대로 답변하지 못했다.

면접을 시작하면서 1분간의 자기소개 시간이 주어졌을 때 의외로 자기소개를 준비하지 않아 당황하는 경우가 많습니다. 면접 시작부터 당황하면 뒤이은 질문에도 제 실력을 발휘하기 어려워집니다. 다른 답변을 준비하기 전에 자기소개는 기본적으로 준비하도록 합니다. 또 면접 질문에 대한 답변도 평가에 작용하지만 비언어적인 면접에 임하는 자세(제스처, 시선 처리, 말투 등)도 영향을 미치기 때문에 면접 가정 상황에서 녹음이나 녹화를 통해 본인의 평소 습관을 확인하며 많이 연습하는 것이 좋습니다.

전 고려대학교 입학사정관(김은지)

전 성균관대학교 입학사정관

김건영

면접이 중요한 이유

　선발자의 입장에서 면접은 서류를 통해 평가한 지원자를 직접 만나 보고 자신의 평가를 재확인하는 과정입니다. 평가자가 서류 평가 중 가지게 된 의문점이 있는 경우 자소서와 추천서를 통해 해결하고, 그 내용이 부족하면 면접에서 확인합니다. 이와 같은 면접을 통상적으로 인·적성 면접이라고 합니다. 또 학업 역량을 추가로 판단하기 위해 문제를 풀게 하는 면접을 학업 면접이라고 합니다. 보통의 경우 인·적성 면접은 결격자를 걸러 내는 역할이 더 크다면, 학업 면접은 서류 평가 순서를 바꾸는 역할이 더 큽니다. 특히 면접 대상자들 간의 서류 평가 성적 차이는 크지 않으므로 면접 결과에 따라 사정 순서가 얼마든지 바뀔 수 있습니다.

　산술적으로만 계산해 봐도 면접의 중요성은 바로 드러납니다. 일반적으로 대학은 모집 단위별 모집 정원의 3배수에서 많게는 5배수까지 면접 대상자를 선발합니다. 또 결시자가 추가 발생하므로 실제 지원자의 경쟁률은 3:1 이하가 되는 경우가 많습니다. 거기에 추후 미등록자가 발생할 것까지 고려한다면 대학의 모집 단위에 따라서는 실제 경쟁률이 1:1에 수렴하는 경우도 있습니다.

면접, 이렇게 준비하라

1. 장기간에 걸쳐 꾸준히 준비하라

면접은 단기간에 준비하기 힘듭니다. 먼저 학업 면접(제시문 면접)은 고교 과정 전체를 출제 범위로 하기 때문에 면접만을 위한 준비를 별도로 하는 것은 거의 불가능하다고 봐야 합니다. 학업 면접에서는 개념만 묻는 경우는 거의 없고 실제 문제를 직접 풀면서 설명해야 합니다. 일반적으로 학업 면접을 위해 단기간에 개념 중심의 대비를 하며 기대와 달리 직접적인 도움이 되지 못하는 경우가 많습니다. 인·적성 면접은 무엇을 준비해야 하는지 생각하는 것조차 쉽지 않습니다. 말 그대로 평소의 인성과 관심사, 희망 진로 등에 관해 포괄적으로 질문하기 때문에 단기간에 준비할 수 없습니다.

따라서 학업 면접과 인·적성 면접은 긴 시간에 걸쳐 꾸준히 준비해야 합니다. 학업 면접은 고교 과정 학업 전반에 관해 일반적인 준비를 하고 그것이 면접에서 드러나야 합니다. 개념의 이해는 물론이고 관련된 문제가 출제되었을 때 풀어내는 능력, 그것을 제대로 설명하는 것까지 준비해야 합니다. 그뿐만 아니라 지원자의 전반적인 인상을 결정하

전 성균관대학교 입학사정관(김건영)

는 말하는 태도와 자세를 스스로 돌아볼 수 있어야 합니다. 자신의 의견을 조리 있게 말하고, 매너 있는 자세를 유지하는 연습을 꾸준히 하면서 자연스럽게 면접을 준비하는 것이 바람직합니다. 장기간에 걸친 면접 준비는 면접만을 위한 준비라기보다는 모든 부분을 포괄하는 전반적인 준비라고 봐도 무방합니다.

2. 면접 상황을 그대로 경험하라

각 대학의 설명회나 전형 안내 책자에는 면접의 구체적 형태와 방법이 잘 설명되어 있습니다. 다대다 면접인지, 다대일 면접인지, 또는 토론 면접인지 등 다양한 형태를 미리 확인하고 같은 상황을 가정하여 실제 연습해 보는 경험이 필요합니다. 면접실과 비슷한 환경을 조성하고 실제 면접실에 들어가는 것부터 착석하고 정해진 면접 시간 동안 임의의 면접을 실제로 진행해 보는 것까지 경험하도록 합니다. 면접관은 평소에 잘 알지 못하는 선생님, 부모님의 친구 등이 좋으며 이를 통해 긴장하지 않는 연습을 할 수 있습니다. 예전에 비해 최근 면접에서는 크게 긴장하는 지원자가 많이 줄어들었습니다. 이는 결국 긴장해서 말을 제대로 하지 못한다면 경쟁자들에 비해 치명적인 약점으로 작용할 수 있다는 의미입니다.

3. 적어도 자기소개는 준비하라

처음 면접을 진행했을 때 의외로 아무런 준비 없이 면접에 임하는 지원자가 많다는 사실에 놀란 적이 있습니다. 면접 내용과는 상관없이 처음 면접실에 들어온 지원자들에게 보통 자기소개를 요구하는 경우가 많습니다. 이때 미리 자기소개를 준비한 지원자와 그렇지 않은 지원자는 바로 표시가 나기 마련입니다. 물론 그 후 면접 내용을 통해 면접 평가 결과는 얼마든지 바뀔 수 있습니다. 그렇지만 면접자라면 자기소개를 준비하는 성의 정도는 보여 주는 것이 유리합니다. 그리고 최소한 자기가 하고 싶은 것과 좋아하는 것 정도에 대한 내용은 준비해야 질문이 나왔을 때 할 말이 있을 것입니다.

4. 힌트는 지혜롭게 활용하라

실제 면접실에서는 과하지 않게 학생다운 매너와 적극성을 보여 주는 것이 중요합니다. 특히 학업 면접에서 힌트의 활용에 대해 조언하고 싶습니다. 일부 대학은 학업 면접에서 면접관이 지원자가 원할 경우 힌트를 주는 경우가 있습니다. 여기서 중요한 것은 힌트를 주었을 때 감점하는 대학이 있고 그렇지 않은 대학이 있다는 점입니다. 힌트를 악용해서 무조건 힌트를 요구하는 경우 안 좋은 결과가 나올 수 있습니다. 그러나 전자이든 후자이든 문제를 아예 풀지 못하는 것보다는 힌트를 통해서 문제를 풀어내고 설명했을 때 받는 면접 점수가 더 높습니다. 결국 모르는 문제가 나왔을 때는 적극적으로 힌트를 활용하여 해결하려는 노력이 필요하다는 점을 기억하세요. 합격을 향한 열정과 철저한 준비가 면접의 수준과 합격을 결정하는 중요한 요소입니다.

전 성균관대학교 입학사정관(김건영)

전 건국대학교 입학사정관

전경원

면접이 중요한 이유

미래 사회는 경쟁보다는 협력이 차별과 배제보다는 배려와 공정이 더욱 중요한 역량으로 대두하고 있습니다. 그런 점에서 점수 위주의 경쟁적 입시 제도는 수정될 수밖에 없습니다. 그렇다면 향후 변화하는 입시에서 가장 중요한 선발 방식은 무엇이 될까요? 서류 전형과 면접 전형을 통한 선발 방식이 대세를 이룰 수밖에 없습니다. 그 가운데서도 면접은 합격의 당락을 좌우할 수밖에 없는 가장 핵심적인 선발 방식으로 자리 잡게 될 것입니다. 면접을 얼마나 효율적으로 준비하는가에 따라서 입시의 성패가 결정될 가능성이 높아졌습니다.

면접, 이렇게 준비하라

1. 과목 세부 능력 및 특기 사항을 정확히 이해하라

우선 면접에 대비하는 첫 번째 관문은 자신의 학생부에 대한 완벽한 이해에서 출발합니다. 가능하다면 교과별 교사가 직접 입력하는 과목 세부 능력 및 특기 사항을 정확하고 치밀하게 이해해야 합니다. 면접 준비는 교과목 담당 선생님이 자신의 세부 능력과 특기 사항에 무엇이라고 기록했는가 하는 점에서 출발해야 합니다. 담임교사의 행동 발달 상황 종합 의견란은 한 사람의 주관적 견해에 해당하지만 3년 동안 수십 명의 교과목 담당 교사가 평가한 사항은 가장 객관적으로 평가할 수 있는 지표에 해당합니다. 아울러 면접 전형에서 가장 많은 질문을 유도하는 부분이기도 합니다.

2. 독서 활동 기록을 주의하라

최근 주목해야 할 항목 가운데 하나가 독서 활동 기록입니다. 2017년부터는 독서 항목에 감상 내용은 입력할 수 없습니다. 따라서 읽은 책의 제목과 저자만 기재해야 합니다. 그만큼 면접에서 독서 활동을 확인할 가능성이 높다는 의미입니다. 면접 평가자의 입장에서는 독서 항목에 대한 질문과 학생의 반응을 통해서 학업 역량과 깊이 있는 사고 역량을 평가할 수 있습니다.

3. 대학별 선행학습 영향평가 결과보고서를 확인하라

구술 면접이나 공통 질문을 출제하여 진행하는 형식의 대학을 지원할 계획이라면 대학별 '선행학습 영향평가 결과보고서'의 면접 기출문제를 확인하여 예상 질문을 준비하기 바랍니다.

전 건국대학교 입학사정관(전경원)

4. 최소 10회 이상 면접 장면을 촬영하라

효율적인 면접을 위해서는 학교 차원에서의 접근도 필요하지만 가정에서도 충분히 대비할 수 있습니다. 예상 질문을 선별해서 캠코더나 휴대폰 등으로 자신의 면접 장면을 실제 촬영한 후에 객관적으로 면접 자세와 답변 태도를 꾸준히 모니터링하는 것이 좋습니다. 최소 10회 이상의 면접 장면을 촬영하며 부족한 점을 보완한다면 만족스러운 결과를 얻을 수 있을 것입니다.

5. 면접의 수준을 주도하라

면접 진행은 면접 위원이 하지만, 면접 내용의 질적 접근은 수험생의 답변 수준에 따라 달라집니다. 깊이 있는 지식과 사고력을 갖춘 수험생에게는 그에 맞는 수준의 질문이 나가며, 반대의 경우에는 낮은 수준의 질문이 나가기 마련입니다.

6. 답변은 장황하고 길게 하지 말자

면접 고사의 주어진 시간 동안 10 cycle(질문 10번, 답변 10번) 도는 수험생이 있는 반면, 3 cycle 정도만 도는 수험생도 있습니다. 전자와 후자 중 누가 더 좋은 평가를 받을지 알 수 없지만, 확률상 10 cycle을 돌아서 더 많은 장점과 매력을 보여 준 전자가 유리합니다. 즉, 제한된 시간 동안 핵심적이고 효과적인 답변으로 많은 장점을 보여 주기 바랍니다.

면접 시간 10~20분은 지난 12년 학교생활의 모든 결과와 비등할
만한 무언가(대학 입학)를 결정짓는 중요한 시간입니다. 여러분에게 합격
의 소식이 전해지기를 응원합니다.

전 건국대학교 입학사정관(전경원)